法律的经济分析

——基本原理和Stata应用

阳李◎著

西南财经大学出版社
中国·成都

图书在版编目（CIP）数据

法律的经济分析：基本原理和 Stata 应用/阳李著.—成都：西南财经大学出版社，2023. 8
ISBN 978-7-5504-5901-4

Ⅰ.①法… Ⅱ.①阳… Ⅲ.①法学—经济学—研究 Ⅳ.①D90-059

中国国家版本馆 CIP 数据核字（2023）第 156805 号

法律的经济分析——基本原理和 Stata 应用
FALÜ DE JINGJI FENXI：JIBEN YUANLI HE Stata YINGYONG
阳李 著

策划编辑：周晓琬
责任编辑：肖 翀
责任校对：周晓琬
封面设计：墨创文化
责任印制：朱曼丽

出版发行	西南财经大学出版社（四川省成都市光华村街 55 号）
网　　址	http://cbs. swufe. edu. cn
电子邮件	bookcj@ swufe. edu. cn
邮政编码	610074
电　　话	028-87353785
照　　排	四川胜翔数码印务设计有限公司
印　　刷	四川煤田地质制图印务有限责任公司
成品尺寸	170mm×240mm
印　　张	13. 25
字　　数	233 千字
版　　次	2023 年 8 月第 1 版
印　　次	2023 年 8 月第 1 次印刷
书　　号	ISBN 978-7-5504-5901-4
定　　价	78. 00 元

前言

法律的经济分析拥有悠久的历史。早在20世纪初，美国《河流与港口法案》（River and Harbor Act of 1902）即在工程建设相关领域制定了经济分析的原则性条文：工程师委员会应当考虑这些工程的现有商业的数量与性质或即将受益的合理前景，和这些工程相关的最终成本，包括建设和维护成本，相关的公共商业利益，以及工程的公共必要性，建设、保持、维护费用的妥当性。1936年美国《洪水控制法案》（Flood Control Act of 1936）在防洪工程中对经济分析的要求进行了细化，提出防洪可能获得的收益应当超过估算的成本，进一步要求联邦陆军工程部门启动相关水利工程项目时应当以该项目“整体之收益超过成本”为前置条件。

经济分析的内在科学性和规范理性等特性使得其具有较强的生命力。自20世纪60年代以来，美国的经济学家和法学家开始致力于法律的经济分析，用经济学的理论和经验方法来解决法律领域中的各种争议和问题。其中，美国法学家理查德·A. 波斯纳（Richard Allen Posner）是该领域的集大成者。1973年，他的经典著作《法律的经济分析》（*Economic Analysis of Law*）问世。该书运用微观经济学理论，全面分析了美国的各项法律制度以及法律理论和法史学，尝试用经济学的理论和经验方法来解决法律领域中的各种争议和问题，为法律的经济分析提供了学术向导和成果总结。

在我国，经济分析作为规制分析工具在法律领域的运用虽然已经起步，但在实践中的普及还尚显不足。早在2004年3月，国务院印发《全面推进依法行政实施纲要的通知》（国发〔2004〕10号），其中第17条明确要求：积极探索对政府立法项目尤其是经济立法项目的成本效益分析制度。政府立法不仅要考虑立法过程成本，还要研究其实施后的执法成本和社会成本。在实践操作层面，海南省曾出台《海南省人民政府办公厅关于开展立法成本效益分析工作的实施意见》（琼府办〔2007〕130 号），文件对立法成本、执法成本、社会成本进行梳理，并从经济效益和社会效益两方面对立法收益进行分析，明确具体的程序和方法，具有一定的实践指引性及现实操作性。

经济分析存在诸多路径。就经济分析的主流方法而言，计量经济学已经成为现代经济学的重要组成部分。尤其是近年来，计量经济学持续高速发展，其具体应用涉及诸多领域。在此背景下，以计量经济学为切入点，以对法律展开经济分析的实际应用为目标，笔者撰写了这本专著。当然，随着计量经济学的发展，其内容和方法在不断拓展、更新。本书在传统经典内容的基础上充实了近年来流行且已经被证明在法律领域具有实用性的方法（比如倾向得分匹配、双重差分法以及常用的非线性回归模型等），通过 Stata 软件运用与具体案例分析，读者能够从方法和应用上弄清法律经济分析的具体要义。

经济分析结果的准确性以数据的充分代表性为前提。从纯粹理论的角度来看，为了获得科学和精准的分析成果，需要收集丰富的甚至是全部的调查信息，因此，只要是属于研究范围内的对象，都应该纳入调查范畴。但是，展开全面调查无疑将耗费巨大的人力、物力和财力。在多数情况下，全面调查并无必要，甚至不存在实施的可能性。故，社会科学研究通常从总体中抽取部分代表性样本进行调查，然后以代表性样本的信息反馈于总体，进而推断总体的情况。本书对抽样的基础知识亦一并做了介绍。

本书涉及的数据文件，读者可通过关注微信公众号“从经济学视角看生活”下载获取，或发电子邮件向作者索取。

本书的出版得到西南财经大学出版社的大力支持和帮助，在此表达由衷的谢意。

限于作者水平，书中难免有疏漏甚至是错误之处，敬请读者批评指正。读者对于本书若有意见或建议，请发送至邮箱 falvjingjifenxi@ 163.com，以便本书再版时修正。

作者

2023 年 2 月

目录

第一章　导论

第一节　关于法律的经济分析

法律的经济分析范式最早诞生于美国，尤其是1973年理查德·A. 波斯纳的经典著作《法律的经济分析》出版以来，通过经济分析方法对法律展开研究的路径逐步进入法学视野，并陆续取得诸多成果。我国学者对于法律与经济分析的系统交流大致始于21世纪初期。2002年秋天，在西安参加“中国经济学年会”期间，山东大学黄少安教授提议并与浙江大学史晋川教授商定筹办“中国法经济学论坛”。2003年4月5日至7日，第一届中国法经济学论坛在山东大学召开，到2022年已举办到第二十届。另外，由法学界学者推动的中国法律实证研究年会亦在如火如荼地进行，到2022年已举办到第七届。

然而，虽然法律的经济分析已经走过较长时日，学术界和实务界亦认可通过经济分析范式作用于法学研究的必要性和有效性，但迄今为止，该研究范式的水平似乎并未达到应有的高度。以硕士和（或）博士培养阶段开设“法律经济学”专业的高校为例，除了四川大学、浙江大学、西南财经大学、首都经济贸易大学、天津财经大学、山西财经大学等高校外（不完全统计），几乎很少有高校专门开设“法律经济学”专业；以学术研究刊物为例，除了《制度经济学研究》、《山东大学学报》（哲学社会科学版）“法律与政策实证研究”栏目，以及《广东财经大学学报》“法和经济学”栏目外，较少有学术刊物（尤其是法学学术刊物）专门开设类似的研究专栏。

为什么经济分析范式难以在法学领域得到广泛的应用？一个重要原因在于学科壁垒。经济学是一门具有自身逻辑体系的学科，具有自身的学习课程和培养目标。就国内较为普遍的经济学本科培养方案而言，其专业必修课大致包括政治经济学、微观经济学、宏观经济学、统计学、货币银行学、财政学、计量经济学等，不可缺少的通识必修课包括高等数学、线性代数、概率论与数理统计等。显然，即使要掌握较为基础的经济分析方法，亦需花费大量精力。对于法学学科而言，所设置的学习课程显然不包括上述经济学的学习科目。以《中国政法大学法学本科培养方案（2020）》为例，在通识必修课中，不包括高等数学等基础性学科；此外，虽然提供了“计算机网络技术与应用”“数据库管理与应用”“社会科学大数据分析”等课程，但并未将此类课程纳入必修范畴。也就是说，对于法学科班出身的学子而言，其缺乏学习和运用经济分析范式的土壤和氛围。近年来，随着经济学的逐步发展，具体的经济分析方法日益变得更加精细化和技术化。所以，将经济分析方法运用于法学教育和法学研究，就给那些没有基础经济学功底的法学学子、法学教师带来了很多困难。

经济分析是一个内容丰富、体系复杂的领域，试图对其进行全面的介绍与应用既无可能（一本专著的篇幅可能难以容纳如此广博的内容），也无必要（探索能够广泛运用于法学研究的经济分析方法即可）。本书试图立足于计量经济学领域，从基础着手，逐步推进，将主流的计量建模和分析方法运用于法学研究。在全书的行文逻辑中，笔者坚持认为，将计量经济学的分析方式运用于法学研究并不一定需要使用复杂的数理知识，只要理解其基本思想并能够将其合理运用于法学研究即可。因此，笔者在书中竭力避免复杂的数量推导和晦涩的理论知识，而是着重于讲述其基本原理和具体应用。

第二节　经济分析的基本路径

经济分析的基本路径是多样的，就本书侧重的计量经济学方法而言，大致按照如下路径进行（古扎拉蒂 等，2011）：

第一，理论或假说的陈述；

第二，理论的数学模型设定；

第三，计量经济模型设定；

第四，获取数据；

第五，计量经济模型的参数估计；

第六，假设检验；

第七，预报或预测；

第八，利用模型进行控制或制定政策。

为了更好地理解上述步骤，笔者通过法治与经济之间的关系进行说明。

法治建设对于经济发展具有举足轻重的推动作用，这已经成为学术界与实务界的共识。早在 17 世纪，Hobbes（1962）即提出，如果没有优秀的司法制度，大量潜在的交易可能不会发生。因为当事人签订合同时，首先履约的一方不能保证自己完成义务后能够得到对方的对价履行，倘若没有强制力量的潜在威慑，交易安全将无法得到有效保障。Weber 强调理性（rational）法律与经济发展的重要关系，认为法律系统是理性系统，依赖于预先存在的规则以解决社会冲突，这些规则由专业人员使用独特的思维模式精心制作，具有相互一致性、普遍性和精确性。理性的法律体系是促进经济发展的前提条件（Trubek，1972）。North 等（1990）通过对部分第三世界国家进行实践调查与分析后认为，缺乏有效的产权制度以及低成本的合同执行手段是第三世界国家在历史中停滞不前和在当代不发达的最重要原因。North 的历史实证研究为法治与经济的正相关关系命题提供了直接的证据，因而得到广泛的传播和认可。

以上述理论为基础，法治与经济之间的数学模型可简要设定为

$$\text{econ} = \alpha + \beta \cdot \text{law} \tag{1.1}$$

其中，econ 为经济水平，通常用人均 GDP 予以衡量；law 为法治水平，可通过一个国家的法治综合指标等予以衡量；α 和 β 分别为系数（可以推测均为正数）。可以发现，虽然式（1.1）可以大致表达法治与经济之间的正相关关系，但由于系数 α 和 β 处于未知状态，所以该模型还不能得到进一步精细化的运用。那么，如何求得 α 和 β 的具体取值呢?

如果能够收集到全球多个国家的法治与经济的数据，那么就可能衡量二者之间的关系。例如，在世界银行提供的数据中，经过搜寻，笔者找到了全球 142 个国家 2016 年的法治与经济的数据。以经济水平为纵坐标，法治水平为横坐标，可以绘制相应的图形（见图 1.1）。

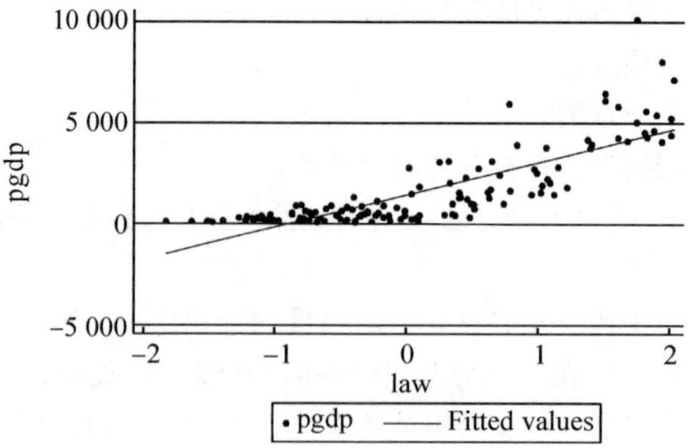

图 1.1　法治与经济的坐标图

图中有一条拟合的直线，可以大致表述出法治与经济的线性关系。显然，我们不能期待所有的点都恰好落在这条直线上，因为影响经济水平的因素非常多，比如科技水平、政治稳定性等。不在这条直线上的点，可通过一个误差项予以衡量，所以可以得到计量经济模型

$$\text{econ}_i = \alpha + \beta \cdot \text{law}_i + \varepsilon_i \tag{1.2}$$

其中，i 表示第 i 个国家，ε_i 表示误差项，可以用来代表所有未经指明的对经济有影响的那些因素。正是这些因素的存在，使得并不是所有的点都落在拟合的直线上。

以收集到的数据为基础，通过一元线性回归分析，我们可以估计出 α 和 β 的取值，得到的经济与法治之间关系的模型为

$$\text{econ}_i = 13\,962.73 + 16\,083.45 \cdot \text{law}_i \tag{1.3}$$

可大致解读为，法治水平每增加一个单位，经济水平（人均 GDP）将提升 16 083.45 美元。

然而，式（1.3）所示的模型是否与理论基本相符，进而指导现实，还应当通过适当的方式予以检验。例如，该模型整体是否显著、该模型的系数是否显著、是否遗漏了其他的重要因素等。

假设该模型已经通过检验，那么就可以通过该模型预测法治对于经济的具体影响。例如，一个法治水平为 0.1 的国家，可能的经济水平为

$$\text{econ}_i = 13\,962.73 + 16\,083.45 \times 0.1 = 15\,571.075\text{（美元）} \tag{1.4}$$

进一步地，想达到人均 GDP 2 万美元的经济水平，应当将法治水平提升到何种水平呢？不难得到

$$\text{law} = (20\,000 - 13\,962.73)/16\,083.45 = 0.375\,371\,58 \tag{1.5}$$

综上，我们以一种较为简单而直白的方式，对计量经济学的分析路径有了比较直观的理解。

第三节　本书常用的数据类型

一、截面数据（cross-sectional data）

截面数据也称横截面数据、静态数据，是指不同主体在相同时间点或近似相同时间点（也可以是相同时间段或近似相同时间段）上收集的数据。例如，表 1.1 世界银行测度的 2016 年全球部分国家的法治水平就是典型的截面数据。

表 1.1　2016 年全球部分国家的法治水平①

Country Name	law
Afghanistan	-1.5
Angola	-1.09
Albania	-0.33
United Arab Emirates	0.85
Argentina	-0.39
Armenia	-0.12
Australia	1.76
Austria	1.82
Azerbaijan	-0.52
Burundi	-1.46
Belgium	1.39
Benin	-0.61
Burkina Faso	-0.45
Bangladesh	-0.66
Bulgaria	-0.06
Bahrain	0.46

① 获取的数据会多次输入 Stata 软件进行分析，基于数据显示以及软件操作命令前后的一致性，不宜翻译成中文。

表1.1(续)

Country Name	law
Bahamas, The	0.26
Belarus	-0.72
Belize	-0.86
Bolivia	-1.2
Brazil	-0.16
Barbados	0.8
Brunei Darussalam	0.56
Bhutan	0.49
Botswana	0.53
Central African Republic	-1.82
Canada	1.84
Switzerland	1.95
Chile	1.13

资料来源：世界银行官网。

二、时间序列数据（time series data）

时间序列数据系在不同时间点或时间段上收集的数据，用于描述某种特定现象随时间变化的状态或程度。表1.2为世界银行测度的2003—2016年阿富汗法治水平的数据。

表1.2　2003—2016年阿富汗的法治水平

Country Name	year	law
Afghanistan	2003	-1.55
Afghanistan	2004	-1.70
Afghanistan	2005	-1.66
Afghanistan	2006	-1.86
Afghanistan	2007	-1.83
Afghanistan	2008	-1.86
Afghanistan	2009	-1.85
Afghanistan	2010	-1.85
Afghanistan	2011	-1.899 999 976

表1.2(续)

Country Name	year	law
Afghanistan	2012	-1.639 999 986
Afghanistan	2013	-1.600 000 024
Afghanistan	2014	-1.45
Afghanistan	2015	-1.50
Afghanistan	2016	-1.50

资料来源：世界银行官网。

三、面板数据（panel data）

面板数据也称平行数据，是指多个主体在不同时间点（或时间段）上收集的数据。面板数据实质是由时间序列数据和截面数据组合而成的。表 1.3 为世界银行测度的 2003—2016 年全球部分国家法治水平的数据。

表 1.3 2003—2016 年全球部分国家的法治水平

Country Name	year	law
Afghanistan	2003	-1.55
Afghanistan	2004	-1.70
Afghanistan	2005	-1.66
Afghanistan	2006	-1.86
Afghanistan	2007	-1.83
Afghanistan	2008	-1.86
Afghanistan	2009	-1.85
Afghanistan	2010	-1.85
Afghanistan	2011	-1.899 999 976
Afghanistan	2012	-1.639 999 986
Afghanistan	2013	-1.600 000 024
Afghanistan	2014	-1.45
Afghanistan	2015	-1.50
Afghanistan	2016	-1.50
……	……	……
Angola	2003	-1.52
Angola	2004	-1.50

表1.3(续)

Country Name	year	law
Angola	2005	-1.43
Angola	2006	-1.30
Angola	2007	-1.37
Angola	2008	-1.37
Angola	2009	-1.23
Angola	2010	-1.27
Angola	2011	-1.269 999 981
Angola	2012	-1.269 999 981
Angola	2013	-1.269 999 981
Angola	2014	-1.12
Angola	2015	-1.08
Angola	2016	-1.09
……	……	……
Albania	2003	-0.72
Albania	2004	-0.69
Albania	2005	-0.74
Albania	2006	-0.68
Albania	2007	-0.65
Albania	2008	-0.59
Albania	2009	-0.50
Albania	2010	-0.41
Albania	2011	-0.460 000 008
Albania	2012	-0.519 999 981
Albania	2013	-0.519 999 981
Albania	2014	-0.34
Albania	2015	-0.33
Albania	2016	-0.33
……	……	……
Argentina	2003	-0.77
Argentina	2004	-0.81

表1.3(续)

Country Name	year	law
Argentina	2005	-0.55
Argentina	2006	-0.57
Argentina	2007	-0.59
Argentina	2008	-0.68
Argentina	2009	-0.68
Argentina	2010	-0.59
Argentina	2011	-0.560 000 002
Argentina	2012	-0.680 000 007
Argentina	2013	-0.709 999 979
Argentina	2014	-0.89
Argentina	2015	-0.77
Argentina	2016	-0.39

资料来源：世界银行官网。

本书将使用较为流行的 Stata 软件（Stata14.0）对数据进行处理和分析，并将在下一章对软件进行初步介绍。

第二章　Stata 简介

第一节　Stata 的界面

在用 Stata 处理和分析数据之前，需要了解 Stata 的界面组成部分。打开 Stata 软件后，会出现图 2.1 所示的界面，该界面主要包括 5 个窗口、1 个下拉菜单，以及常用功能的快捷键部分。

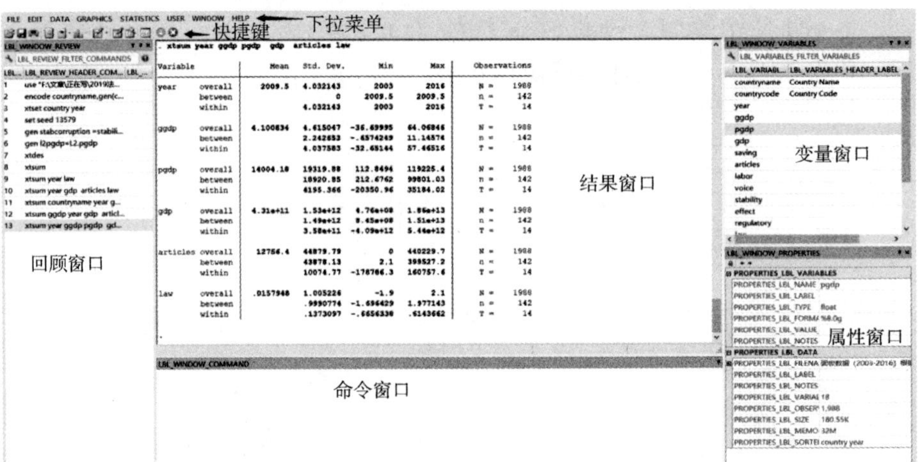

图 2.1　Stata 界面

命令窗口（command window）。该窗口用于输入操作命令，让 Stata 执行相应的任务。例如，如果想做变量 y 对 x 和 z 的回归，可以输入命令：reg y x z。

回顾窗口（review window）。在命令窗口中已经输入并执行的任何命令，不论该命令是否已经成功执行，其记录均会显示在回顾窗口中。在回顾窗口除了可以清晰看到过往的执行命令外，还可以随时点击命令使其再次执行，而不需要在命令窗口重新输入。例如，图 2.1 所示的 Stata 界面中；回顾窗口中的第 7 条命令为 xtdes，目的在于了解面板数据的基本结构；回顾窗口中的第 13 条命令为 xtsum year ggdp pgdp gdp articles law，目的在于了解 year ggdp pgdp gdp articles law 等变量的基本特征，包括均值、标准差、最小值、最大值等。

变量窗口（variables window）。已经输入的数据，其变量和标签会显示在变量窗口中。例如，图 2.1 所示的 Stata 界面中，变量窗口中前三个变量是 Country Name、Country Code、year，分别代表国家或地区的全称、代码和年份。

结果窗口（results window）。执行命令后的结果，在结果窗口中显示。例如，图 2.1 所示的 Stata 界面中，结果窗口显示的内容即为执行 xtsum year ggdp pgdp gdp articles law 命令后的结果。

属性窗口（properties window）。可以在该窗口看到变量和数据的属性。属性窗口上半部分（PROPERTIES_LBL_VARIABLES）表示变量的属性。具体而言，图 2.1 所示的 Stata 界面中，属性窗口上半部分显示变量 pgdp 的属性，下半部分（PROPERTIES_LBL_DATA）显示已经打开的整体数据的属性。

下拉菜单主要包括 FILE（文件）、EDIT（编辑）、DATA（数据）、GRAPHICS（图形）等具体内容，每个选项下还有子菜单。

在常用功能的快捷键部分，将鼠标放置于具体的快捷键上，就会显示相应的功能。例如，第一个快捷键为打开文件夹，第二个为保存相应内容，第三个为打印相应内容。

第二节　数据的导入

大部分原始数据都保存于 Excel 表格之中，所以本书着重介绍如何将 Excel 表格中的数据导入 Stata 软件。

第一步，打开 Stata 软件，点击常用功能快捷键的 DATA EDIT 图标（见图 2.2），即打开类似于 Excel 的空白数据编辑器（见图 2.3）。

图 2.2 DATA EDIT 图标

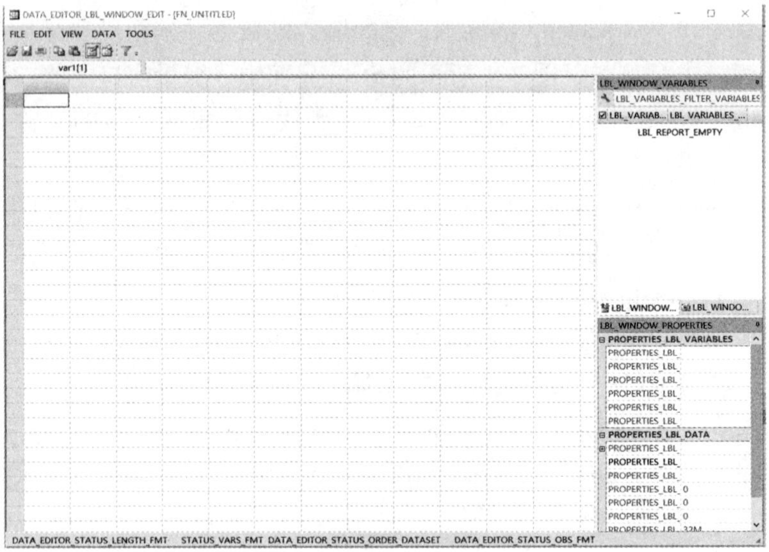

图 2.3 数据编辑器

第二步，用 Excel 软件打开数据“截面数据 2016. XLS”，即可看到 2016 年全球 142 个国家或地区的数据文件（见图 2. 4）。该数据共包含 5 个变量：国家或地区名称（Country Name）、国家或地区代码（Country Code）、年份（year）、人均 GDP（pgdp）、法治水平（law）。复制其中所有的数据后（包含第一行变量名），粘贴到空白数据编辑器中，会弹出图 2. 5 所示的对话框。对话框包含三个选择：BTN VARIABLE NAMES（第一行作为变量名）、BTN DATA（第一行作为数据）、BTN CANCEL（取消操作）。点击第一个按钮，即将数据成功导入 Stata 软件（见图 2. 6）。

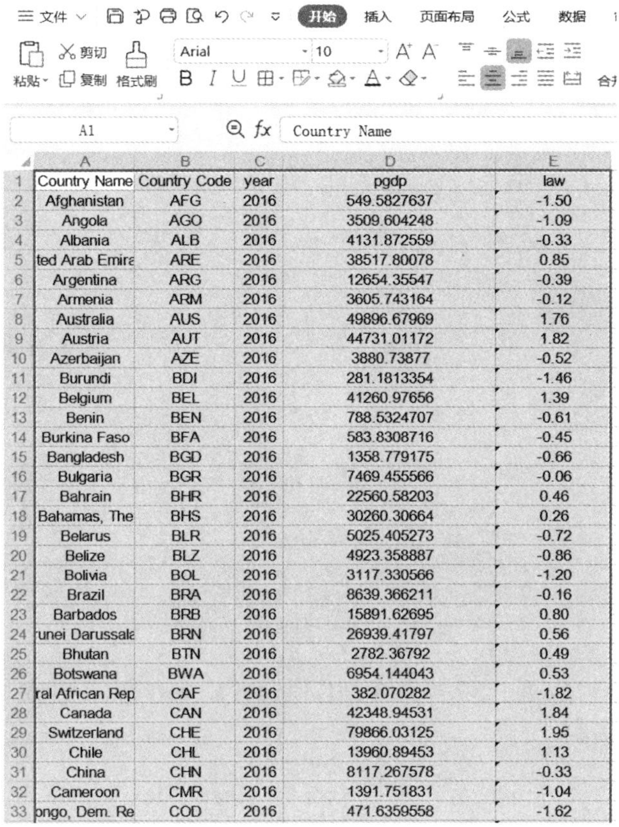

	A	B	C	D	E
1	Country Name	Country Code	year	pgdp	law
2	Afghanistan	AFG	2016	549.5827637	-1.50
3	Angola	AGO	2016	3509.604248	-1.09
4	Albania	ALB	2016	4131.872559	-0.33
5	ted Arab Emira	ARE	2016	38517.80078	0.85
6	Argentina	ARG	2016	12654.35547	-0.39
7	Armenia	ARM	2016	3605.743164	-0.12
8	Australia	AUS	2016	49896.67969	1.76
9	Austria	AUT	2016	44731.01172	1.82
10	Azerbaijan	AZE	2016	3880.73877	-0.52
11	Burundi	BDI	2016	281.1813354	-1.46
12	Belgium	BEL	2016	41260.97656	1.39
13	Benin	BEN	2016	788.5324707	-0.61
14	Burkina Faso	BFA	2016	583.8308716	-0.45
15	Bangladesh	BGD	2016	1358.779175	-0.66
16	Bulgaria	BGR	2016	7469.455566	-0.06
17	Bahrain	BHR	2016	22560.58203	0.46
18	Bahamas, The	BHS	2016	30260.30664	0.26
19	Belarus	BLR	2016	5025.405273	-0.72
20	Belize	BLZ	2016	4923.358887	-0.86
21	Bolivia	BOL	2016	3117.330566	-1.20
22	Brazil	BRA	2016	8639.366211	-0.16
23	Barbados	BRB	2016	15891.62695	0.80
24	runei Darussala	BRN	2016	26939.41797	0.56
25	Bhutan	BTN	2016	2782.36792	0.49
26	Botswana	BWA	2016	6954.144043	0.53
27	ral African Rep	CAF	2016	382.070282	-1.82
28	Canada	CAN	2016	42348.94531	1.84
29	Switzerland	CHE	2016	79866.03125	1.95
30	Chile	CHL	2016	13960.89453	1.13
31	China	CHN	2016	8117.267578	-0.33
32	Cameroon	CMR	2016	1391.751831	-1.04
33	ongo, Dem. Re	COD	2016	471.6359558	-1.62

图 2.4　截面数据 2016

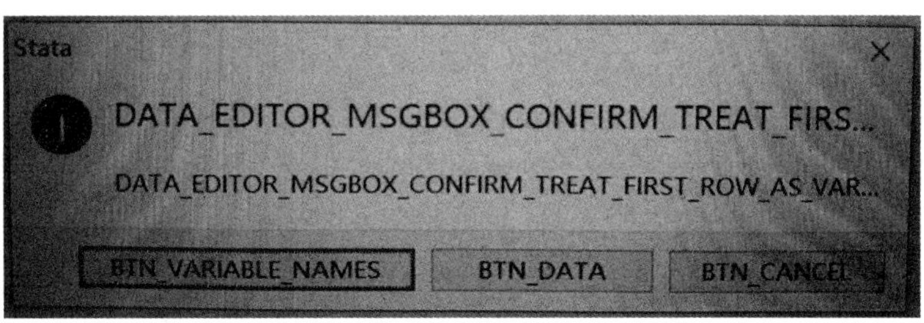

图 2.5　数据编辑器的对话框

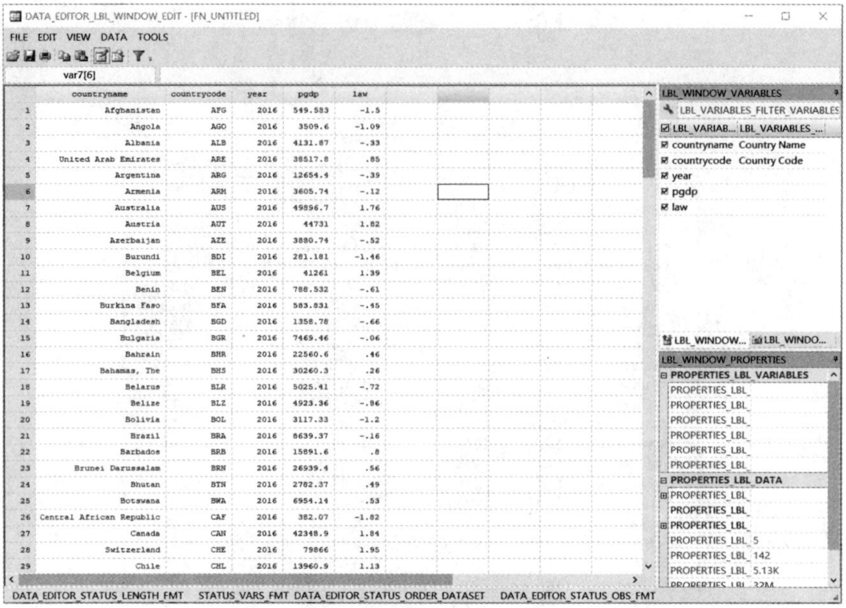

图 2.6 数据导入后的视图

当然，也可以通过下拉菜单 FILE—FILE_IMPORT 的方式直接导入，此处不再详细讲述。

第三节 数据的管理

数据成功导入 Stata 软件后，如果想看看变量的一些简单信息，可使用 des 命令。例如，输入命令：des pgdp law，即可看到 pgdp 和 law 这两个变量的信息（见图 2.7）。其中，storage type 是数据的存储类型，float 表示浮点型（含有小数点的浮动变量），display format 表示数据的显示格式。

```
. des pgdp law

              storage   display    value
variable name   type    format     label      variable label
------------------------------------------------------------------
pgdp            float   %8.0g
law             float   %8.0g

.
```

图 2.7 des 命令

如果想进一步了解数据的相关信息，还可使用 codebook 命令。输入命令：codebook law。结果见图 2.8。该命令显示了 law 的诸多信息，例如，法治水平的范围是-1.82~2.04，均值为 0.042 465，第 10 百分位数、第 25 百分位数分别是-1.09、-0.76 等。

```
. codebook law

-------------------------------------------------------------------------------
law
-------------------------------------------------------------------------------

                  type:  numeric (float)

                 range:  [-1.82,2.04]                 units:  .01
         unique values:  118                      missing .:  0/142

                  mean:   .042465
              std. dev:   .975576

           percentiles:        10%       25%       50%       75%       90%
                            -1.09      -.76      -.16       .72      1.62
```

图 2.8　codebook 命令

还可输入命令：misstable sum。该命令可以报告变量的缺失值情况。

对变量的筛选可以通过输入两个命令。如果要删除 pgdp 大于 5 000 的数据，可输入命令：drop if pgdp>5 000；如果要保留 pgdp 大于 5 000 的数据，可输入命令：keep if pgdp>5 000。值得注意的是，使用这两个命令后，不能撤销操作，所以一般需要谨慎使用。

另外，数据中的前两个变量 countryname 和 countrycode 是字符型变量（显示为红色），如果要将其转化为数字型变量，可使用 encode 命令（见图 2.9）。输入命令：encode countryname，g（country），即产生了一个新变量 country（显示为蓝色）。该变量与 countryname 形成一一对应，即将字符型变量转化为数字型变量。

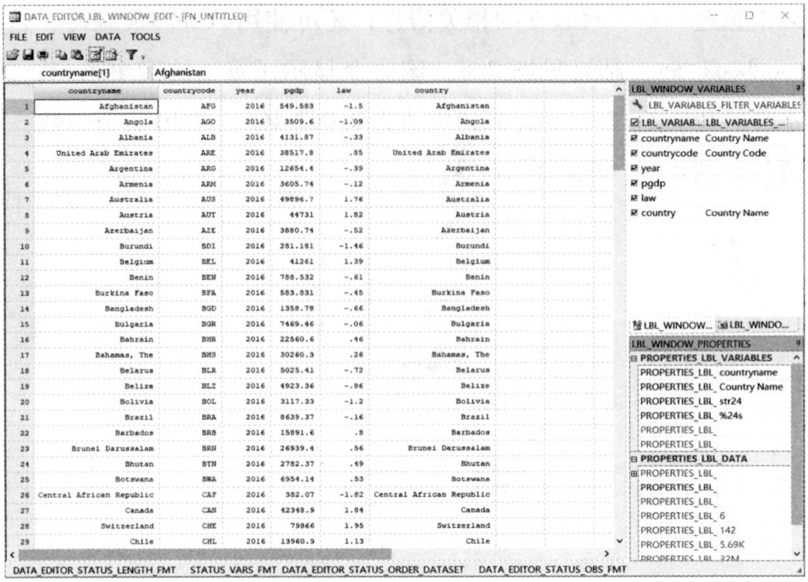

图 2.9　encode 命令

第四节　初步的描述性统计

描述性统计是深入分析的基础，通过初步的描述性统计，可以大致看出数据分布的初步规律以及趋势。

描述性统计的常用命令是 sum。输入命令：sum pgdp law。由图 2.10 可以看到：变量 pgdp 一共有 142 个观测值（也就是 142 个国家或地区），均值为 14 645.71 美元，标准差为 19 033.25，最小值为 281.181 3 美元，最大值为 100 738.7 美元。可见，不同国家或地区的经济水平差距非常大；变量 law 的最值对比也表明，不同国家或地区的法治水平差距也非常大。

```
. sum pgdp law

    Variable |        Obs        Mean    Std. Dev.       Min        Max
-------------+---------------------------------------------------------
        pgdp |        142    14645.71    19033.25   281.1813   100738.7
         law |        142    .0424648    .9755763      -1.82       2.04

.
```

图 2.10　sum 命令

看数据的另一个直观方法是画图。散点图的绘图命令为 scatter（见图 2. 11）。输入命令：scatter pgdp law，xlabel（−2. 5（1）2. 5）。pgdp 为纵轴，law 为横轴，xlabel 表示横轴的绘制范围（−2. 5 至 2. 5），（1）表示每隔 1 个单位在横轴标注一次。如果需要明确散点图中的每一个点是代表哪个国家或地区，可输入命令：scatter pgdp law，mlabel（countrycode）xlabel（−2. 5（1）2. 5）（见图 2. 12）。由图可以初步得知，法治水平和人均 GDP 大致呈正相关关系，法治水平越高，人均 GDP 亦越优。法治水平和人均 GDP 最高的三个国家分别是位于右上角的 Luxembourg（卢森堡）、Switzerland（瑞士）和 Norway（挪威）。

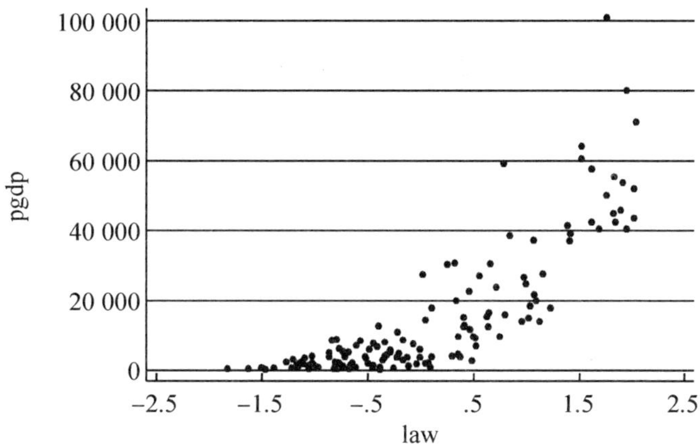

图 2. 11　scatter 命令

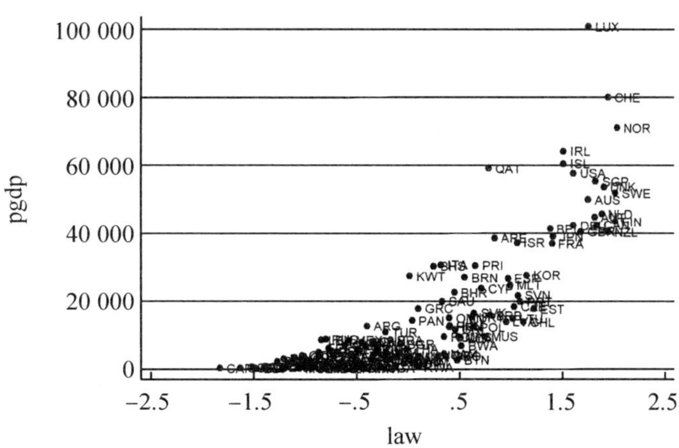

图 2. 12　scatter 命令（含国家或地区代码）

还可通过相关性分析来初步考察法治水平和人均 GDP 之间的关系，可输入命令：pwcorr pgdp law（见图 2. 13）。由图可知，二者之间的相关性系数为 0. 824 4，具有较强的相关性（0. 1、0. 3、0. 5 分别对应弱相关、中等相关和强相关）（梅赫梅托 等，2021）。

```
. pwcorr pgdp law

             |     pgdp      law
-------------+------------------
        pgdp |   1.0000
         law |   0.8244   1.0000

.
```

图 2. 13　pwcorr 命令

第三章 数据的抽样

从纯粹理论的角度来看，为了获得科学和精准的研究成果，需要收集丰富的甚至是全部的调查信息，因此，只要是属于研究范围内的对象，都应该被纳入调查范畴。但是，展开全面调查无疑将耗费巨大的人力、物力和财力。以2010年第六次全国人口普查为例，根据国家统计局负责人在新闻发布会上的解读，在人力方面，最初计划在全国范围内动员600万名普查员，而普查结束时，全国实际参与人口普查的人员达到近千万人；在财力方面，根据《全国人口普查条例》，人口普查的经费由各级财政分级负担，在中央层面，财政部安排12.5亿元，发展改革委安排2亿余元，在地方层面，各省、市、县政府筹集大约60亿元，全国汇总在一起大概花费80亿元。即便如此，全面调查也还是无法彻底根除误差，例如第六次全国人口普查仍然存在漏登的情况。针对已经入户登记的全国500多万个小区，第六次全国人口普查领导小组随机再抽取402个小区进行复查，重新入户、重新访问、重新登记，经过比对发现，存在0.12%的净漏登率。因此，社会科学研究通常从总体中抽取部分代表性样本进行调查，然后将代表性样本的信息反馈于总体，进而推断总体的情况。

第一节 抽样的原则和步骤

一般意义上的抽样，系从全部调查对象中选取一部分对象进行调查，并依据对该部分选择对象的调查所获得的信息，对全部调查对象的情况和特征做出具有一定可靠性的估计和判断的方法。抽样的使用大大推动了社会科学领域调查活动的发展，既节省了研究资源、缩短了研究时间，又提高了研究资料的准确性和可靠性（胡荣，2021）。

抽样依据的数学原理主要是大数法则和中心极限定理。大数法则也称大数定律，指在随机事件的大量重复出现中，通常呈现出几乎必然的规律。通俗地说，大数法则就是，在试验不变的条件下，重复试验多次，随机事件的频率近似于它的概率，偶然中包含着某种必然。就像抛硬币一样，当尝试抛硬币成千上万次后，就会发现，正面向上或者反面向上的次数都是接近的。当然，大数法则并非某个单独的定律，而是一个体系，包括切比雪夫大数定律、辛钦大数定律、泊松大数定律、马尔科夫大数定律等。大数法则是抽样的理论基础。例如，将切比雪夫大数定律运用于抽样调查，就可以得出结论：随着样本量的增加，样本平均数均值将接近于总体均值。中心极限定理也表明，如果样本容量足够大，样本均值的抽样分布将近似服从正态分布，其正态分布的均值趋近于总体均值。大数法则和中心极限定理为统计推断中依据样本信息估计总体情况提供了理论依据。

多大的样本量才能准确反映出总体的情况？也就是说，应当如何选取一个好的样本？大体可以从两个角度切入。第一个角度是针对待研究的问题而言的。不同的研究问题，对样本的要求也不一样，同一个样本，对某一个研究问题而言，可能是一个合格的样本，对另一个研究问题而言，可能就不合格了。例如，要测度京津冀城市群的总体法治水平，样本的选择自然要包括北京、天津和河北三地，但是要通过北京、天津和河北三地的样本法治水平来推断全国的总体法治水平，样本的数量显然就不够了。第二个角度是针对样本调查成本与总体估计精确度的关系而言的。进行样本调查需要投入调查费用，获得高质量的调查数据往往意味着高额调查费用的投入，但是即便将抽样转换为普查，也还是会存在各式各样的误差，调查成本和高质量的调查数据之间存在一定的紧张关系。一个好的样本应具有较高的性价比，也就是说，在调查费用相同的条件下，获得调查数据的质量最高，或在调查数据质量相同的条件下，调查的成本最低。

具体而言，抽样包括以下原则和步骤。

一、抽样的原则

第一，随机原则。所谓随机原则就是在抽取样本时避免主观上有意识地抽取调查个体，而使每个个体都有一定的机会被抽中，也就是必须保证总体中的每一个个体都有已知的、同等的被抽取为样本的概率。需要注意的是，随机不等于随便，随机有严格的科学含义，可以用概率来描述；而随便则带有人为主观的因素。例如，要在一所大学抽取 100 位大学生作为调查样本，若采用随机原则，就需要事先将该所大学的所有大学生按某种顺序（例如按照学号）编号，通过一定的随机化程序，如使用随机数字表，抽取出大学生样本，这样可以保证每位大学生都有相同的机会被选中。而如果调查人员站在教学楼门口，将最先走出楼外的 100 位大学生选为样本，这就是随便而不是随机。这种方法不能使该所大学的所有大学生都有同等的机会被选中，当时没有在教学楼上课的大学生就不可能被选中。随机与随便的本质区别就在于，是否按照给定的入样概率，通过一定的随机化程序抽取样本个体（贾俊平 等，2018）。

第二，抽样成本收益最大化原则。在调查经费有限的条件下，应当选取符合要求的成本最小的抽样设计方案，即在满足精确度要求的前提下，力争实现所选取的样本最具代表性，最能节约人力、物力、财力。正如对航空发动机零部件加工精度的要求和对拖拉机发动机零部件加工精度的要求相差甚远一样。

二、抽样的步骤

第一，界定总体的范围。明确全体研究对象的范围是抽样的逻辑前提。例如，如果要调查某年度北京市中学生的法治意识水平，可将总体的范围确定为该年度北京市的所有中学生，包括初中、高中、职业中学等的学生，进而进行进一步抽样。由抽样个体所获得的研究结论，只能推广到该年度的北京市中学生总体范围，不能推广到其他年度的北京市中学生总体范围。

第二，制定抽样框。抽样框又称“抽样框架”“抽样结构”，是抽样调查的基础和前提。抽样框包含了所有研究对象的总体信息，如企业名录、大学生名册或街道派出所的居民户籍册等。如果要从 10 000 名大学生中抽出 2 000 名组成一个样本，那么这 10 000 名大学生的名册，就是抽样框。理想的抽样框应该满足以下要求：必须覆盖目标总体，总体中的每个个体在抽样框中仅出现一次，既没有遗漏，也没有重复（罗薇，2008）。在没有现成名单的情况下，抽样框可由调查人员自行编制。抽样框的作用不仅在于提供备选个体的名单以供抽选，它还是计算各个个体入样概率的依据。若没有抽样框，则不能计算样本个体的入样概率，也就无法进行概率抽样。

第三，确定样本容量。样本容量越大，相应的信息越能反映真实的总体，但也意味着更高的成本。合理确定样本容量的一项主要原则是，总体越小，样本的抽样比就必须越大，因为该样本具有与整个总体产生相同结果的高概率。较大的总体能够在较小的抽样比下得出同样好的样本，这是因为随着总体规模的增长，样本量对精确性的回报随之递减。

第四，确定抽样方式。抽样的具体方式有许多种，可以分为两个大类：概率抽样和非概率抽样。其中，概率抽样包括简单随机抽样、系统抽样、分层抽样、整群抽样等，不同的抽样方式亦会产生不同的抽样误差；非概率抽样通常运用于探索性研究或初期研究，包括偶遇抽样、判断抽样、滚雪球抽样等。

第五，评估样本的代表性。抽样的重要目标之一即在于使得样本能够充分代表总体，因此，在选择好样本后，应从样本的数据信息来初步判断其代表性。此时，可以选择一些在总体和样本中都比较容易找到的信息或特征来进行对比，如果总体与样本在此类信息或特征上具有相近似的分布，则该样本具有较强的代表性。需要注意的是，样本的选择应当尽量避免非典型性个体。例如，在对学术期刊的论文进行抽样时，可能需要适度考量每年第一期的论文数量或份额，因为第一期作为开年之作，往往“大咖”云集，论文质量可能显著超越全年度的平均水准。

第二节　概率抽样

概率抽样也称随机抽样，是指遵循随机原则进行的抽样，总体中每个个体都有一定的概率被选入样本。概率抽样中的概率，是指总体中的每个个体都有一定的非零概率被抽中，个体之间被抽中的概率可以相等（等概率抽样），也可以不等（不等概率抽样）（贾俊平 等，2018）。概率抽样具有下面几个特点：首先，抽样时按一定的概率以随机原则抽取样本；其次，每个个体被抽中的概率是已知的，或是可以计算出来，例如，要在1 000 个总体中随机抽取 100 个个体作为样本，那么每个个体被抽中的概率应当是 10%；最后，当用样本对总体目标量进行估计时，要考虑到每个样本个体被抽中的概率，个体被抽中的概率越高，用样本对总体目标量的估计越准确。常用的概率抽样方法主要有简单随机抽样、分层抽样、系统抽样、整群抽样，以及将以上几种方法结合使用的多阶段抽样等。

一、简单随机抽样

简单随机抽样的第一步是对总体中的每个个体逐一进行编号以制定出

完备的抽样框，随后从抽样框中随机地、一个个地抽取个体作为样本，每个个体的入样概率是相等的。常用的简单随机抽样方法是抽签法：首先将总体中的每个个体逐一编号，将号码写在同规格的卡片上，将所有的卡片放入一个容器中，并充分搅动以便使其均匀混合，然后每次从中抽取一个卡片，连续抽取若干次，就得到一个简单随机样本。以抽签法选取样本可以确保每个个体都有被抽中的可能，而且被抽中的概率相同。例如，要在500位大学生中抽取100位，则先将500位大学生逐一编号，将编号完成的500张卡片放入同一容器均匀混合后抽取100次，每位大学生被抽中的概率都是20%。

如果总体的规模较大，抽签法则存在诸多不便，这时可以采用随机数字表来抽取样本。随机数字表也称乱数表，由计算机程序生成，是随机抽取样本的简便工具。随机数字表中每个数字的产生完全随机化，表中每个位置上出现哪一个数字是等概率的，利用随机数字表抽取样本保证了各个个体被抽取的概率相等。例如，如果要从10 000个总体中用简单随机抽样方法选取2 000个个体作为样本，首先，就要将总体中所有个体进行编号，从00001开始，直到10000，每个个体都有一个独一无二的五位数编号。其次，选择五位数的随机数字表，这张表包含了由00001到99999范围内一系列的随机数字。要从五位数中产生四位数，可以从表格中任意选取一个五位数数字，但每次只看它最左边的四位数（当然也可以看最右边的四位数，关键在于要先建立一个规则，然后自始至终按这个规则执行），选择好第一个五位数数字后，纵向往下选取（也可以按照横向、对角线等方式，同理，重要的是选定了一个规则之后，必须自始至终使用这种规则），当到达该列的最末端时，可以从下一列的最顶端继续选取，一页选完后，可以从下一页的第一个纵列继续选取。当选取随机数时碰到重复的数字时，跳过这个数字继续选下一个即可。最后，按照上述规则持续选取，直至选取满2 000个号码，这些号码所对应的个体就是此次调查所选中的样本。

简单随机抽样方法的特点是简单、直观。当有一个完整的抽样框与总体一一对应时，可以直接从中抽取样本，由于个体被选中的概率相同，用样本统计量对总体进行估计及计算估计量误差都比较方便。不过，简单随机抽样也存在一些局限。首先是抽样框的构造具有难度。简单随机抽样的前提是抽样框的存在，当总体的数量很大时，构造抽样框并非易事。例如，要测度全国在读大学生的法治意识水平，那么抽样框就应当包括上千万的全国在读大学生，尽管从理论上可以构造这样的抽样框（这意味构造一个包含全国所有在读大学生的名册），但实际上难度非常大，几乎不太可能。如果降低难度，仅仅测度某一个大学在读大学生的法治意识水平，难度似乎降低了许多，因为总体只有数万人，但要构造包含该大学所有在读大学生的抽样框，也仍然具有一定的难度。另外，现实生活中某些研究总体的规模甚至无法准确界定，例如城市外来务工人员的准确规模、某地流浪人员的数量，等等。其次，简单随机抽样抽出的个体样本较为分散，给具体调查增加了成本和困难。以测度某一个大学在读大学生的法治意识水平为例，即便在该大学的大力支持下成功构造了抽样框，并获得 2 000 人的样本，但这 2 000 人并不一定都在学校（可能在实习、访友、家里等），无法当面访谈；即使要获取这 2 000 人的准确联系方式，也要花费大量的精力，最终导致极为高昂的调查费用。最后，简单随机抽样的抽样方式较为单一，没有结合其他方式以提高估计的效率，因为其往往只适用于小规模、小样本的调查。

二、分层抽样

分层抽样也叫类型抽样，它不直接从总体中抽取样本，而是将总体按照某种共同的特征或规则划分为不同的层，然后从不同的层中独立、随机地抽取个体样本。各层的个体样本形成总体样本，可以对总体的参数进行推断。我们通过一个具体的案例来展示分层抽样的基本思路，即测度某大学在读大学生的法治意识水平。为计算方便，假设该大学共有大学生 10 000 名，应当抽样 2 000 名（20%）。首先，把总体按照某种共同的特征或规则划分为不同的组，可以按照多重不同的特征或规则进行分组，例如大学生的户籍（农村或城市）、性别（男性或女性）、年级（大一、大二、大三、大四本科生或研究生）、专业（理工农医类或文史哲艺类）等。我们按照大学生的性别进行分组，其中女性组 6 000 名，男性组 4 000 名。然后，再用随机方法从两组大学生中分别抽取个体样本，也就是，女性组：6 000×20% = 1 200 名，男性组：4 000×20% = 800 名，合计：1 200+800 = 2 000 名。

上述案例中的分层抽样在确定各层样本数时，采用的是等比抽样法，原因在于按照大学生的性别进行分组时，不同的组别规模差异并不大，大致可归于同一量级，因而对不同的组采用相同的抽样比例不会影响总体的推断。不过，如果总体中某些组的个体数量很少，该组按照相同比例抽取的样本数量在样本总数中就特别少，就有可能影响总体推断的准确性。例如普通省属高校中，本科生可能达到数万人，研究生可能只有数千人，此时如果按照等比抽样的方法，就可能形成失衡的抽样样本。在这种情况下，研究者就可以采用不等比抽样的方法，使得个体数量较少的组也能获得相对较多的样本。当然，对于不等比抽样而言，虽然可以保证每组都有一定数量的样本，但由于各组的抽样比例不同，在分析时就需要对所获结果进行修正，以避免偏误。修正的方法主要有加权修正法和相对量修正法。

分层抽样方法可以确保样本中包含有各种特征的抽样单位，即使在总体差异性很大的情况下，样本的结构与总体的结构也比较相近，可以提高总体估计的准确度。对于较大规模的抽样，分层抽样方法还可以为组织实施调查提供诸多便利（例如按行业或地区进行分层时）。同时，分层抽样既可以对总体参数进行估计，这也可以对各层的参数进行估计，这已经在实践中获得广泛的应用。

三、系统抽样

系统抽样，也叫等距抽样或机械抽样，是将总体的各个个体按照一定的特征或规则排列起来，然后按照固定的顺序和间隔来抽取样本的方法。从某种角度来看，系统抽样实际是简单随机抽样的特定版本的体现。简单随机抽样需要自行对总体中的每个个体逐一进行编号以制定出完备的抽样框，而系统抽样中的抽样框通常已经按照某种特定的特征或规则进行排列，更为方便，可以直接使用。具体而言，系统抽样首先将总体中的个体按一定的特征或规则排列起来并编号，假设总体中一共有 N 个个体，打算抽样 n 个样本，那么根据抽样比例计算出抽样间隔 r（$r=N/n$），随后在第一个间隔（介于 1，2，…，r 之间）内随机选取某一个编号 i 为第一个样本编号，最后依照间隔 r 依次选取第 $i+r$、$i+2r$、$i+3r$ 等编号，直至选满既定样本数量，这些编号所代表的个体即为被选中的样本。系统抽样法操作简便，实施起来不易出错。例如，我们要对 1998 年至 2018 年期间《中国法学》杂志上的学术论文进行抽样调查，就可以使用系统抽样法。《中国法学》在此期间一共刊登 2 131 篇论文，假设按照 30%的比例抽样，那么抽取样本论文大致是 639. 3 篇。《中国法学》为双月刊，每年共出版 6 期，因此可以结合期刊的出版方式，抽取每年第 2 期和第 5 期中的所有论文，最终即可以抽取 663 篇，符合抽样的要求，同时亦比较简便可行。

系统抽样同样需要注意样本的代表性问题。在将总体的各个个体按照一定的特征或规则排列起来时，需要观察此时的排列特征或规则是否具有某些独特性特征，从而尽量避免选出偏误性的样本。例如，在对杂志上的学术论文进行抽样调查时，应该先大致浏览一下该杂志是否具有某些特有的规律。例如组稿或约稿在其中的分布规律；又如杂志每年的第 1 期作为开年之作，往往存在某些重点讨论或分析，可能不宜作为样本的选取范围。

四、整群抽样

整群抽样先将总体划分为多个次级组合，再随机地抽取若干次级组合，并对抽中组合中包含的所有个体进行调查。整群抽样在抽取样本时只需要次级组合的抽样框，而不必要求抽样框包括所有的个体，从而大大简化了编制抽样框的工作量。次级组合通常具有某些共同的特征，调查相对容易，而且易于实施。例如，欲测度某大学在读大学生的法治意识水平，可以以全校范围内的所有班级或专业作为次级组合建立抽样框，然后通过不重复抽样方法，选取若干个班级或专业的所有大学生进行调查。

整群抽样的主要缺点在于样本的代表性可能存疑。一般而言，同一次级组合内的个体往往具备一定的相似性，尤其是某些特定的次级组合，例如同一自然村落、同一高等学校、同一居民小区等，有可能使得样本的代表性存在缺陷。所以，在样本量大致相当的条件下，整群抽样的抽样误差比简单随机抽样、系统抽样等方式要大一些。此时，要得到与简单随机抽样、系统抽样等方式相同的准确度，整群抽样则需要增加基本次级组合的个数，同时适时注意基本次级组合的异质性。

五、多阶段抽样

多阶段抽样实质是简单随机抽样、分层抽样、系统抽样、整群抽样等多种抽样方法的结合。以二阶段抽样为例介绍其思路。首先，抽取初级抽样单位，但并不是调查其中包含的所有个体，而是再进一步抽样，从初级抽样单位中抽取出最终抽样单位，进而从最终抽样单位中选取若干个体样本进行调查。多阶段抽样具有诸多优点，其不需要构造包含所有个体的抽样框，而是可以逐级构造抽样框，这就显著降低了抽样框的构造难度。其次，由于多阶段抽样的抽样样本相对集中，因此可以极大节约调查费用，降低调查的总成本。最后，多阶段抽样实行再抽样，使调查单位并不局限于某个特定的范围，而是可能在更广的范围内展开。多阶段抽样也存在一定局限，每个阶段的抽样都会产生一定的误差，经多阶段抽样而来的样本，其误差系由每个阶段的误差累计而成，总体误差会随着抽样阶段的增多而增大。

我们以中国综合社会调查（Chinese General Social Survey，CGSS）2003—2006 年的抽样方案为例，对多阶段抽样进行大致的介绍（具体内容请参见官网 http://cgss.ruc.edu.cn/index.htm，项目文档“抽样设计”部分）。中国综合社会调查的抽样方案为分层的四阶段不等概率抽样。首先，就抽样单位而言，第一阶段是以区（地级市、省会城市和直辖市的各大城区和郊区）、县（包括县级市）为初级抽样单位，第二阶段是以街道、乡镇为二级抽样单位，第三阶段是以居民委员会、村民委员会为三级抽样单位，第四阶段是以家庭住户并在每户中确定 1 人为最终单位。其次，构建抽样框。根据当时的行政区划资料，全国共有 2 801 个区县单位，这些区县单位作为初级抽样单元构成调查总体，具体划分为 5 个抽样框。抽样框 1：三大直辖市市辖区，具体包括北京、天津、上海三个直辖市的共 44 个市辖区（重庆与京津沪的同质性并不明显，划入抽样框 2）。抽样框 2：省会城市市辖区，具体包括全国 26 个省会城市和重庆市的共 175 个市辖区。抽样框 3：东部地区区县，具体包括京津沪三大直辖市和东部 6 省的所有区县，除去直辖市和 6 个省会城市市辖区部分，共 611 个区县。抽样框 4：中部地区区县，具体包括中部 11 省和自治区的所有区县，除去 11 个省会城市市辖区部分，共 1 136 个区县。抽样框 5：西部地区区县，具体包括西部 10 省和自治区的所有区县，除去 10 个省会城市市辖区部分，共 835 个区县。最后，在样本分配方面，总样本数 10 000，采用四阶段抽样方案，在每个抽选出的初级抽样单元（区/县）中抽出 4 个二级抽样单元（街道/乡镇），在每个抽选出的二级单元中抽出 2 个三级抽样单元（村委会/居委会），在每个抽选出的三级抽样单元中抽出 10 个最终抽样单元。

第三节　非概率抽样

非概率抽样与概率抽样的本质区别，在于抽取样本时并非依据随机原则，而是根据某些特定的方式从总体中抽出部分个体并对其开展调查。非概率抽样的特点是操作比较简便，抽样的总成本比较低，而且对于抽样的具体要求不是很高（例如误差估计、样本规模等），适合于探索性、前沿性的研究。

一、方便抽样

方便抽样又称随意抽样或者偶遇抽样，系调查者根据方便的原则，于特定的时间和地点，随意选择抽样调查个体的非概率抽样方法。例如，测度某大学在读大学生的法治意识水平，为了抽样方便，即在学校校门、图书馆、教学楼或食堂，随意抽取经过的大学生进行访问；又如，为了测度新《中华人民共和国道路交通安全法》的实施效果，在繁华的主干道上，随意抽取部分行人或者驾车司机进行调查。方便抽样的优点是易于实施、调查成本低，可以在较短的时间内获取大量样本，缺点是个体样本的选择带有较大随意性，且有时样本无法代表有清晰界定的总体（例如在繁华的主干道上，随意抽取部分行人或者驾车司机进行调查，就无法明确样本的总体），因此，调查结论不能或不宜推广至总体。为了提高方便抽样的准确率、强化其代表性，应当选择总体频率分布较为合理、结构代表性较为完整的抽样单元。例如，在测度某大学在读大学生的法治意识水平时，可同时选择学校校门、图书馆、教学楼、食堂、宿舍、运动场等场所作为基本抽样单元，因为所要抽取的大学生总体，都可能在这些场所出现。如果选择的基本抽样单元比较完善，那么方便抽样的效果可能趋近于随机抽样。

二、判断抽样

判断抽样，亦称“重点抽样”“非统计抽样”“经验试查”等，是指调查者立基于对总体的充分认识以及对研究目标的清晰判断，结合自身经验来确定样本的抽样方式，包括重点抽样和典型抽样等方式。重点抽样是从调查总体中选择少数重点个体展开调查，这些重点个体的数量虽然不多，但在总体中占据重要的或者指引性的地位。例如，要对全国高校里开设法学本科教育的培养计划进行调查，可以选择法学领域著名的“五院四系”实施重点抽样调查。“五院四系”是我国著名的五所政法院校以及四所大学的法律系的简称，其在法学教育界具有重要地位，对我国法制发展与法治建设均具有重大影响。“五院四系”的数量虽然不多，但对其展开调查，可以充分了解法学本科教育培养计划的重点、方向及变迁历程，并可以适度拓展至总体。典型抽样是从总体中选择若干典型个体展开深入调查，意在通过对典型个体的抽丝剥茧般的分析来描述或揭示所研究问题的本质和规律。因此，选择的典型个体应该具有充分的典型性。从这个角度来说，典型抽样与个案分析具有同工异曲之处，类似于个案分析的组合或集合。例如，要调查互联网企业是否占据市场支配地位，可以选择一些典型的互联网企业（阿里巴巴、腾讯、京东等），分析其相关市场份额，并结合一些具体的司法判例（3Q 大战）进行综合分析。

判断抽样将样本的有效性和代表性寄托于调查者，即调查者对所调查问题的熟悉程度与既往的研究经验。当调查者具备全面的经验和充分的研究能力时，判断抽样不失为一种优越的抽样方法。不过，由于主观判断的误差通常不可避免，判断抽样可能会使得样本难以代表总体，相应的结论也就难以推广。

三、滚雪球抽样

滚雪球抽样又称裙带抽样、推荐抽样，常常适用于探索性研究或初期研究，当有关总体的信息不足时，或者甚至无法准确界定总体的范围时，调查者可以从总体中的已知的少数个体入手，并以此为切入点逐步扩展，持续进行调查。滚雪球抽样的大致思路是，首先收集目标总体中较易获得的少数个体的信息，然后对这些少数个体展开首轮调查研究。随后，以此类少数个体为切入点，向他们咨询符合要求的其他个体的相关信息，依靠他们的帮助去访问更多符合要求的个体，也就是开展第二轮调查研究。最后，以第二轮的调查个体为切入点，继续搜寻其他个体的相关信息，寻找更多的总体成员，开展第三轮调查研究。如此类推，逐渐形成滚雪球效应。例如，要测度《中华人民共和国老年人权益保障法》（简称《老年人权益保障法》）的实施效果，可以深入街道的社区活动室，或者到公园去结识晨练的老人，展开初步调查，随后通过他们结识其他的老年人朋友，逐步扩大调研的老年人群体。但是，滚雪球抽样也可能产生较大的误差，例如，那些喜欢独处、不爱去社区活动的老年人，或者因身体不便、无法到公园晨练的老年人，将很难成为滚雪球抽样的调查样本，而此类老年人，可能对《老年人权益保障法》的实施效果有着更为深刻的切身体会。因此，对他们的忽略可能会使得调查结果产生误差，相应的结论难以推广到总体。

四、配额抽样

配额抽样也称“定额抽样”，与分层抽样具有结构上的类似性，亦不直接从总体中抽取样本，而是将总体按照某种共同的特征或规则划分为不同的层，然后从不同的层中抽取个体样本。配额抽样与分层抽样的不同之处在于，分层抽样在不同的层中抽取个体样本时，采用的是独立、随机的概率抽样方法，配额抽样采用的则是方便抽样或判断抽样等非概率抽样方法。配额抽样有两种：独立控制配额抽样和相互控制配额抽样（李灿，2012）。独立控制配额抽样是指调查者结合总体的特征，只对样本独立规定一种特征或规则，调查者有比较大的自由去选择总体中的样本。例如，在测度某大学在读大学生的法治意识水平时，只根据大学生所在年级对其进行分组，具体分为大一、大二、大三、大四和研究生阶段，分别规定不同年级的大学生样本数目，这就属于独立控制配额抽样。相互控制配额抽样是指在按各类特征或规则独立分配样本数额的基础上，再采用交叉控制安排样本的具体数额的抽样方式。继续以测度某大学在读大学生的法治意识水平为例，除了考虑大学生所在年级，还可以考虑大学生的户籍（农村或城市）和专业（理工农医类或文史哲艺类），也就是划分了大学生的三种特征，再对每种特征的样本数目做出规定。交叉控制配额抽样对每一个特征或规则所需分配的样本数都做了具体规定，调查者必须按规定在总体中抽取调查单位，各个特征或规则都同时得到控制，从而克服了独立控制配额抽样的缺点，提高了样本的代表性。

第四节　样本量的确定

在人文社会科学领域，纽曼（2021）认为，对于小总体（小于 500），我们需要较大的抽样比（约 30%）或 150 个样本，对于大总体（超过 150 000），我们可以以较小的抽样比（1%）得到精确度相同的结果，约 1 500 个样本可以同样精确，所有的方面都是相同的。需要注意的是，150 000 总体是 500 的 300 倍，但样本仅是 10 倍。如果是对非常大的总体（超过 1 000 万）抽样，我们可以使用极小的抽样比（0.025%），或大约 2 500 个的样本就能够得到准确的结果。当抽样比变得非常小时，总体的大小就不再具有相关性。约 2 500 人的样本对 2 亿人口和对 1 000 万人口而言同样精确。这些都是近似的规模。纽曼还给出了 99%的置信水平下，不同总体随机抽样的样本规模（见表 3.2），可以供我们参考。

表 3.2　参考抽样规模

总体规模	样本规模	样本占总体比例/%
200	171	85.5
500	352	70.4
1 000	543	54.3
2 000	745	37.3
5 000	960	19.2
10 000	1 061	10.6
20 000	1 121	5.6
50 000	1 160	2.3
100 000	1 173	1.2

袁建文教授（2013）在充分考虑抽样精度和费用后，得出基本类似的结论。他提出最优样本量的经验比例大致为：总体规模在 100 以下的，抽样比为 50%以上；总体规模介于 100 和 1 000 之间的，抽样比为 20%~50%；总体规模介于 1 000 和 5 000 之间的，抽样比为 10%~30%；总体规模介于 5 000 和 10 000 之间的，抽样比为 3%~15%；总体规模介于 10 000 和 100 000 之间的，抽样比为 1%~5%；总体规模在 10 万以上的，抽样比为 1%以下。

不难看出，样本量的规模大多是以范围的形式给出的，通常不是一个特别确定而具体的数字。原因在于，影响样本量的因素是多重的，样本量的确定必须建立在具体问题具体分析的基础之上，并以研究者所欲达到的研究目标以及研究预算、研究条件等具体实际要素作为约束条件。在实际的抽样方案设计过程中，首先需要结合总体的情况，根据抽样范围、研究目的和经验样本量给出样本量的大致范围，然后综合考虑精度、置信度、费用等要求，最后根据抽样理论计算出最优样本量或复杂抽样方案样本量。

第四章 数据的度量

第一节 数据的集中趋势与离散程度

所谓数据的集中趋势，是指一组数据向某一中心值靠拢的程度，它反映了一组数据中心点的位置所在，通常可用众数、中位数、分位数和平均数予以体现。离散程度反映的则是数据远离中心值的程度，通常可用异众比率、四分位差、方差和标准差等测度。数据的离散程度越大，集中趋势的测度值对该组数据的代表性就越差；离散程度越小，其代表性就越好。

一、众数

众数是一组数据中出现次数最多的变量值，用 M_0 表示。一组数据可以有多个不同的众数（有两个或两个以上的数据出现次数最多以及出现次数相同，且具体的数值不相同时），也可以没有众数（例如不重复的自然数组合）。从分布角度看，众数是具有明显集中趋势的数值。

例 4.1 为了测度某期刊发文数量的变化趋势，抽取该期刊每年（1998 年至 2018 年）第 2 期和第 5 期发文数量之和的样本（见表 4.1），计算其众数。

表 4.1 某期刊发文数量

年份	发文数量/篇
1998	29
1999	33
2000	34
2001	39
2002	34
2003	40

表4.1（续）

年份	发文数量/篇
2004	40
2005	37
2006	29
2007	25
2008	26
2009	31
2010	29
2011	26
2012	31
2013	30
2014	33
2015	30
2016	29
2017	28
2018	30

解：我们可以先将数据导入 Stata 软件，然后输入绘图命令：twoway connect 发文数量 年份，ylabel（0（10）70）xlabel（1998（2）2019）。其中：twoway connect 表示连线图；发文数量和年份分别为纵轴和横轴；ylabel（0（10）70）表示纵轴的范围是 0 篇至 70 篇，每隔 10 个单位标注一次；xlabel（1998（2）2019）表示横轴的范围是 1998 年至 2019 年，每隔 2 个单位标注一次。绘图命令的结果见图 4.1。由图 4.1 可以看到，2007 年之前的发文数量相对较多，2007 年之后的发文数量趋于稳定。

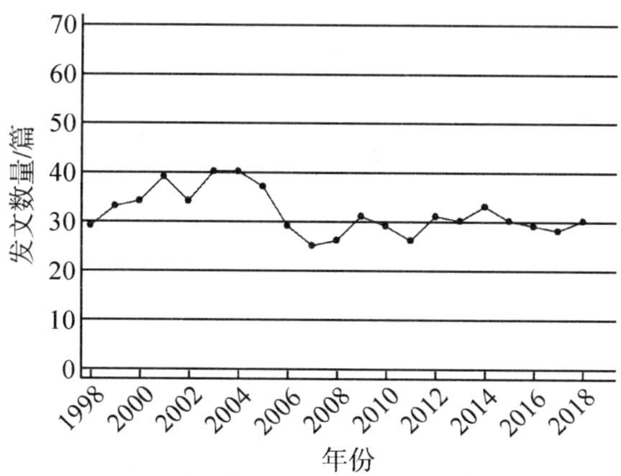

图 4.1　连线图

随后，输入命令：tab 发文数量，意在使所选数据表格化。结果见图 4.2。从中可以看到历年发文数量的情况：Freq 表示频数；Percent 表示百分比，出现次数最多的为 4 次，占比 19.05%（4/21）；发文数量为 29 篇，众数即为 29；对应的时间分别是分别是 1998 年、2006 年、2010 年、2016 年。

```
. tab 发文数量

   发文数
      量 |      Freq.     Percent        Cum.
---------+-----------------------------------
      25 |          1        4.76        4.76
      26 |          2        9.52       14.29
      28 |          1        4.76       19.05
      29 |          4       19.05       38.10
      30 |          3       14.29       52.38
      31 |          2        9.52       61.90
      33 |          2        9.52       71.43
      34 |          2        9.52       80.95
      37 |          1        4.76       85.71
      39 |          1        4.76       90.48
      40 |          2        9.52      100.00
---------+-----------------------------------
   Total |         21      100.00
```

图 4.2　发文数量分布

例 4.2　地方院校和九八五①高校在某领域两本顶级期刊上发文数量的变化趋势见表 4.2，分别计算其众数。

表 4.2　地方院校和九八五高校发文数量

年份	地方高校	九八五高校
1998	14	20
1999	7	27
2000	5	25
2001	11	31
2002	8	30
2003	5	32
2004	8	31

① 由于 Stata 中不能用阿拉伯数字作为变量名，因此后文涉及 Stata 处，均将“985”写作“九八五”。

表4.2(续)

年份	地方高校	九八五高校
2005	11	29
2006	7	27
2007	4	30
2008	3	17
2009	7	28
2010	3	35
2011	3	35
2012	8	23
2013	7	32
2014	4	29
2015	6	30
2016	3	25
2017	1	34
2018	6	25

解：仍然先将数据导入 Stata 软件，然后输入连线图绘图命令：twoway connect 地方高校 九八五高校 年份，msymbol(circle square) ylabel(0(100)50) xlabel(1998(2)2019)。msymbol 表示连线标记符号，circle 和 square 分别表示圆形和正方形。结果见图 4.3。由图可知，九八五高校在该领域两本顶级期刊上的发文数量远高于地方高校，且两校发文数量的差距还有加大的趋势。

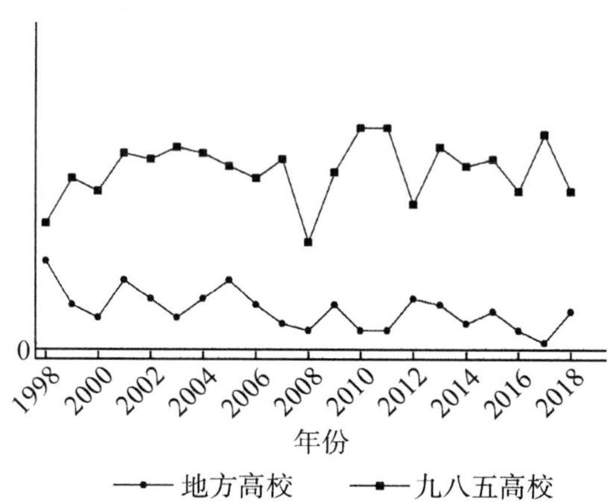

图 4.3　地方高校和九八五高校发文走势

随后，分别输入命令：tab 地方高校，tab 九八五高校。结果见图 4.4。可知地方高校在该领域两本顶级期刊上的发文数量存在两个众数（均出现 4 次），一个是 3，另一个是 7；985 高校在该领域两本顶级期刊上的发文数量也存在两个众数（均出现 3 次），一个是 25，另一个是 30。从众数的情况来看，985 高校在该领域两本顶级期刊上的发文数量要远高于地方高校。

```
. tab 地方高校
```

地方高校	Freq.	Percent	Cum.
1	1	4.76	4.76
3	4	19.05	23.81
4	2	9.52	33.33
5	2	9.52	42.86
6	2	9.52	52.38
7	4	19.05	71.43
8	3	14.29	85.71
11	2	9.52	95.24
14	1	4.76	100.00
Total	21	100.00	

```
. tab 九八五高校
```

九八五高校	Freq.	Percent	Cum.
17	1	4.76	4.76
20	1	4.76	9.52
23	1	4.76	14.29
25	3	14.29	28.57
27	2	9.52	38.10
28	1	4.76	42.86
29	2	9.52	52.38
30	3	14.29	66.67
31	2	9.52	76.19
32	2	9.52	85.71
34	1	4.76	90.48
35	2	9.52	100.00
Total	21	100.00	

图 4.4　地方高校和九八五高校发文数量

二、异众比率

异众比率是一个跟众数紧密相关的概念，系一组数据中非众数的出现次数与全部次数之比，也就是非众数组的频数占总频数的比例，用 V_r 表示，用于衡量众数对数据的代表程度。异众比率越大，说明非众数组的频数占总频数的比重越大，众数的代表性越差；异众比率越小，说明非众数组的频数占总频数的比重越小，众数的代表性越好。异众比率的计算公式为

$$V_r = \frac{\sum f_i - f_m}{\sum f_i} \tag{4.1}$$

式中，$\sum f_i$ 为数据的总频数，f_m 为众数组的频数。

例 4.3　根据表 4.2 的数据，计算异众比率。

解：首先来看地方高校发文数量的异众比率

$$V_r = \frac{21 - 8}{21} = 0.619 = 61.9\%$$

其次来看 985 高校发文数量的异众比率

$$V_r = \frac{21 - 6}{21} = 0.714\ 3 = 71.43\%$$

说明无论是地方高校还是985高校，异众比率都比较大，用众数来衡量两种类型高校在该领域两本顶级期刊上的发文数量状况不是很好。此时，可考虑平均数或其他衡量指标。

三、中位数

中位数又称中值，是一组数据排序后处于中间位置上的变量值，用 M_e 表示，即在这组数据中，有一半的数据比中位数大，有一半的数据比中位数小。中位数是一种衡量数据集中趋势的方法，但与众数不同，众数是指出现次数最多的数，众数有时不止一个，而中位数只能有一个。

根据一组数据（共有 n 个数值）计算中位数时，首先应对数据进行排序（一般是从小到大排序），然后确定中位数的位置以及具体数值。中位数位置的确定公式为

当 n 为奇数时，

$$M_e = x_{\left(\frac{n+1}{2}\right)} \tag{4.2}$$

当 n 为偶数时，

$$M_e = \frac{1}{2}\{x_{\left(\frac{n}{2}\right)} + x_{\left(\frac{n}{2}+1\right)}\} \tag{4.3}$$

例 4.4 表 4.3 是一组数据，确定其中位数。

表 4.3 原始数据

29	33	34	39	34	40	40	37	29	25	26

解：首先，对该组数据进行排序，排序后见表 4.4。

表 4.4 排序数据

25	26	29	29	33	34	34	37	39	40	40

其次，不难发现，该组数据一共有 11 个数值，$n=11$。

最后，中位数位置为（11+1）/2=6，所以 $M_e=34$。

当然，也可以通过 Stata 软件计算，输入命令：tabstat var1，stats（median），其中 var1 为该组数据的名称，median 即中位数，获得图 4.5 所示的结果。

```
. tabstat var1 , stats ( median )

    variable |       p50
-------------+----------
        var1 |        34
------------------------
```

图 4.5 中位数

例 4.5　表 4.5 是一组数据，确定其中位数。

表 4.5　原始数据

29	33	35	39	34	40	40	37	29	25

解：仍然首先对该组数据进行排序，排序后见表 4.6。

表 4.6　排序数据

25	29	29	33	34	35	37	39	40	40

其次，不难发现，该组数据一共有 10 个数值，$n=10$。

最后，中位数位置取决于 10/2=5 以及（10/2+1）=6，也就是第 5 个数和第 6 个数的平均值，$M_e=(34+35)/2=34.5$。

通过 Stata 软件计算，输入命令：tabstat var1，stats（median），其中 var1 为该组数据的名称，median 即中位数，获得图 4.6 所示的结果。

```
. tabstat var1 , stats ( median )

    variable |       p50
-------------+----------
        var1 |      34.5
------------------------
```

图 4.6　中位数结果

四、四分位数

四分位数也称四分位点，是一组数据排序后由小到大处于 25%和 75%位置上的值，四分位数通过 3 个点将全部数据等分为 4 部分，其中每部分包含 25%的数据。通常所说的四分位数是指处在 25%位置上的数值（称为下四分位数）和处在 75%位置上的数值（称为上四分位数）。

四分位数位置的确定方法有几种，每种方法得到的结果会有微小差异。本书采用贾俊平等所著《统计学》（第 7 版）的确定方法：

假设下四分位数为 Q_L，上四分位数为 Q_U，那么相应的位置为

$$Q_L\text{位置}=n/4;\ Q_U\text{位置}=3n/4 \tag{4.4}$$

如果位置是整数，四分位数就是该位置直接对应的值；如果是在 50%的位置上，则取该位置两侧值的平均数；如果是在 25%或 75%的位置上，则四分位数等于该位置的下侧值加上按比例分摊位置两侧数值的差值。

例 4.6　表 4.7 是某刊物学术论文的平均被引次数，分别对应中级职

称、副高级职称以及高级职称作者论文的平均被引次数，试计算其四分位数。

表 4.7　某刊物不同职称作者学术论文的平均被引次数

年份	中级平均被引次数	副高平均被引次数	正高平均被引次数
1998	2.57	9.86	6.04
1999	6.71	8	10.29
2000	5	11.6	13.87
2001	8.27	6.62	13.46
2002	5.5	8.53	13.64
2003	6.38	9.2	12.97
2004	21.54	7.31	15.06
2005	7.25	5.4	14.55
2006	14.75	6.13	22.81
2007	18.5	11.14	11.26
2008	12.33	8.31	11.09
2009	14.5	11.82	10.19
2010	14.33	7.67	11.48
2011	7.5	11.5	15.97
2012	16.67	9.33	8
2013	5	8.13	9.68
2014	2.5	11.13	13.6
2015	5.4	8.17	7.87
2016	3.33	5.35	13.3
2017	3	5.54	8.48
2018	2	3.78	5.21

解：以中级职称作者论文的平均被引次数为例。

首先，进行排序。因数据较多，我们将数据导入 Stata 后，输入命令：sort 中级平均被引次数，即得到排序后的结果（见图 4.7）。

其次，Q_L位置 $=n/4=21/4=5.25$，也就是 Q_L位于第 5 个数值（3.33）和第 6 个数值（5）之间 25%的位置上，因此：

$Q_L=3.33+(5-3.33)\times 0.25=3.7475$ 次；

Q_U位置 $=3n/4=3\times 21/4=15.75$，也就是 Q_U位于第 15 个数值（12.33）和第 16 个数值（14.33）之间 75%的位置上，因此：

$Q_U=12.33+(14.33-12.33)\times 0.75=13.83$ 次；

当然，也可以使用Stata软件直接实现，输入命令：tabstat 中级平均被引次数，stats（p25 p75），即得到结果（图4.8）。此处通过Stata命令获得的四分位数与计算获得的值有微小差异，原因在于计算方式的差别，但不影响总体判断。

var9[28]

	年份	中级平均被引次数
1	2018	2
2	2014	2.5
3	1998	2.57
4	2017	3
5	2016	3.33
6	2013	5
7	2000	5
8	2015	5.4
9	2002	5.5
10	2003	6.38
11	1999	6.71
12	2005	7.25
13	2011	7.5
14	2001	8.27
15	2008	12.33
16	2010	14.33
17	2009	14.5
18	2006	14.75
19	2012	16.67
20	2007	18.5
21	2004	21.54

图4.7 排序后结果

```
. tabstat 中级平均被引次数 , stats ( p25 p75 )
```

variable	p25	p75
中级平均~数	5	14.33

图4.8 四分位数结果

四分位数的另一个应用在于箱型图（也称箱线图）的绘制。输入命令：graph box 正高平均被引次数 副高平均被引次数 中级平均被引次数。结果见图4.9。箱子由五部分组成，最下方的横线为最小值，最上方的横线为最大值（正高平均被引次数最大值上面的点为离群点，也称极端值），箱体的上侧和下侧组成横线分别是两个四分位数，箱体中间的横线为中位数。由图可知，从离散程度来看，正高级和副高级职称作者的论文平均被引次数较为集中（箱子较短），表明两级职称作者的论文表现较为稳定；中级职称作者论文的平均被引次数较为分散，最小值略低于另外两级职称作者，最大值则显著高于另外两级职称作者，表明该职称作者论文的表现有较大起伏。从分布形状来看，正高级和副高级职称作者的论文平均被引次数大体呈对称分布（中位数位于箱子中间位置），中级职称作者的中位数则居于箱子下侧，表明论文的历年平均被引次数虽然有一半低于中位数，但占据份额不多，高于中位数的另一半论文提供了较好的平均被引次数。

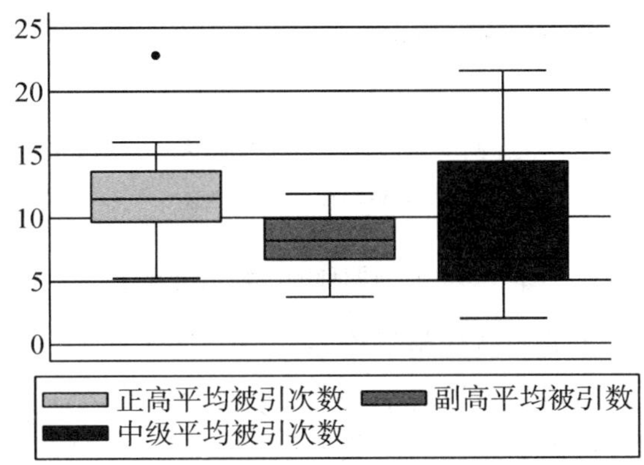

图 4.9　箱线图

通过四分位数还可以推导出四分位差（Q_d），也称内距或四分间距，即上四分位数与下四分位数之差。四分位差反映了数据的综合离散程度，并可以避免极值的影响。四分位差越小，说明中间 50%的数据越集中；四分位差越大，说明中间 50%的数据越分散。

与四分位数相类似的还有十分位数、百分位数等，分别是用 9 个点和 99 个点将数据 10 等分和 100 等分后各分位点上的值，计算方式和操作命令均高度类似，不再一一介绍。

五、平均数

平均数也称均值，是统计学中最常用的统计量之一，用来表明一组数据中相对集中较多的中心位置。平均数是一组数据相加后除以数据的个数得到的数值。平均数的计算公式为

$$\bar{x} = \frac{1}{n}\sum_{i=1}^{n} x_i \tag{4.5}$$

式中，n 为数据的个数。

例 4.7 计算表 4.7 中中级平均被引次数、副高平均被引次数和正高平均被引次数的平均数。

解：通过 Stata 软件进行，输入命令：sum 中级平均被引次数 副高平均被引次数 正高平均被引次数，得到图 4.10 所示的结果。由图可知，从中级到副高级再到正高级职称的作者，相应论文被引次数的平均数（Mean）分别为 8.715 714、8.310 476 和 11.848 57。其他信息为：Obs 表示观测值的数量，均为 21 个；Std. Dev. 为标准差，反映数据的离散程度；Min 和 Max 分别是最小值和最大值。

. sum 中级平均被引次数 副高平均被引次数 正高平均被引次数

Variable	Obs	Mean	Std. Dev.	Min	Max
中级平均~数	21	8.715714	5.845303	2	21.54
副高平均~数	21	8.310476	2.325454	3.78	11.82
正高平均~数	21	11.84857	3.884664	5.21	22.81

图 4.10 不同职称的平均被引次数

与平均数直接相关的概念是平均差。平均差（M_d）是一组数据中的每个数据与其平均数离差绝对值的平均数，反映了一组数据中的数据变动程度。平均差越大，则表示数据的变化程度越大，反之则越小。平均差的计算公式为

$$M_d = \frac{1}{n}\sum_{i=1}^{n} |x_i - \bar{x}| \tag{4.6}$$

六、方差和标准差

方差是一组数据中各变量值与其总体平均数离差平方的平均数。方差能较好地反映出数据的离散程度，是应用极为广泛的离散程度的测度值。方差的平方根称为标准差。方差（σ^2）的计算公式为

$$\sigma^2 = \frac{1}{n}\sum_{i=1}^{n} (x_i - \bar{x})^2 \tag{4.7}$$

式中，σ 为标准差。

例 4.8 计算表 4.7 中中级平均被引次数、副高平均被引次数和正高平均被引次数的方差和标准差。

解：通过 Stata 软件进行。输入命令：sum 中级平均被引次数 副高平均被引次数 正高平均被引次数，detail，得到图 4.11 所示的结果。由图可

知：中级平均被引次数的方差（variance）为 34.167 57，标准差（Std. Dev.）为 5.845 303；副高平均被引次数的方差和标准差分别为 5.407 735 和 2.325 454；正高平均被引次数的方差和标准差分别为 15.090 61 和 3.884 664。相对而言，副高平均被引次数的方差最小，可见，副高级职称作者论文的平均被引次数最为稳定；中级平均被引次数的方差最大，表明中级职称作者的论文的平均被引次数最不稳定。此外，该命令还提供了数据的丰富信息，例如，多个分位数（percentiles）的分布，极值的分布，以及均值，偏态（skewness）和峰态（kurtosis）等。

```
. sum 中级平均被引次数 副高平均被引次数 正高平均被引次数 ,detail

                          中级平均被引次数
-------------------------------------------------------------
      Percentiles      Smallest
 1%            2              2
 5%          2.5            2.5
10%         2.57           2.57       Obs                  21
25%            5              3       Sum of Wgt.          21

50%         6.71                      Mean           8.715714
                        Largest       Std. Dev.      5.845303
75%        14.33          14.75
90%        16.67          16.67       Variance       34.16757
95%         18.5           18.5       Skewness       .7363109
99%        21.54          21.54       Kurtosis       2.309206

                          副高平均被引次数
-------------------------------------------------------------
      Percentiles      Smallest
 1%         3.78           3.78
 5%         5.35           5.35
10%          5.4            5.4       Obs                  21
25%         6.62           5.54       Sum of Wgt.          21

50%         8.17                      Mean           8.310476
                        Largest       Std. Dev.      2.325454
75%         9.86          11.14
90%         11.5           11.5       Variance       5.407735
95%         11.6           11.6       Skewness      -.0795442
99%        11.82          11.82       Kurtosis       2.096474

                          正高平均被引次数
-------------------------------------------------------------
      Percentiles      Smallest
 1%         5.21           5.21
 5%         6.04           6.04
10%         7.87           7.87       Obs                  21
25%         9.68              8       Sum of Wgt.          21

50%        11.48                      Mean           11.84857
                        Largest       Std. Dev.      3.884664
75%        13.64          14.55
90%        15.06          15.06       Variance       15.09061
95%        15.97          15.97       Skewness        .700882
99%        22.81          22.81       Kurtosis       4.299417
```

图 4.11　概要统计

七、离散系数

离散系数也称变异系数，是一组数据的标准差与其平均数的比值，其计算公式为

$$v_s = \frac{\sigma}{\bar{x}} \tag{4.8}$$

式中，σ 为标准差。

例 4.9 计算表 4.7 中中级平均被引次数、副高平均被引次数和正高平均被引次数的离散系数。

解：输入命令：tabstat 中级平均被引次数 副高平均被引次数 正高平均被引次数，stats（mean sd cv），得到图 4.12 所示的结果。其中 mean 为平均数，sd 为标准差，cv 即为离散系数。由图可知，中级平均被引次数、副高平均被引次数、正高平均被引次数的离散系数分别为：0.670 662 5、0.279 822、0.327 859 3。其中，副高平均被引次数的离散系数最小，可见，副高级职称作者论文的平均被引次数最为稳定，这与方差或标准差的判断结论一致。

```
. tabstat 中级平均被引次数 副高平均被引次数 正高平均被引次数 , stats(mean sd cv)
```

stats	中级~数	副高~数	正高~数
mean	8.715714	8.310476	11.84857
sd	5.845303	2.325454	3.884664
cv	.6706625	.279822	.3278593

图 4.12　基本统计量

第二节　数据的偏态与峰态

偏态和峰态是对数据分布形状的测度。

一、偏态

偏态（skewness）是对数据分布对称性的测度，由偏态系数（又称偏差系数，记作 SK）予以衡量，计算公式为

$$\mathrm{SK} = \frac{n\sum(x_i - \bar{x})^3}{(n-1)(n-2)\sigma^3} \tag{4.9}$$

式中，σ 为标准差，σ^3是标准差的三次方。

偏态系数等于0时，表明数据的分布是对称的；偏态系数不等于0时，表明数据的分布是非对称的。偏态系数小于0时，表明数据是一种左偏的分布，又称为负偏；偏态系数大于0时，表明数据是一种右偏的分布，又称为正偏。具体而言，若偏态系数大于1或小于-1，称为高度偏态分布；若偏态系数在0.5~1或-1~-0.5之间，则认为是中等偏态分布；偏态系数越接近0，偏斜程度就越小。通常认为，偏态系数的计算需要大量的数据作为支撑，零星数据的计算很难得到一个合理的数值。

二、峰态

峰态（kurtosis）是对数据分布平峰或尖峰程度的测度，由峰态系数（记作K）予以衡量，计算公式为

$$K=\frac{n(n+1)\sum(x_i-\bar{x})^4-3\left[\sum(x_i-\bar{x})^2\right]^2(n-1)}{(n-1)(n-2)(n-3)\sigma^4} \tag{4.10}$$

峰态的对比参考值是标准正态分布：如果一组数据服从标准正态分布，则峰态系数的值等于0；若峰态系数的值明显不等于0，则表明分布比正态分布更平或更尖，通常称为平峰分布或尖峰分布。

例4.9 计算数据“截面数据2016”中law的偏态系数和峰态系数。

解：打开数据“截面数据2016”，该数据为世界银行公布的全球142个国家在2016年的人均GDP（pgdp）和法治水平（law）的数据。

首先，可以通过绘图，看看law的分布概况，以便有一个直观的认知，输入命令：hist law，width（0.1）freq normal，得到图4.13所示的结果。其中，hist表示直方图，width（0.1）表示将组宽设置为0.1，freq表示将纵坐标定位频数，normal表示同时绘制一条正态分布曲线。由图可知，law的分布和标准正态分布有一些类似，直观看来，似乎存在右偏的趋势，并且分布比标准正态分布更尖。

其次，输入命令：sum law，detail，得到图4.14所示的结果。由图可知，偏态系数（skewness）为0.428 393 9，系大于0的数值，表明数据是一种右偏的分布，具体数值小于0.5，偏斜程度较小，可认为是接近于中等偏态分布。峰态系数（kurtosis）为2.207 18，系大于0的数值，为比标准正态分布更尖的尖峰分布。

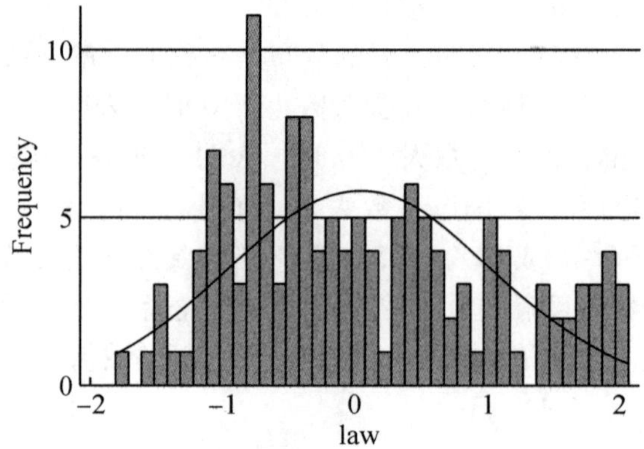

图 4. 13　直方图

```
. sum law,detail

                            law
-------------------------------------------------------------
      Percentiles      Smallest
 1%        -1.62          -1.82
 5%        -1.21          -1.62
10%        -1.09           -1.5       Obs                 142
25%         -.76          -1.49       Sum of Wgt.         142

50%         -.16                      Mean           .0424648
                        Largest       Std. Dev.      .9755763
75%          .72           1.95
90%         1.62           2.02       Variance       .9517492
95%         1.84           2.02       Skewness       .4283939
99%         2.02           2.04       Kurtosis        2.20718
```

图 4. 14　基本统计量

第三节　数据参数的检验

一、相关性

在学术研究和实务生活中，时常需要对变量之间的关系进行分析。例如，对于法治建设与经济发展之间的关系，主流的学术界与实务界基本达成共识，认为，法治建设对于经济发展具有举足轻重的推动作用。但是，二者之间关系的不显著论证亦不少见，不同视角的逻辑推演与实践证据所形成的论点并不统一。此时，对法治建设与经济发展进行实证分析，就成为揭露二者之间相关关系的重要方法。

所谓相关关系，也就是变量之间存在的不确定的数量关系。宏观而言，相关关系的表现形态大体上可分为线性相关、非线性相关、完全相关和不相关等几种。本书主要讨论线性相关。在线性相关中，若两个变量的变动方向相同，一个变量的数值增加，另一个变量的数值也随之增加，或一个变量的数值减少，另一个变量的数值也随之减少，则称为正相关（例如函数 $y=x$）；若两个变量的变动方向相反，一个变量的数值增加，另一个变量的数值随之减少，或一个变量的数值减少，另一个变量的数值随之增加，则称为负相关（例如函数 $y=-x$）（贾俊平 等，2018）。

衡量相关关系的强度指标为相关系数（correlation coefficient）。常用的为 Pearson 相关系数（Pearson's correlation cofficient），系根据样本数据计算的度量两个变量 x 和 y 之间线性关系强度的统计量，计算公式为

$$r=\frac{n\sum xy-\sum x\sum y}{\sqrt{n\sum x^2-\left(\sum x\right)^2}\cdot\sqrt{n\sum y^2-\left(\sum y\right)^2}} \tag{4.11}$$

相关系数的性质如下（贾俊平 等，2018）：

1. r 的取值范围是 $[-1,1]$。若 $0<r\leqslant l$，表明 x 与 y 之间存在正线性相关关系；若 $-1\leqslant r<0$，表明 x 与 y 之间存在负线性相关关系；若 $r=1$，表明 x 与 y 之间为完全正线性相关关系；若 $r=-1$，表明 x 与 y 之间为完全负线性相关关系。当 $r=0$ 时，y 的取值与 x 无关，二者之间不存在线性相关关系。

2. r 具有对称性。x 与 y 之间的相关系数 r_{xy} 和 y 与 x 之间的相关系数 r_{yx} 相等，即 $r_{xy}=r_{yx}$。

3. r 的数值大小与 x 和 y 的原点及尺度无关。改变 x 和 y 的数据原点及计量尺度，并不改变 r 的数值大小。

4. r 仅仅是 x 与 y 之间线性关系的一个度量，它不能用于描述非线性关系。这意味着，$r=0$ 只表示两个变量之间不存在线性相关关系，并不说明变量之间没有任何关系，它们之间可能存在非线性相关关系。变量之间的非线性相关程度较大时，可能会导致 $r=0$。因此，当 $r=0$ 或很小时，不能轻易得出两个变量之间不存在相关关系的结论，而应结合散点图做出合理的解释。

5. 关于 r 的取值范围及其强度对应关系的讨论，根据实际数据计算出的 r 的取值一般在 -1 和 1 之间，$|r|\to1$ 说明两个变量之间的线性关系越强；$|r|\to0$ 说明两个变量之间的线性关系越弱。

贾俊平等（2018）提出，在建立对相关系数的显著性进行检验的基础之上，对于一个具体的 r 的取值，根据经验可将相关程度分为几个节点：0.8、0.5、0.3。当 $|r| \geqslant 0.8$ 时，可视为高度相关；当 $0.5 \leqslant |r| < 0.8$ 时，可视为中度相关；当 $0.3 \leqslant |r| < 0.5$ 时，可视为低度相关；当 $|r| < 0.3$ 时，说明两个变量之间的相关程度极弱，可视为不相关。

梅赫梅托等学者（2021）则将节点值分别确定为：0.1、0.3、0.5，分别对应弱相关、中等相关和强相关。

可见，r 的取值与相关性强度之间的界定并不是一个确凿无疑的值，不同学科可能存在不同的见解，实务中还可结合回归分析等进一步的量化方式予以深度判定。

例 4.10 计算数据“截面数据 2016”中 pgdp 和 law 的相关系数。

解：首先，通过绘图来观察二者之间的关系。输入命令：scatter pgdp law，xlabel（-2.5（1）2.5）| | lfit pgdp law，得到图 4.15 所示的结果。pgdp 为纵轴，law 为横轴，xlabel 表示横轴的绘制范围（-2.5 至 2.5），（1）表示每隔 1 个单位在横轴标注一次，lfit 表示 pgdp 和 law 的线性拟合曲线。由图可知，pgdp 和 law 大致呈正线性相关关系。

其次，计算 pgdp 和 law 的相关系数。输入命令：pwcorr pgdp law，star（0.05）obs。其中 star（0.05）表示设置的显著性水平为 0.05，得到图 4.16 所示的结果。由图可知，pgdp 和 law 的相关系数 r 为 0.824 4，并通过了显著性水平检验，表明人均 GPD 和法治水平高度正相关。

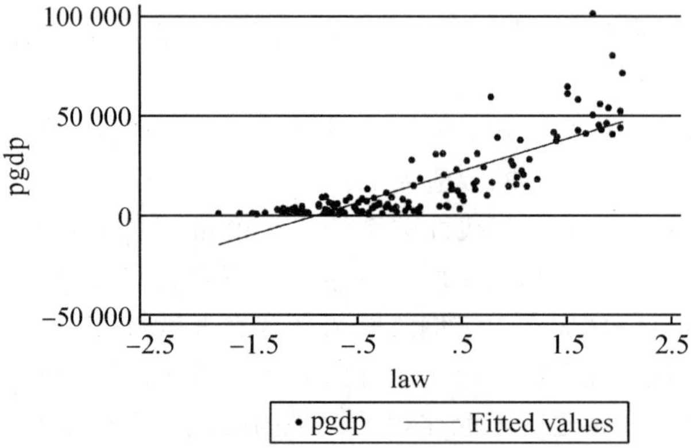

图 4.15 pgdp 和 law 的散点图

```
. pwcorr pgdp law,star(0.05) obs

             |     pgdp      law
-------------+------------------
        pgdp |   1.0000
             |      142
             |
         law |   0.8244*  1.0000
             |      142      142
             |
```

图 4.16　pgdp 和 law 的相关系数

二、*t* 检验

t 检验，亦称 student *t* 检验（student's *t* test），是比较两组数据平均数的差异是否显著的检验。当两组数据的方差未知，且没有理由判定这两组数据的方差相等，且两组数据的数量较小时，则可通过 *t* 检验来判断两组数据的平均数是否存在显著差异。此时，检验统计量 *t* 的计算公式为

$$t = \frac{(\overline{x_1} - \overline{x_2})(\mu_1 - \mu_2)}{\sqrt{\frac{{s_1}^2}{n_1} + \frac{{s_2}^2}{n_2}}} \tag{4.12}$$

式中，s_1 和 s_2 分别是两组数据之样本的标准差，μ_1 和 μ_2 代表两组数据之总体的均值。

例 4.11　根据表 4.7 中某刊物学术论文的平均被引次数，判断中级职称和副高级职称作者论文的平均被引次数的均值是否存在显著区别。

解：首先，将数据导入 Stata 软件中。

其次，输入命令：ttest 中级平均被引次数 == 副高平均被引次数，unpaired unequal，得到图 4.17 所示的结果。其中，ttest 是 *t* 检验的命令，unpaired unequal 表示双样本异方差假设（假定两组数据的方差不相等）。由图可知，中级职称和副高级职称作者论文的平均被引次数的均值存在微小的差别，前者的均值为 8.715 714，后者的均值为 8.310 476，但是否存在统计上的显著区别，还需更多信息。Std. Err. 指的是估计标准误，[95% Conf. Interval] 表示 95%的置信区间。

由图可以看到，diff = mean（中级平均被引次数）- mean（副高平均被引次数），也就是说 diff 表示中级职称和副高级职称作者论文的平均被引次数的均值的差值。

t 检验对应的原假设为：

H0：diff＝0（也称零假设，null hypothesis）

原假设的含义为中级职称和副高级职称作者论文的平均被引次数的均值为 0，也就是假设二者的均值没有区别；

备择假设为：

Ha：diff ！＝ 0（alternative hypothesis）

备择假设的含义为中级职称和副高级职称作者论文的平均被引次数的均值不为 0，也就是假设二者的均值存在区别；

最终得到的 $t=0.2952$，p 值为 0.770 2（Pr（$|T|>|t|$）＝ 0.770 2），无法拒绝原假设。

因此，得出的结论为：中级职称和副高级职称作者论文的平均被引次数的均值不存在显著区别。

可以做出进一步拓展。例如，输入命令：ttest 副高平均被引次数 ＝＝ 正高平均被引次数，unpaired unequal，得到结果为 $t=-3.5811$，$p=0.0011$，表明副高级职称和正高级职称作者论文的平均被引次数的均值存在显著区别。

```
. ttest 中级平均被引次数 == 副高平均被引次数 , unpaired unequal

Two-sample t test with unequal variances
------------------------------------------------------------------------------
Variable |     Obs        Mean    Std. Err.   Std. Dev.   [95% Conf. Interval]
---------+--------------------------------------------------------------------
 中级~数 |      21    8.715714     1.27555    5.845303    6.054964    11.37646
 副高~数 |      21    8.310476    .5074556    2.325454    7.251942     9.36901
---------+--------------------------------------------------------------------
combined |      42    8.513095    .6787082    4.398532    7.142416    9.883774
---------+--------------------------------------------------------------------
    diff |            .4052382    1.372785               -2.415638    3.226114
------------------------------------------------------------------------------
    diff = mean(中级平均被引次数) - mean(副高平均被引次数)         t =   0.2952
Ho: diff = 0                     Satterthwaite's degrees of freedom =  26.1761

    Ha: diff < 0                 Ha: diff != 0                 Ha: diff > 0
 Pr(T < t) = 0.6149         Pr(|T| > |t|) = 0.7702          Pr(T > t) = 0.3851
```

图 4.17　t 检验结果

第五章　一元线性回归

教育和收入的关系是什么？为什么在青少年时期要选择上学？教育除了能够满足好奇心、求知欲及助力个人成长外，一个重要原因在于，教育能提高未来的收入水平。1958 年，经济学家明瑟（Jacob Mincer）提出的逻辑认为，个体选择多上一年学，除了要多交一年学费外，还要推迟一年挣钱；为了弥补其损失，市场均衡条件要求给予受教育多者更高的未来收入；否则，如果多上一年学，产生的经济损失不能在未来得到合理的弥补，那么理性的个体将不会选择上太多的学（陈强，2015）。但多上一年学，究竟能使未来收入提高多少，明瑟并没有给出具体答案。

具体的定量问题只有通过数据分析才能得到解答。2021 年诺贝尔经济学奖得主乔舒亚·安格里斯特（Joshua D. Angrist）的研究结果支持了明瑟的观点，他发现基于义务教育法而多上学的学生，由于接受了更多的教育，获得了更高的工资。具体而言，在尽量剥离其他因素的影响后，多上一年学，对一个人日后的收入有正向影响，这一影响不是由其他因素造成的，而纯粹是教育带来的回报。进一步的量化研究发现，对于那些基于义务教育法而上学的人来说，多接受一年教育的金钱回报估计约为 7.5%（Angrist et al.，1991）。

教育和收入的关系在我国亦有一些直观的证据。例如，2018 年，深圳市人力资源和社会保障局发布文件《2018 年深圳市人力资源市场工资指导价位》，提出深圳市学历工资指导价位为：研究生（含博士、硕士）学历工资指导价位平均值为 12 389 元/月；本科学历工资指导价位平均值为 10 122 元/月；专科学历工资指导价位平均值为 8 059 元/月；高中学历工资指导价位平均值为 5 620 元/月；初中及以下学历工资指导价位平均值为 4 501 元/月。从中可以看到，研究生的工资指导价比本科生大约高 20%，本科生的工资指导价比高中生大约高一倍。

教育和收入之间的数量关系，亦即变量与变量之间的数量关系，也就是一个变量的变化对另一个变量的影响程度，可通过回归分析予以解答。

第一节　一元线性回归模型

在进行回归分析之前，首先需要确定因变量与自变量。被预测或被解释的变量称为因变量（dependent variable），用 y 表示，因变量的其他称谓还包括结果变量（outcome variable）、反应变量（response variable）、内生变量（endogenous variable）、被解释变量（predicted variable）等；用来预测或解释因变量的变量称为自变量（independent variable），用 x 表示，自变量的其他称谓还包括预测变量（predictor variable）、解释变量（explanatory variable）、外生变量（exogenous variable）等。例如，在分析教育对收入的影响时，目的是要预测一定的教育年限下收入的增幅是多少，因此，收入是被预测的变量，称为因变量，而用来预测收入的教育就是自变量。

当回归分析中只涉及一个自变量 x 时，称为一元回归，若因变量 y 与自变量 x 之间为线性关系，称为一元线性回归。显然，无论是理论还是实践，变量之间的关系往往并不是纯粹的线性关系（可能只是倾向于线性关系）。回归分析中之所以默认为线性关系，主要是基于以下原因（梅赫梅托 等，2021）：第一，社会科学中不同测量（教育—收入、失眠—绩效、动机—成功，等等）之间的大多数关系以线性方式描述，无论是负向的还是正向的；第二，并不总是有很强的理论支持用其他函数形式替代线性函数（如果有，那么可以采用非线性的其他函数形式）；第三，甚至一些非线性/曲线关系（年龄—收入）仍然可以用线性回归函数来检验。通过线性回归函数来研究非线性关系的动力源自线性回归函数更易于应用和理解，因此，简单性就是社会科学中常用线性函数的第四个原因。

对于具有线性关系的两个变量，可以用一个一元线性回归模型［式(5.1)］来表示它们之间的关系。

$$y_i = \alpha + \beta x_i + \varepsilon_i \tag{5.1}$$

式中：y 为被解释变量，x 为解释变量；α 为截距项（intercept）［也称常数项（constant）］，β 为斜率（slope），a 和 β 统称回归系数（regression coefficients）；ε 为“误差项”（error term），反映了 x 和 y 之间的线性关系之外的随机因素对 y 的影响，概言之，不能由 x 和 y 之间的线性关系所解释的所有其他因素都包含在 ε 中；i 表示个体，取值范围为 1，…，n，n 为样本容量。

线性回归模型有以下几个主要假定（贾俊平 等，2018）。

一是因变量 y 与自变量 x 之间具有线性关系。

显然，若二者之间不存在线性关系，自然无须用线性回归模型来建模。

二是在重复抽样中，自变量 x 的取值是固定的，即假定 x 是非随机的。

在上述假定下，对于任何一个给定的 x 值，y 的取值都对应着一个分布，因此，$E(y)=\alpha+\beta x$ 代表一条直线。但由于单个数据点是从 y 的分布中抽出来的，可能不在这条直线上，因此，必须包含一个误差项 ε 来描述模型的数据点。

三是误差项 ε 是一个期望值为 0 的随机变量，即 $E(\varepsilon)=0$。

这意味着在式 5.1 中，由于 α 和 β 都是常数，所以有 $E(\alpha)=\alpha$，$E(\beta)=\beta$。因此对于一个给定的 x 值，y 的期望值为 $E(y)=\alpha+\beta x$。这实际上等于假定模型的图式为一条直线。

四是对于所有的 x 值，ε 的方差 σ^2 都相同。

这意味着对于一个特定的 x 值，y 的方差都等于 σ^2。

五是误差项 ε 是一个服从正态分布的随机变量且具有独立性，即 $\varepsilon\sim N(0,\sigma^2)$。

独立性意味着一个特定的 x 值所对应的 ε 与其他 x 值所对应的 ε 不相关。因此，一个特定的 x 值所对应的 y 值与其他 x 值所对应的 y 值也不相关。这表明，在 x 取某个确定值的情况下，y 值的变化由误差项 ε 的方差 σ^2 来决定。当 σ^2 较小时，y 的观测值非常靠近直线；当 σ^2 较大时，y 的观测值将偏离直线。由于 σ^2 是常数，所以 y 的取值不受 x 取值的影响。由于假设自变量 x 在数据收集前是固定的，因此，对于任何一个给定的 x 值，y 值都服从期望值为 $\alpha+\beta x$、方差为 σ^2 的正态分布，且对于不同的 x 值具有相同的方差。

如果回归模型中的参数 α 和 β 已知，对于一个给定的 x 值，就能计算出 y 值，那么可以万事大吉。但是，总体参数 α 和 β 是未知的，必须利用样本数据去估计它们。在数据的获取过程中，我们可以通过抽样，获得若干 y 和 x 的观测值。例如，在研究教育和收入的关系时，即可以通过若干个个体样本来获得他们的教育水平和收入水平。因此，接下来的任务是，根据这些样本观测值来推测总体参数 α 和 β 的信息。假设通过样本估计到的参数为 $\hat{\alpha}$ 和 $\hat{\beta}$（$\hat{\alpha}$ 读作 alpha hat，$\hat{\beta}$ 读作 beta hat），以此分别代替回归模型中的未知参数 α 和 β，那么可以获得估计的回归模型为

$$\hat{Y}_i = \hat{\alpha} + \hat{\beta} x_i \tag{5.2}$$

为便于理解，仍然以教育和收入的关系研究为例。假设抽取了 1 000 个个体样本，大致可以呈现出教育和收入的正向线性关系，具体数据可能反映出这样的信息：对于第 1 个个体样本而言，多上一年学，他的收入增加了 10%；对于第 2 个个体样本而言，多上一年学，他的收入增加了 8%；对于第 3 个个体样本而言，多上一年学，他的收入增加了 15%；……；以此类推，直到第 1 000 个样本。也就是说，对于教育和收入的 1 000 对观测值，用于描述其关系的直线可能有 1 000 条。那么，其中哪一条直线最适宜用来代表教育和收入之间的关系？换言之，回到一般性的层面，应当如何确定最优的估计参数为 $\hat{\alpha}$ 和 $\hat{\beta}$？

第二节　参数的最小二乘估计

如果能够寻找到一条直线，使得该直线离所有这些观测值最近，那么这条直线就是一条具有良好拟合性质的直线，可以由其来确定估计参数为 $\hat{\alpha}$ 和 $\hat{\beta}$。为了让读者更好地理解下述内容，笔者绘制出图 5.1 所示的图形。

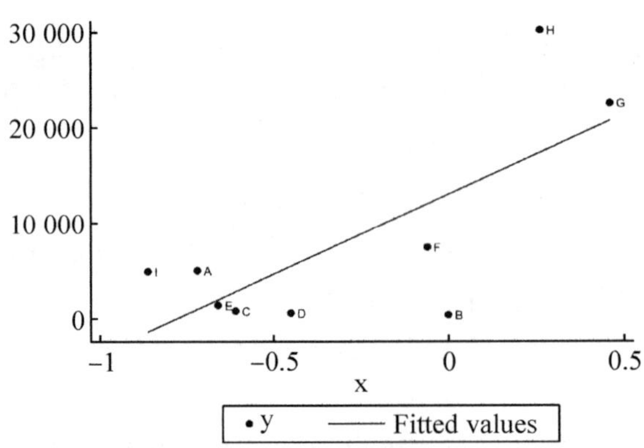

图 5.1　简明散点图

图中共有 n 个点，即 A、B、C…，对应的坐标分别为（x_1，y_1）、（x_2，y_2）、（x_3，y_3）…，图中的直线为估计的回归直线 $\hat{y} = \hat{\alpha} + \hat{\beta}x$。德国数学家高斯提出，用最小化图 5.1 中各个点离估计的回归直线垂直方向的离差平方和来估计参数 α 和 β。根据这一方法确定模型参数 α 和 β 的方法称为最小二乘法，也称为最小平方法（method of least squares），它是通过使因变量的观测值 y_i 与估计值 y 之间的离差平方和达到最小来估计 α 和 β 的方法。

例如，第一个点 A 与估计回归直线垂直方向的离差平方和为 $(y_1 - \hat{y}_1)^2$，第二个点 B 与估计回归直线垂直方向的离差平方和为 $(y_2 - \hat{y}_2)^2$，第 i 个点 I 与估计回归直线垂直方向的离差平方和则为 $(y_i - \hat{y}_i)^2$，那么各个点离估计的回归直线垂直方向的离差平方和即为 $\sum_{i=1}^{n}(y_i - \hat{y}_i)^2$。根据微积分的极值定理，用离差平方和对 $\hat{\alpha}$ 和 $\hat{\beta}$ 求偏导数，令其等于 0，即可求出最优的估计参数为 $\hat{\alpha}$ 和 $\hat{\beta}$。推导过程简述如下：

$$\min \sum_{i=1}^{n}(y_i - \hat{y}_i)^2 = \min \sum_{i=1}^{n}(y_i - \hat{\alpha} - \hat{\beta}x_i)^2 \tag{5.3}$$

分别对 $\hat{\alpha}$ 和 $\hat{\beta}$ 求偏导后可得

$$\begin{cases} -2\sum_{i=1}^{n}(y_i - \hat{\alpha} - \hat{\beta}x_i) = 0 \\ -2\sum_{i=1}^{n}(y_i - \hat{\alpha} - \hat{\beta}x_i)\,x_i = 0 \end{cases} \tag{5.4}$$

求和并移项后，最终得到

$$\begin{cases} \hat{\alpha} = \bar{y} - \hat{\beta}\bar{x} \\ \hat{\beta} = \dfrac{\sum_{i=1}^{n}(x_i - \bar{x})(y_i - \bar{y})}{\sum_{i=1}^{n}(x_i - \bar{x})^2} \end{cases} \tag{5.5}$$

式中，$\bar{x}$ 和 $\bar{y}$ 分别是 x 和 y 的样本均值。

第三节　回归模型的拟合优度

参数 $\hat{\alpha}$ 和 $\hat{\beta}$ 估计出来后，回归方程得以明确，变量 x 与 y 之间的数量关系也就得以明晰。根据回归方程，可依据自变量 x 的取值来估计或预测因变量 y 的取值。但估计或预测的精度如何，将取决于回归直线对观测数据的拟合程度。如果各观测数据的散点都落在这一直线上，那么这条直线就是对数据的完全拟合。直线充分代表了各个点，此时用 x 来估计 y 是没有误差的。例如，我们可以根据动物园售出的门票数量来估计游客数量，如果严格执行一人一票，那么游客的数量就可以根据门票的售出数量得到无误差的估计。如果没有严格执行一人一票（例如幼儿或老年人免票入园），那么根据门票的售出数量来估计游客的数量，就可能存在一定误差。概而言之，各观测点越是紧密围绕直线，说明直线对观测数据的拟合程度越好，反之则越差。回归直线与各观测点的接近程度称为回归直线对数据的拟合优度（goodness of fit），需要通过计算判定系数来衡量。

判定系数（coefficient of determination），也称可决系数或决定系数，是指在线性回归中，回归平方和与总离差平方和之比值。判定系数是对估计的回归方程拟合优度的度量。

因变量 y 的取值处于变动之中，y 取值的这种变动在统计学上称为变差。变差的产生主要有两个原因。一是由自变量 x 的取值不同造成的，这属于 y 取值的正常变动。通常而言，因 x 取值不同而造成 y 值变化，应当成为 y 值变化的主要缘由。二是除 x 以外的其他因素产生的影响，主要是上文提及的误差项，包括所有不能由 x 和 y 之间的关系所解释的其他因素。

对某一个特定的观测值 i 而言，变差的大小可以用该实际观测值 y_i 与其均值之差来表示。多个观测值的总变差则可由这些离差的平方和来表示，称为总平方和（total sum of square），记为 TSS，即

$$\mathrm{TSS} = \sum_{i=1}^{n} (y_i - \bar{y})^2 \tag{5.6}$$

可做进一步的分解：

$$\mathrm{TSS} = \sum_{i=1}^{n} (y_i - \bar{y})^2 = \sum_{i=1}^{n} [(y_i - \hat{Y}_i) + (\hat{Y}_i - \bar{y})]^2 \tag{5.7}$$

基于最小二乘的正交性，得到

$$\mathrm{TSS} = \sum_{i=1}^{n} (y_i - \bar{y})^2 = \sum_{i=1}^{n} (\hat{Y}_i - \bar{y})^2 + \sum_{i=1}^{n} (y_i - \hat{Y}_i)^2 \tag{5.8}$$

总平方和 TSS 分解后，由两部分组成。第一部分为 $\sum_{i=1}^{n} (\hat{Y}_i - \bar{y})^2$，称为回归平方和（explained sum of squares，ESS），反映了 y 的总变差中由于 x 与 y 之间的线性关系引起的 y 的变化部分，系可以由回归直线来解释的 y_i 的变差部分，也就是可由回归模型来解释的部分。另一部分为 $\sum_{i=1}^{n} (y_i - \hat{Y}_i)^2$，称为残差平方和或误差平方和（residual sum of squares，RSS），反映了除 x 对 y 的线性影响之外的其他因素引起的 y 的变化部分，系是不能由回归直线来解释的 y_i 的变差部分，也就是回归模型无法解释的部分。回归平方和（ESS）占总平方和（TSS）的比例即为判定系数，记为 R^2，计算公式为

$$R^2 = \frac{\mathrm{ESS}}{\mathrm{TSS}} = \frac{\sum_{i=1}^{n} (\hat{Y}_i - \bar{y})^2}{\sum_{i=1}^{n} (y_i - \bar{y})^2} = 1 - \frac{\sum_{i=1}^{n} (y_i - \hat{Y}_i)^2}{\sum_{i=1}^{n} (y_i - \bar{y})^2} \tag{5.9}$$

不难看出，因为判定系数是回归平方和与总平方和的比值，而回归平方和是小于或等于总平方和的，所以其取值范围是一个介于0和1之间的数值。具体而言，判定系数越接近1，表明回归平方和占总平方和的比例越大，能够用 x 的变化来解释 y 值变差的部分就越多，意味着回归直线与各观测点越接近，回归直线的拟合程度越好；反之，判定系数越接近0，意味着回归直线与各观测点越远，回归直线的拟合程度越差。可以考虑两种特殊情况。如果判定系数为1，则解释变量 x 可以完全解释 y 的变动。此时，结合上述公式，$\sum_{i=1}^{n}(y_i - \hat{Y}_i)^2 = 0$，残差平方和为0，也就是所有的残差均为0，因此，所有观测点都在样本回归线上，此种情形意味着回归直线对各观测点的完美拟合。如果判定系数为0，表明解释变量 x 完全不能解释 y 的任何变动。此时，$\sum_{i=1}^{n}(\hat{Y}_i - \bar{y})^2 = 0$，表明对于任何观测点 i，其估计值都与总体均值相同，所以样本回归线是一条与 x 轴平行的水平线，无论 x 如何取值，对 y 都没有影响。

第四节　回归模型的显著性检验

回归分析中的显著性检验，系检验是否具有统计意义上的显著性，主要包括两方面内容：一是线性关系的检验，也就是检验自变量 x 和因变量 y 之间的线性关系是否显著；二是回归系数的检验，也就是检验自变量 x 对因变量 y 的影响是否显著。

一、线性关系的检验

主要步骤如下：

首先，提出原假设。线性关系的原假设通过 x 的系数 β 予以体现，原假设为：

$H0: \beta = 0$

原假设的含义为自变量 x 和因变量 y 之间的线性关系不显著。

其次，计算检验统计量 F。

$F = \frac{\text{MSE}}{\text{MSR}}$；MSE 和 MSR 分别是均方回归和均方残差。

最后，确定显著性水平 α，并根据临界值 F_α 取值做出决策。若 $F > F_\alpha$，拒绝 H0，表明两个变量之间的线性关系是显著的；若 $F < F_\alpha$，不拒绝 H0，也就是接受原假设，表明两个变量之间的线性关系是不显著的。在

实际的回归分析中，由于 Stata 软件已经直接汇报了 p 值，因此通常通过 p 值来判断：若 p 值 $< \alpha$，则拒绝原假设 H0；p 值 $> \alpha$，则接受原假设 H0。

二、回归系数的检验

主要步骤如下：

首先，提出原假设。因为本章内容为一元线性回归，回归系数的检验也是通过 x 的系数 β 予以体现。原假设为：

H0：$\beta = 0$

备择假设为：

H1：$\beta \neq 0$

其次，计算检验统计量 t。

$$t = \frac{\hat{\beta}}{s_{\hat{\beta}}}$$

最后，确定显著性水平 α，并根据临界值 $t_{\alpha/2}$ 取值做出决策。若 $|t| > t_{\alpha/2}$，则拒绝 H0，接受备择假设 H1，表明自变量 x 对因变量 y 的影响是显著的；若 $|t| < t_{\alpha/2}$，则接受 H0，表明自变量 x 对因变量 y 的影响不显著。

第五节　一元线性回归的 Stata 实例

下面通过数据集"截面数据 2016"，将经济水平（人均 GDP，pgdp）对法治水平（law）进行一元线性回归。

为了有一个较为直观的视觉效果，先绘制经济水平与法治水平的散点图。输入命令：scatter pgdp law || lfit pgdp law，得到图 5.2 所示的散点图。不难看出，二者大致呈正相关的线性关系。

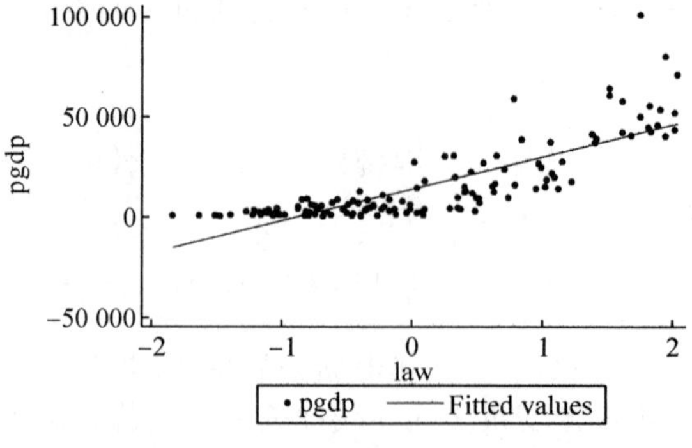

图 5.2　经济水平与法治水平的散点图

随后，输入命令：reg pgdp law，得到图 5.3 所示的回归结果。

```
. reg pgdp law

      Source |       SS           df       MS      Number of obs   =       142
-------------+----------------------------------   F(1, 140)       =    296.96
       Model |  3.4714e+10         1  3.4714e+10   Prob > F        =    0.0000
    Residual |  1.6366e+10       140   116897401   R-squared       =    0.6796
-------------+----------------------------------   Adj R-squared   =    0.6773
       Total |  5.1079e+10       141   362264438   Root MSE        =     10812

------------------------------------------------------------------------------
        pgdp |      Coef.   Std. Err.      t    P>|t|     [95% Conf. Interval]
-------------+----------------------------------------------------------------
         law |   16083.45   933.3222    17.23   0.000     14238.23    17928.68
       _cons |   13962.73   908.1806    15.37   0.000     12167.21    15758.25
------------------------------------------------------------------------------
```

图 5.3　基本回归结果

在上图中，Coef. 表示回归系数，law 的回归系数为 16 083.45，_cons（表示常数项）的回归系数为 13 962.73。根据此回归结果，可将估计出来的回归方程写为

$$\text{pgdp} = 13\ 962.73 + 16\ 083.45\text{law} \tag{5.10}$$

其中，pgdp 表示经济水平的拟合值或预测值，和上文的一元回归分析相对应。α 为 13 962.73，β 为 16 083.45。根据一元回归的结果，经济水平与法治水平的关系为，法治指数每增加一个单位，经济水平（人均 GDP）可提高 16 083.45 美元。图中的其他信息解读如下：

回归结果左上角的 Source 所在列，Model 表示回归模型，Residual 表示残差。SS 表示平方和。SS 所在列的第一个数值（也就是 Model 和 SS 相对应的值，3.471 4e+10）表示回归平方和（ESS）；SS 所在列的第二个数值（也就是 Residual 和 SS 相对应的值，1.636 6e+10）表示残差平方和（RSS）；SS 所在列的第三个数值（也就是 Total 和 SS 相对应的值，5.107 9e+10）表示总离差平方和（TSS）。

df 表示自由度。第一个数值（1）表示回归自由度，等于变量数目（该回归为一元线性回归，变量数目为 1）；第二个数值（140）表示残差自由度，等于样本数目减去变量数目再减 1（142－1－1）；第三个数值（141）表示总自由度，等于样本数目减 1（142−1）。

MS 表示均方差，第一个数值（3.471 4e+10）表示回归均方差，第二个数值（116 897 401）为残差均方差。

回归结果右上角，Number of obs 为观测值，一共有 142 个观测值（也就是 142 个国家）；F（1，140）表示检验统计量 F，为 296.96；Prob>F 为 p 值，为 0.000 0，表明应当拒绝原假设，接受备择假设，也就是说，两个变量之间的线性关系是显著的；R-squared 表示判定系数，为 0.679 6，表示法治水平可解释经济水平 67.96%的变动，或者说，在经济水平取值的

变动中，有 67.96%是由法治水平决定的；Adj R-squared 是根据样本数量和自由度调整后的样本 R-Square，考虑了自变量数目的影响（将在下一章详细介绍）；Root MSE 表示均方根误差。

回归结果的下半部分为系数部分，其中 t 为检验统计量，P>|t|表示回归系数的检验部分，其中的 p 值均为 0.000，表明应当拒绝原假设，也就是表明回归系数是显著的。

根据估计出来的回归方程，我们就可以进行预测，也就是根据不同的法治水平来推测不同的经济水平。输入命令：margins，at（law =（0（0.1）0.8）），得到图 5.4 所示的预测结果。命令中的预测范围为 0 至 0.8，每隔 0.1 个单位预测一次。结果显示，law 的取值为 0 时（并不意味着法治水平为 0，因为 law 的范围为-2.5 至 2.5），相应的人均 GDP 为 13 962.73 美元，也就是截距项为 0 时 pgdp 的取值；law 的取值为 0.1 时，人均 GDP 上升为 15 571.08 美元，…，law 的取值为 0.8 时，人均 GDP 上升为 26 829.5 美元。

```
. margins,at(law=(0(0.1)0.8))

Adjusted predictions                              Number of obs     =        142
Model VCE        : OLS

Expression       : Linear prediction, predict()

1._at            : law            =           0

2._at            : law            =          .1

3._at            : law            =          .2

4._at            : law            =          .3

5._at            : law            =          .4

6._at            : law            =          .5

7._at            : law            =          .6

8._at            : law            =          .7

9._at            : law            =          .8
```

	Margin	Delta-method Std. Err.	t	P>|t|	[95% Conf.	Interval]
_at						
1	13962.73	908.1806	15.37	0.000	12167.21	15758.25
2	15571.08	908.903	17.13	0.000	13774.13	17368.03
3	17179.42	919.1514	18.69	0.000	15362.21	18996.64
4	18787.77	938.6137	20.02	0.000	16932.08	20643.46
5	20396.11	966.7336	21.10	0.000	18484.83	22307.4
6	22004.46	1002.783	21.94	0.000	20021.9	23987.02
7	23612.81	1045.942	22.58	0.000	21544.92	25680.69
8	25221.15	1095.372	23.03	0.000	23055.54	27386.76
9	26829.5	1150.263	23.32	0.000	24555.36	29103.63

图 5.4　不同的边际效应

此外，运行 margins，at（law=（0（0.1）0.8））命令后，我们还可输入命令：marginsplot，得到这些预测值及其 95%置信区间的直观图示（见图 5.5）。

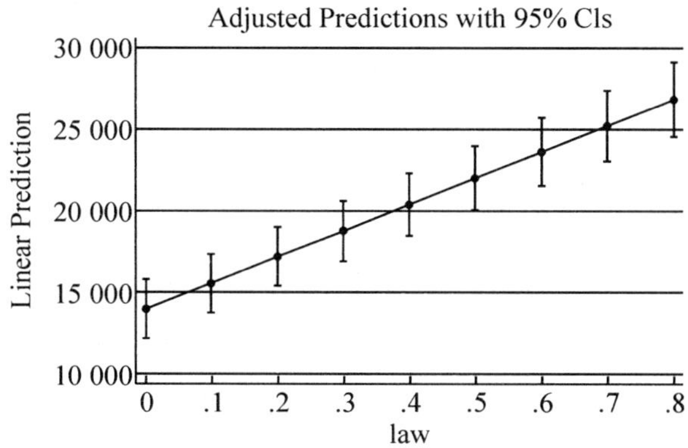

图 5.5　预测值及其 95%置信区间

当然，我们也可以根据国家的不同情况进行分组回归，相应的系数可能就有差别。例如，我们可以根据不同国家的经济水平的差距，将国家分为富裕国家和贫穷国家，再进行分组回归（仅限于演示）。

首先输入命令：tabstat pgdp，stats（median），获得人均 GDP 的中位数为 5 896.494 美元。

随后，分别进行分组回归。

富裕国家组的回归命令为：reg pgdp law if pgdp>5 896.494。结果如图 5.6。

```
. reg pgdp law if pgdp>5896.494

      Source |       SS           df       MS      Number of obs   =        71
-------------+----------------------------------   F(1, 69)        =    106.14
       Model |  1.7700e+10         1  1.7700e+10   Prob > F        =    0.0000
    Residual |  1.1506e+10        69   166757155   R-squared       =    0.6060
-------------+----------------------------------   Adj R-squared   =    0.6003
       Total |  2.9206e+10        70   417229657   Root MSE        =     12913

------------------------------------------------------------------------------
        pgdp |      Coef.   Std. Err.      t    P>|t|     [95% Conf. Interval]
-------------+----------------------------------------------------------------
         law |   19462.09   1889.066    10.30   0.000     15693.51    23230.67
       _cons |   12598.69   2074.688     6.07   0.000     8459.802    16737.58
------------------------------------------------------------------------------
```

图 5.6　富裕国家组的回归结果

贫穷国家组的回归命令为：reg pgdp law if pgdp<5 896.494。结果如图 5.7。

```
. reg pgdp law if pgdp<5896.494

      Source |       SS           df       MS      Number of obs   =        71
-------------+----------------------------------   F(1, 69)        =     14.90
       Model |  31705201.3         1  31705201.3   Prob > F        =    0.0003
    Residual |   146792466        69  2127427.05   R-squared       =    0.1776
-------------+----------------------------------   Adj R-squared   =    0.1657
       Total |   178497668        70  2549966.68   Root MSE        =    1458.6

------------------------------------------------------------------------------
        pgdp |      Coef.   Std. Err.      t    P>|t|     [95% Conf. Interval]
-------------+----------------------------------------------------------------
         law |   1315.515   340.7673     3.86   0.000     635.7029    1995.327
       _cons |   3147.432   282.5539    11.14   0.000     2583.752    3711.112
------------------------------------------------------------------------------
```

图 5.7　贫穷国家组的回归结果

由图可以看出，law 的系数均通过了 1%的显著性检验，且差别非常大。富裕国家组和贫穷国家组的 law 的系数分别为 19 462. 09 和 1 315. 515，意味着法治在富裕国家对经济水平做出的贡献更大。

为了便于观察，可通过表格的形式将上述两个回归予以显示。输入如下命令：

```
reg pgdp law if pgdp>5 896. 494
estimates store rich
reg pgdp law if pgdp<5 896. 494
estimates store poor
esttab rich poor, se r2 mtitle star ( * 0. 1  ** 0. 05  *** 0. 01)
```

estimates store rich 是将回归结果用 Stata 官方自带的命令进行存储，存储名字为 rich；esttab rich poor 表示将 rich 和 poor 两个回归结果以表格的形式显现出来；star（ * 0. 1 ** 0. 05 *** 0. 01）分别代表 0. 1、0. 05 和 0. 01 的显著性水平。回归结果中的系数和常数项均通过了 1%的显著性水平检验（表现为 *** 的格式）。最终的表格形式如图 5. 8（这也是学术论文中常见的格式要求）。

	(1) rich	(2) poor
law	**19462.1***** **(1889.1)**	**1315.5***** **(340.8)**
_cons	**12598.7***** **(2074.7)**	**3147.4***** **(282.6)**
N	**71**	**71**
R-sq	**0.606**	**0.178**

Standard errors in parentheses
* p<0.1, ** p<0.05, *** p<0.01

图 5.8　回归结果的论文呈现形式

在上图中，N 表示样本数量，其中，富裕国家和贫穷国家的数量分别均为 71；R-sq 为判定系数；Standard errors in parentheses 表示括号中的标准差，例如，对于富裕国家组，law 的系数为 19 462. 1，标准差为 1 889. 1。

第六章 多元线性回归

一元线性回归只分析两个变量之间的关系，但因变量很可能受到多个自变量的影响，因此，一元回归有可能遗漏了其他因素。例如，前述内容在分析教育和收入之间的关系时，剥离了其他因素的影响，但实际上，诸如个人能力、年龄、阅历等因素均可能对收入产生影响。又如，在分析对经济发展的影响时，除了法治建设，科技水平、政治环境等因素也可能助力或阻碍经济发展，因此，如果仅仅分析法治建设对经济发展的影响，也可能遗漏了其他重要的变量。

分析一个因变量和多个自变量之间线性关系的回归即为多元线性回归。

第一节 多元线性回归模型

假设因变量为 y，自变量分别为 x_1，x_2，…，x_k（共有 k 个），那么，描述因变量 y 与自变量 x_1，x_2，…，x_k 之间线性关系的方程称为多元线性回归模型，多元线性回归模型的一般形式可表示为

$$y = \beta_0 + \beta_1 x_1 + \beta_2 x_2 + \beta_3 x_3 + \cdots + \beta_k x_k + \varepsilon \tag{6.1}$$

式中，β_0 为常数项；β_1，β_2，…，β_k 分别是自变量 x_1，x_2，…，x_k 的参数；ε 为误差项，反映了除 x_1，x_2，…，x_k 与 y 的线性关系之外的其他随机因素对 y 的影响。

与一元线性回归类似，多元线性回归模型的参数是未知的，需要通过样本数据去估计，估计的多元线性回归方程的一般形式可表示为

$$\hat{y} = \hat{\beta}_0 + \hat{\beta}_1 x_1 + \hat{\beta}_2 x_2 + \hat{\beta}_3 x_3 + \cdots + \hat{\beta}_k x_k \tag{6.2}$$

式中，$\hat{y}$ 是 y 的估计值，$\hat{\beta}_0$，$\hat{\beta}_1$，$\hat{\beta}_2$，…，$\hat{\beta}_k$ 分别是 β_0，β_1，β_2，…，β_k 的

估计值。参数 β_1 的含义为：当 x_2，…，x_k 不变时(除 x_1 之外的变量不变时)，x_1 每变动一个单位时因变量 y 的平均变动量；参数 β_2 的含义为：当 x_1，…，x_k 不变时(除 x_2 之外的变量不变时)，x_2 每变动一个单位时因变量 y 的平均变动量；β_3，…，β_k 的含义与之相似。

第二节　参数的最小二乘估计

多元线性回归方程中的参数估计同样是根据最小二乘法来计算的，也就是最小化残差平方和 $\min\sum_{i=1}^{n}(y_i-\hat{y}_i)^2$，具体如下：

$$\min\sum_{i=1}^{n}(y_i-\hat{\beta}_0-\hat{\beta}_1x_1-\hat{\beta}_2x_2-\hat{\beta}_3x_3-\cdots-\hat{\beta}_kx_k)^2 \tag{6.3}$$

随后分别对 $\hat{\beta}_0$，$\hat{\beta}_1$，$\hat{\beta}_2$，…，$\hat{\beta}_k$ 求偏导：

$$\begin{cases}\dfrac{\partial\ (y_i-\hat{\beta}_0-\hat{\beta}_1x_1-\hat{\beta}_2x_2-\hat{\beta}_3x_3-\cdots-\hat{\beta}_kx_k)^2}{\partial\ \beta_0}=0\\ \dfrac{\partial\ (y_i-\hat{\beta}_0-\hat{\beta}_1x_1-\hat{\beta}_2x_2-\hat{\beta}_3x_3-\cdots-\hat{\beta}_kx_k)^2}{\partial\ \beta_1}=0\\ \cdots\cdots\\ \dfrac{\partial\ (y_i-\hat{\beta}_0-\hat{\beta}_1x_1-\hat{\beta}_2x_2-\hat{\beta}_3x_3-\cdots-\hat{\beta}_kx_k)^2}{\partial\ \beta_k}=0\end{cases} \tag{6.4}$$

多元线性回归方程中的参数 OLS 计算工作量较为庞大，将在后文的 Stata 实例中直接通过回归命令获得估计结果，此处不再详细推导。

第三节　回归模型的拟合优度

多元线性回归方程的拟合优度与一元线性回归方程类似，亦是用判定系数来衡量，判定系数 R^2 的计算公式为

$$R^2=\frac{\text{ESS}}{\text{TSS}}=\frac{\sum_{i=1}^{n}(\hat{Y}_i-\bar{y})^2}{\sum_{i=1}^{n}(y_i-\bar{y})^2}=1-\frac{\sum_{i=1}^{n}(y_i-\hat{Y}_i)^2}{\sum_{i=1}^{n}(y_i-\bar{y})^2} \tag{6.5}$$

多元线性回归方程的拟合优度存在一个缺点：与一元线性回归方程相比，多元线性回归方程包含多个自变量，随着自变量数量的增加，因变量的变差中被估计的回归方程所解释的比例也随之增加。也就是说，自变量的增加会使得残差平方和变小，R^2 将只增加不减少。如果在多元线性回归方程中多增加一个自变量，即使这个自变量不存在统计上的显著性，R^2 也会变大。

为了有效避免自变量增加而高估 R^2，引入了调整的多重判定系数，即通过样本量 n 和自变量的个数 k 去调整 R^2。调整的多重判定系数R_a^2 计算公式为

$$R_a^2 = 1 - (1 - R^2)\left(\frac{n - 1}{n - k - 1}\right) \tag{6.6}$$

多重判定系数 R_a^2 的解释与 R^2 类似，加之同时考虑了样本量 n 和解释变量的个数 k 的影响，R_a^2 的值将始终小于 R^2，而且不会随着解释变量数量的增加而趋近于 1。在多元回归分析中，在判断模型的拟合优度时，通常选择调整的多重判定系数。

第四节　回归模型的显著性检验

一、线性关系的检验

线性关系的检验是检验因变量 y 与 k 个自变量之间的关系是否显著，也就是总体显著性检验。

主要步骤如下：

首先，提出原假设。原假设为：

H0：$\beta_1 = \beta_2 = \cdots = \beta_k = 0$

备择假设为：

H1：β_1，β_2，$\cdots$，β_k 中至少有一个不等于 0

其次，计算检验统计量 F。

$F = \dfrac{\mathrm{ESS}/k}{\mathrm{RSS}(n - k - 1)} \sim F(k,\ n - k - 1)$；ESS 和 RSS 分别是回归平方和和残差平方和。

最后，确定显著性水平 α，根据分子自由度(k) 和分母自由度($n - k - 1$) 查询 F 分布表得到 F_α，并根据临界值 F_α 取值做出决策。若 $F > F_\alpha$，拒

绝 H0；若 $F < F_\alpha$，不拒绝 H0，也就是接受原假设。在实际的回归分析中，由于Stata软件已经直接汇报了 p 值，因此通常通过 p 值来判断：若 p 值<α，则拒绝原假设 H0；p 值>α，则接受原假设 H0。

二、回归系数的检验

主要步骤如下：

首先，提出原假设。原假设为：

H0：$\beta_i=0$，$i=1$，2，…，k

备择假设为：

H1：$\beta_i \neq 0$

其次，计算检验统计量 t。

$$t_i = \frac{\hat{\beta}_i}{s_{\hat{\beta}_i}} \sim t(n-k-1)\ ;$$

最后，确定显著性水平 α，根据自由度（$n-k-1$）查 t 分布表得到 $t_{\alpha/2}$ 取值，并根据临界值 $t_{\alpha/2}$ 取值做出决策。若 $|t|>t_{\alpha/2}$，则拒绝 H0，接受备择假设 H1；若 $|t|<t_{\alpha/2}$，则接受 H0。

第五节　多重共线性

一、多重共线性

多重共线性（multicollinearity）是指多元线性回归模型中的自变量之间，由于存在相关关系而使模型估计失真或难以估计准确。多元线性回归模型中通常包含多个自变量，自变量之间往往存在相关关系，从而提供多余的信息。

为便于理解，我们通过一个案例来解读。

例 6.1　根据世界银行提供的数据，试建立“多元截面数据 2016”数据库中，pgdp 与 law、saving、articles、labor、voice、stability、effect、regulatory、corruption 等变量的多元回归模型。

解：首先对各个变量的含义进行大致的解释。

pgdp（GDP per capita）：人均国内生产总值，即人均 GDP，代表一个国家的经济水平。

law （rule of law）：法治水平。

saving ［gross domestic savings（% of GDP）］：国内总储蓄（占 GDP 的百分比）。

articles （scientific and technical journal articles）：科技期刊论文，用于衡量科技水平。

labor （labor force，total）：劳动力总量。

voice （voice and accountability）：人民的话语权和问责权。

stability （political stability and absence of violence/terrorism）：政治稳定性与非暴乱。

effect （government effectiveness）：政府有效性。

regulatory （regulatory quality）：政府管制质量。

corruption （control of corruption）：腐败控制。

随后输入命令（多元线性回归与一元线性回归命令一致）：reg pgdp law saving articles labor voice stability effect regulatory corruption。其中，pgdp 为因变量，其他为自变量，得到图 6.1 所示的回归结果。

```
. reg pgdp law saving articles labor voice stability effect regulatory corruption

      Source |       SS           df       MS      Number of obs   =       142
-------------+----------------------------------   F(9, 132)       =     43.83
       Model |  3.8272e+10         9  4.2525e+09   Prob > F        =    0.0000
    Residual |  1.2807e+10       132  97021550.8   R-squared       =    0.7493
-------------+----------------------------------   Adj R-squared   =    0.7322
       Total |  5.1079e+10       141   362264438   Root MSE        =      9850

------------------------------------------------------------------------------
        pgdp |      Coef.   Std. Err.      t    P>|t|     [95% Conf. Interval]
-------------+----------------------------------------------------------------
         law |   2508.194   4188.382     0.60   0.550    -5776.839    10793.23
      saving |   267.6156   76.37019     3.50   0.001     116.5478    418.6834
    articles |   .0770385   .0261281     2.95   0.004     .0253545    .1287225
       labor |  -.0000489   .0000172    -2.85   0.005    -.0000829   -.0000149
       voice |  -695.9103   1545.345    -0.45   0.653    -3752.755    2360.934
   stability |  -1655.711    1438.62    -1.15   0.252    -4501.444    1190.022
      effect |  -4046.506    3643.94    -1.11   0.269    -11254.58    3161.568
  regulatory |   4402.978   2924.389     1.51   0.135    -1381.753    10187.71
  corruption |    12096.1    2900.04     4.17   0.000     6359.538    17832.67
       _cons |   8647.685   1671.177     5.17   0.000     5341.932    11953.44
------------------------------------------------------------------------------
```

图 6.1　多元回归结果

由图可知，F 值为 43.83，相应的 p 值为 0.000 0，表明 pgdp 与 law、saving、articles、labor、voice、stability、effect、regulatory、corruption 之间的线性关系是显著的。但在回归系数中，law 的系数为 2 508.194，p 值却为 0.550，未能通过显著性检验，表明 law 与 pgdp 不存在统计上的线性相

关关系。也就是说，法治水平与经济水平不存在统计上的线性相关关系，这显然与法治、经济的相关理论相悖。stability 和 effect 的系数分别为 -1 655.711 和-4 046.506，均没有通过显著性检验，表明 stability 和 effect 与 pgdp 不存在统计上的线性相关关系。然而，政治学基本理论表明，稳定的政治环境和有效运作的政府，是经济发展的必要前提。

之所以会出现与理论相悖的回归结果，原因在于，因变量和自变量之间的线性关系显著时，只是表明因变量至少同某一个自变量之间的线性关系是显著的，并不意味着因变量同每一个自变量之间的线性关系显著。上述 9 个自变量在预测人均国内生产总值时均有贡献，只不过一些自变量的贡献与另一些自变量的贡献互相重叠，也就是自变量之间的相关性导致了多重共线性。例如，law 与 regulatory 存在较为强烈的相关性（相关性系数高达 0.939 4），law 与 stability 也存在较为强烈的相关性（相关性系数高达 0.739 9）。从理论的角度来看，政府的有效性与法治水平具有某些共性，而政府管制质量甚至在某种程度上即可以视为法治的另一种表现形式。

通过该案例可以看出，当存在多重共线性时，不仅可能对参数估计值的正负号产生影响，也可能对参数的显著性产生影响，应该竭力避免多重共线性。

此外，我们也可以单独看看每个自变量对因变量的贡献值，也就是就每个自变量分别进行一元线性回归，输入如下命令：

```
reg pgdp law
estimates store a
reg pgdp saving
estimates store b
reg pgdp articles
estimates store c
reg pgdp labor
estimates store d
reg pgdp voice
estimates store e
reg pgdp stability
estimates store f
reg pgdp effect
```

```
estimates store g
reg pgdp regulatory
estimates store h
reg pgdp corruption
estimates store i
esttab a b c d e f g h i, se r2 mtitle star (* 0.1 ** 0.05 *** 0.01)
esttab a b c d e f g h i using ivvvv. rtf, se r2 mtitle star (* 0.1 ** 0.05 *** 0.01)
```

即可输出名字为“ivvvv”的文档，见图 6. 2。由图可知，除了 labor 外，其他自变量都对因变量人均国内生产总值有贡献（系数为正且通过了显著性检验）。

	(1)	(2)	(3)	(4)	(5)	(6)	(7)	(8)	(9)
	a	b	c	d	e	f	g	h	i
law	16083.5***								
	(933.3)								
saving		638.8***							
		(93.69)							
articles			0.0839***						
			(0.0296)						
labor				-0.0000107					
				(0.0000200)					
voice					11626.2***				
					(1373.9)				
stability						12414.7***			
						(1401.4)			
effect							15881.0***		
							(989.6)		
regulatory								15873.9***	
								(1031.7)	
corruption									15504.6***
									(877.2)
_cons	13962.7***	2023.9	13321.2***	14885.6***	14472.1***	15579.4***	12967.0***	12714.0***	14304.0***
	(908.2)	(2314.1)	(1627.6)	(1663.1)	(1304.0)	(1287.5)	(957.0)	(985.2)	(891.9)
N	142	142	142	142	142	142	142	142	142
R^2	0.680	0.249	0.054	0.002	0.338	0.359	0.648	0.628	0.691

图 6. 2　一元回归结果的论文呈现形式

还可以计算各变量之间的相关系数。以部分自变量为例，输入命令：pwcorr law saving articles labor voice stability effect, star (0. 05) obs，得到图 6. 3 所示的结果。不难看出，多个变量之间都存在显著的相关性。

```
. pwcorr law saving articles labor voice stability effect  ,star(0.05) obs
```

	law	saving	articles	labor	voice	stabil~y	effect
law	1.0000						
	142						
saving	0.4766*	1.0000					
	142	142					
articles	0.2209*	0.1597	1.0000				
	142	142	142				
labor	-0.0278	0.1656*	0.7515*	1.0000			
	142	142	142	142			
voice	0.7458*	0.1167	0.0994	-0.0969	1.0000		
	142	142	142	142	142		
stability	0.7399*	0.3942*	0.0483	-0.1399	0.6169*	1.0000	
	142	142	142	142	142	142	
effect	0.9592*	0.5369*	0.2570*	0.0295	0.6969*	0.7244*	1.0000
	142	142	142	142	142	142	142

图 6.3　各变量之间的相关系数

二、多重共线性的判定

通过上面的案例，可以得到判定多重共线性的一些可能实用的方法：

第一，回归模型中的自变量之间显著相关。

第二，回归模型中，回归系数的正负号与理论预期相反。

应当说明的是，如果回归模型中回归系数的显著性未能通过检验，可能并不一定存在多重共线性。

第三，回归模型的线性关系（F 检验）显著时，几乎所有变量的系数（t 检验）却不显著。

原因在于，F 检验显著，表明因变量至少同某一个自变量之间的线性关系是显著的；如果此时几乎所有变量的系数（t 检验）却不显著，则二者之间产生了矛盾，可能是多重共线性所致。

此外，还可通过方差膨胀因子来判断方差膨胀因子。

方差膨胀因子，也称方差扩大因子（variance inflation factor），其计算公式为

$$\mathrm{VIF}=\frac{1}{1-R_i^{2}} \tag{6.7}$$

式中，$1-R_i^2$是容忍度，第 i 个自变量的容忍度为 1 减去该自变量为因变量而其他 $k-1$ 个自变量为自变量时所得到的线性回归模型的判定系数。容忍度越小，多重共线性越严重。也就是说，VIF 越大，多重共线性越严重，通常认为 VIF 大于 10 时，存在严重的多重共线性。具体而言，对于 K 个

自变量 x_1，x_2，…，x_k而言，认为其不存在多重共线性的规则是，计算相应的方差膨胀因子 VIF_1，VIF_2，…，VIF_k，并且 VIF_1，VIF_2，…，VIF_k中的最大值不应超过 10；反之则存在严重的多重共线性。

可通过方差膨胀因子来判断例 6.1 是否存在多重共线性。首先输入命令：reg pgdp law saving articles labor voice stability effect regulatory corruption，随后输入命令：estat vif，得到图 6.4 所示的结果。由图可知，前四个变量的方差膨胀因子都超过了 10，存在严重的多重共线性。

```
. estat vif
```

Variable	VIF	1/VIF
law	24.26	0.041213
effect	17.96	0.055689
corruption	12.72	0.078621
regulatory	11.23	0.089060
voice	3.15	0.317697
labor	2.78	0.359483
articles	2.76	0.361800
stability	2.54	0.393787
saving	1.88	0.533100
Mean VIF	8.81	

图 6.4　方差膨胀因子

第六节　多元线性回归的 Stata 实例

例 6.2　以数据集"多元截面数据 2016"为例，对以下方程进行多元回归估计：

$$\text{pgdp} = \beta_1 + \beta_2 \text{law} + \beta_3 \text{saving} + \beta_4 \text{articles} + \beta_5 \text{labor} + \beta_6 \text{regulatory} + \varepsilon \tag{6.8}$$

其中，pgdp（GDP per capita）为因变量，含义为人均国内生产总值，即人均 GDP，能够衡量一个国家的经济水平。

其他变量为自变量，具体含义为：law（rule of law），代表一个国家的法治水平；saving［gross domestic savings（% of GDP）］，为国内总储蓄率（占 GDP 的百分比）（国内总储蓄率是推动经济增长的潜在资源，一个国家的总储蓄率反映了该国的积累水平）；articles（scientific and technical journal articles），科技期刊论文数量，用于衡量一个国家的科技水平；labor（labor force，total），劳动力总量；regulatory（regulatory quality），政府管制质量（一般意义而言，政府管制质量体现了人们认为政府是否有能力制定和实施健全的政策和法规，从而允许和促进私营部门的发展）。

解：首先了解一下各个变量的描述性统计情况。输入命令：sum pgdp law saving articles labor regulatory，得到图 6.5 所示的结果。从中可以了解到：各个变量的观测值数量、均值、标准差，以及最小值和最大值。

```
. sum pgdp law saving articles labor regulatory
```

Variable	Obs	Mean	Std. Dev.	Min	Max
pgdp	142	14645.71	19033.25	281.1813	100738.7
law	142	.0424648	.9755763	-1.82	2.04
saving	142	19.75723	14.87634	-58.75913	54.7491
articles	142	15783.45	52781.52	4.6	426165.3
labor	142	2.25e+07	8.05e+07	97935	7.87e+08
regulatory	142	.1216901	.9504885	-1.62	2.18

图 6.5 各个变量的描述性统计

随后，输入命令：reg pgdp law saving articles labor regulatory。多元线性回归与一元线性回归命令相同，reg 后的第一个变量为因变量，因变量之后的变量为自变量。结果如图 6.6 所示。

```
. reg pgdp law saving articles labor regulatory
```

Source	SS	df	MS			
				Number of obs	=	142
				F(5, 136)	=	68.43
Model	3.6551e+10	5	7.3102e+09	Prob > F	=	0.0000
Residual	1.4528e+10	136	106825854	R-squared	=	0.7156
				Adj R-squared	=	0.7051
Total	5.1079e+10	141	362264438	Root MSE	=	10336

pgdp	Coef.	Std. Err.	t	P>|t|	[95% Conf.	Interval]
law	11149.86	2663.924	4.19	0.000	5881.786	16417.93
saving	219.4562	68.81188	3.19	0.002	83.37652	355.5359
articles	.0764928	.0272308	2.81	0.006	.0226422	.1303435
labor	-.00005	.0000178	-2.81	0.006	-.0000851	-.0000148
regulatory	2523.808	2681.092	0.94	0.348	-2778.214	7825.831
_cons	9445.771	1601.483	5.90	0.000	6278.742	12612.8

图 6.6 多元回归结果

由图可知，有 142 个观测值（Number of obs = 142，也就是 142 个国家）参与回归，模型的 F 统计量［F（5，136）］为 68.43，对应的 p 值（Prob>F）为 0.000 0，表明多元回归模型整体是高度显著的。R-squared 为 0.715 6，也就是判定系数 R^2 为 0.715 6；Adj R-squared 为 0.705 1，也就是调整的多重判定系数 R_a^2 为 0.705 1（小于 0.715 6）。在多元线性回归模型中，通常选择调整的多重判定系数来衡量模型的拟合程度。该模型的调整的多重判定系数 R_a^2 为 0.705 1，表明在 pgdp 的变动中，有 70.51%可以由 pgdp 与 law、saving、articles、labor、regulatory 之间的线性关系来解释。或者说，在 pgdp 的变动中，有 70.51%可以由所设定的多元线性回归模型来解释，拟合程度较好。

绝大多数自变量（law、saving、articles、labor）的回归系数的 p 值（$p>|t|$）都小于 0.01，所以这些变量均在 1%的水平上显著，而且符号基本与理论预期一致。各回归系数的实际意义为：law 的系数估计值为 11 149.86，表明在控制 saving、articles、labor、regulatory 不变的条件下，law（法治水平）每增加一个单位，pgdp（人均 GDP）平均增加 11 149.86 美元，也就是说法治水平对经济发展具有正向的推动作用；saving 的系数估计值为 219.456 2，表明在控制 law、articles、labor、regulatory 不变的条件下，saving 每增加一个单位，pgdp 平均增加 219.456 2 美元，也就是说国内总储蓄率每增加 1 个百分点，pgdp 平均增加 219.456 2 美元；articles 的系数估计值为 0.076 492 8，表明在控制 law、saving、labor、regulatory 不变的条件下，articles 每增加一个单位，pgdp 平均增加 0.076 492 8 美元，也就是说，科技水平对经济发展具有正向的推动作用。对于其他自变量而言，labor 的系数估计值为-0.000 05，表明在控制 law、saving、articles、regulatory 不变的条件下，labor 每增加一个单位，pgdp 平均减少 0.000 05 美元，这与现有理论存在一定冲突（此处可认为 labor 的系数估计值非常小，对于 pgdp 的变动影响不大）；regulatory 的系数估计值为 2 523.808，但没有通过显著性检验（p 值为 0.348，大于学界通用的最低显著性标准 0.1），表明 regulatory 与 pgdp 不存在统计上的线性相关关系。

如果要显示各变量回归系数的协方差矩阵，可输入命令：vce，得到图 6.7 所示的结果。其中，主对角线元素为各回归系数的方差，非主对角线元素为相应的协方差。

```
. vce

Covariance matrix of coefficients of regress model
```

e(V)	law	saving	articles	labor	regulatory	_cons
law	7096493.1					
saving	-34824.457	4735.0753				
articles	-8.08372	.28952846	.00074152			
labor	.00391649	-.00030165	-3.793e-07	3.166e-10		
regulatory	-6491741.8	-4087.27	-4.0984958	.00386218	7188254.4	
_cons	1216140.2	-89359.065	-8.0477979	.00418661	-540519.24	2564746.4

图 6.7　各变量回归系数的协方差矩阵

根据估计出来的多元线性回归方程，我们就可以进行预测，也就是根据不同的法治水平来推测不同的经济水平。输入命令：margins，at（law=(0（0.1）0.8)），得到图 6.8 所示的预测结果。命令中的预测范围为 0 至 0.8，每隔 0.1 个单位预测一次。结果显示，law 的取值为 0 时（并不意味着法治水平为 0，因为 law 的范围为-2.5 至 2.5），相应的人均 GDP 为 14 172.24 美元；law 的取值为 0.1 时，人均 GDP 上升为 15 287.22 美元，…，law 的取值为 0.8 时，人均 GDP 上升为 23 092.12 美元。这与上一章一元线性回归的命令相同，但预测后的数据存在区别，原因在于模型中包含的变量存在区别。一般而言，与一元线性回归方程相比，多元线性回归方程包含更多的变量，模型的解释力和预测力更强。

```
. margins,at(law=(0(0.1)0.8))

Predictive margins                              Number of obs     =        142
Model VCE    : OLS

Expression   : Linear prediction, predict()

1._at        : law            =           0

2._at        : law            =          .1

3._at        : law            =          .2

4._at        : law            =          .3

5._at        : law            =          .4

6._at        : law            =          .5

7._at        : law            =          .6

8._at        : law            =          .7

9._at        : law            =          .8
```

_at	Margin	Delta-method Std. Err.	t	P>|t|	[95% Conf.	Interval]
1	14172.24	874.6951	16.20	0.000	12442.47	15902
2	15287.22	880.7873	17.36	0.000	13545.41	17029.03
3	16402.21	963.5408	17.02	0.000	14496.75	18307.67
4	17517.19	1105.878	15.84	0.000	15330.25	19704.13
5	18632.18	1288.196	14.46	0.000	16084.69	21179.67
6	19747.17	1495.949	13.20	0.000	16788.84	22705.5
7	20862.15	1719.944	12.13	0.000	17460.86	24263.45
8	21977.14	1954.605	11.24	0.000	18111.79	25842.49
9	23092.12	2196.517	10.51	0.000	18748.38	27435.87

图 6.8　不同水平的边际效应

运行 margins，at（law=（0（0.1）0.8））命令后，还可输入命令：marginsplot，得到这些预测值及其 95%置信区间的直观图示（见图 6.9）。

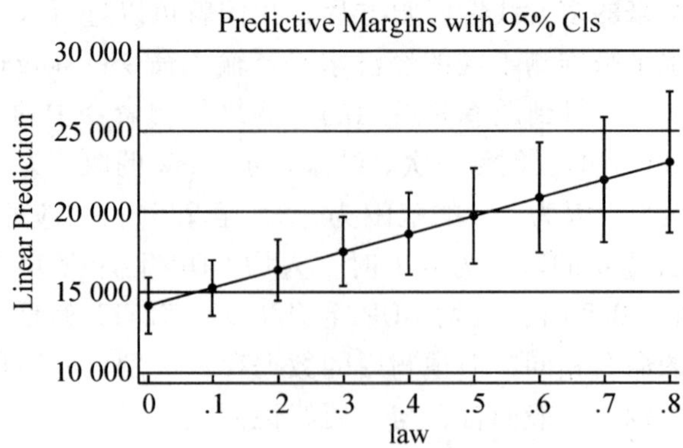

图 6.9　预测值及其 95%置信区间

我们可以根据不同国家的经济水平的差距，将国家分为富裕国家和贫穷国家，再进行分组回归（仅限于演示）。

首先输入命令：tabstat pgdp，stats（median），获得人均 GDP 的中位数为 5 896. 494 美元。

随后，分别进行分组回归。

富裕国家组的回归命令为：reg pgdp law saving articles labor regulatory if pgdp>5 896. 494。结果如图 6. 10。

```
. reg pgdp law saving articles labor regulatory if pgdp>5896.494

      Source |       SS           df       MS      Number of obs   =        71
-------------+----------------------------------   F(5, 65)        =     29.64
       Model |  2.0302e+10         5  4.0605e+09   Prob > F        =    0.0000
    Residual |  8.9037e+09        65   136979311   R-squared       =    0.6951
-------------+----------------------------------   Adj R-squared   =    0.6717
       Total |  2.9206e+10        70   417229657   Root MSE        =     11704

------------------------------------------------------------------------------
        pgdp |      Coef.   Std. Err.      t    P>|t|     [95% Conf. Interval]
-------------+----------------------------------------------------------------
         law |   20572.01   4708.538     4.37   0.000     11168.41    29975.61
      saving |   550.8914    129.667     4.25   0.000     291.9285    809.8543
    articles |   .0702169    .037679     1.86   0.067    -.0050332    .1454671
       labor |  -.0000507    .000029    -1.75   0.085    -.0001087    7.26e-06
  regulatory |  -4231.528   4924.784    -0.86   0.393       -14067    5603.946
       _cons |  -490.2538    3752.53    -0.13   0.896    -7984.574    7004.067
------------------------------------------------------------------------------
```

图 6. 10　富裕国家组的回归结果

贫穷国家组的回归命令为：reg pgdp law saving articles labor regulatory if pgdp<5 896. 494。结果如图 6. 11。

```
. reg pgdp law saving articles labor regulatory if pgdp<5896.494

      Source |       SS           df       MS      Number of obs   =        71
-------------+----------------------------------   F(5, 65)        =      9.61
       Model |   75868002         5  15173600.4   Prob > F        =    0.0000
    Residual |  102629666        65  1578917.94   R-squared       =    0.4250
-------------+----------------------------------   Adj R-squared   =    0.3808
       Total |  178497668        70  2549966.68   Root MSE        =    1256.6

------------------------------------------------------------------------------
        pgdp |      Coef.   Std. Err.      t    P>|t|     [95% Conf. Interval]
-------------+----------------------------------------------------------------
         law |   23.51144   463.0101     0.05   0.960    -901.1835    948.2064
      saving |   39.10837   11.30019     3.46   0.001     16.54032    61.67641
    articles |   .0839503   .0280424     2.99   0.004     .0279458    .1399548
       labor |  -.0000208   6.16e-06    -3.37   0.001    -.0000331   -8.46e-06
  regulatory |   1377.691   447.1141     3.08   0.003     484.7428     2270.64
       _cons |   2733.776   312.9891     8.73   0.000     2108.694    3358.858
------------------------------------------------------------------------------
```

图 6.11　贫穷国家组的回归结果

由分组回归的结果可以看出，富裕国家和贫穷国家的模型存在诸多不同。两组回归的调整的多重判定系数分别为 0.671 7 和 0.380 8，存在较大差别，这意味着，我们设定的模型对于富裕国家而言，具备相对更好的拟合程度。另外，系数的显著性亦存在区别：对于富裕国家组而言，法治对于经济推动的重要性更为明显（law 的估计系数高达 20 572.01 且通过 1%的显著性检验）；贫穷国家组 law 的系数仅为 23.511 44，而且没有通过显著性检验，表明对于贫穷国家而言，法治对经济的推动作用不如富裕国家明显。

还可通过表格的形式将上述多个回归结果予以展示，输入如下命令：

reg pgdp law saving articles labor regulatory

estimates store nogroup

reg pgdp law saving articles labor regulatory if pgdp>5896. 494

estimates store rich

reg pgdp law saving articles labor regulatory if pgdp<5896. 494

estimates store poor

esttab nogroup rich poor, se r2 mtitle star (* 0. 1 ** 0. 05 *** 0. 01)

结果如图 6. 12。其中，第（1）列为未分组的原始回归结果，第（2）列为富裕国家组的回归结果，第（3）列为贫穷国家组的回归结果。

	(1) nogroup	(2) rich	(3) poor
law	11149.9***	20572.0***	23.51
	(2663.9)	(4708.5)	(463.0)
saving	219.5***	550.9***	39.11***
	(68.81)	(129.7)	(11.30)
articles	0.0765***	0.0702*	0.0840***
	(0.0272)	(0.0377)	(0.0280)
labor	-0.0000500***	-0.0000507*	-0.0000208***
	(0.0000178)	(0.0000290)	(0.00000616)
regulatory	2523.8	-4231.5	1377.7***
	(2681.1)	(4924.8)	(447.1)
_cons	9445.8***	-490.3	2733.8***
	(1601.5)	(3752.5)	(313.0)
N	142	71	71
R-sq	0.716	0.695	0.425

Standard errors in parentheses
* p<0.1, ** p<0.05, *** p<0.01

图 6.12　不同分组的回归结果

第七章 虚拟变量

第一节 虚拟变量的概念与生成方式

虚拟变量（dummy variables），也称虚设变量、名义变量或哑变量，多用于描述定性数据或分类数据，是量化了的变量，通常取值为 0 或 1。

我们通过几个案例来了解虚拟变量。

对于一群被调查的人来说，以性别作为分类依据，那么可设定一个性别的虚拟变量 D：

$$D=\begin{cases}1, & 男\\0, & 女\end{cases} \tag{7.1}$$

当被调查者为男性时，D 取值为 1；当被调查者为女性时，D 取值为 0。

对于全国的不同地区，如果只按照东部、中部和西部来划分，那么可设定两个地区虚拟变量 D_1、D_2：

$$D_1=\begin{cases}1, & 东部\\0, & 其他地区\end{cases},\ D_2=\begin{cases}1, & 中部\\0, & 其他地区\end{cases} \tag{7.2}$$

其中，对于虚拟变量 D_1 而言，当取值为 1 时，代表东部地区，取值为 0 时，代表非东部的其他地区（中部或西部）；对于虚拟变量 D_2 而言，当取值为 1 时，代表中部地区，取值为 0 时，代表非中部的其他地区（东部或西部）。如果 $D_1=D_2=0$，则代表西部。此时，西部地区为基准组（或者叫控制组、比较组、参照组）。

对于全球的五大洲，则可用四个虚拟变量 D_1、D_2、D_3、D_4 来表示：

$$D_1=\begin{cases}1, & 亚洲\\0, & 其他地区\end{cases},\ D_2=\begin{cases}1, & 美洲\\0, & 其他地区\end{cases}$$

$$D_3=\begin{cases}1,\ 欧洲\\0,\ 其他地区\end{cases},\ D_4=\begin{cases}1,\ 非洲\\0,\ 其他地区\end{cases} \tag{7.3}$$

类似的，对于虚拟变量 D_1 而言，当取值为 1 时，代表亚洲，取值为 0 时，代表非亚洲的其他洲（美洲、欧洲、非洲或大洋洲）。如果 $D_1=D_2=D_3=D_4=0$，则表示为剩余的一个洲（大洋洲）。此时，大洋洲为基准组。

不难发现，引入的虚拟变量的数量比变量的具体类别少一个。例如，性别变量包含男女两个类别，引入一个虚拟变量即可；全国地区变量包含东部、中部和西部三个类别，引入两个虚拟变量即可；全球五大洲的变量包含五个类别，引入四个虚拟变量即可。也就是说，若定性或分类变量有 m 个类别，则只需引入 $m-1$ 个虚拟变量。如果在有常数项的回归模型中放入了 m 个虚拟变量，则会产生严格多重共线性。当然，Stata 软件可以自动识别严格多重共线性，此种担心已无必要。如果模型中没有常数项，则可以放入 m 个虚拟变量（绝大多数回归模型都包含常数项，此种情形较为少见）。

我们通过两个案例来介绍虚拟变量的生成方式。

例 7.1 为数据集“时间序列数据（2003—2016）”的变量 year 生成另一个虚拟变量，要求为：2009 年之前（包含 2009 年）为 0，2009 年之后为 1。

解：首先，使用 Stata 软件打开该数据集；

随后输入命令：

```
gen yearD=0
replace yearD=1 if year>2009
```

其中，gen yearD=0 表示生成一个新变量，变量名为 yearD，该变量的所有取值均为 0；replace yearD=1 if year>2009 表示当变量 year>2009 时，将变量 yearD 的取值变为 1。

生成的虚拟变量 yearD 见图 7.1。

DATA_EDITOR_LBL_WINDOW_EDIT - [FN_UNTITLED]

FILE EDIT VIEW DATA TOOLS

var12[22]

	countryname	year	pgdp	law	yearD
1	China	2003	1288.64	-.53	0
2	China	2004	1508.67	-.53	0
3	China	2005	1753.42	-.59	0
4	China	2006	2099.23	-.64	0
5	China	2007	2695.37	-.54	0
6	China	2008	3471.25	-.42	0
7	China	2009	3838.43	-.41	0
8	China	2010	4560.51	-.41	1
9	China	2011	5633.8	-.46	1
10	China	2012	6337.88	-.54	1
11	China	2013	7077.77	-.52	1
12	China	2014	7683.5	-.41	1
13	China	2015	8069.21	-.41	1
14	China	2016	8117.27	-.33	1

图 7.1　生成的虚拟变量 yearD

例 7.2　为数据集“截面数据 2016”的变量 countryname 生成虚拟变量，要求为：为每一个国家设置一个虚拟变量，分别记为 country1、country2……

解：为便于演示，我们首先输入命令：drop in 6/142，这样仅保留前 5 个国家（如图 7.2 所示）。

DATA_EDITOR_LBL_WINDOW_EDIT - [FN_UNTITLED]

FILE EDIT VIEW DATA TOOLS

var7[15]

	countryname	countrycode	year	pgdp	law
1	Afghanistan	AFG	2016	549.583	-1.5
2	Angola	AGO	2016	3509.6	-1.09
3	Albania	ALB	2016	4131.87	-.33
4	United Arab Emirates	ARE	2016	38517.8	.85
5	Argentina	ARG	2016	12654.4	-.39

图 7.2　保留的国家变量

随后，输入命令：tabulate countryname，gen（country），得到图 7.3 所示的虚拟变量的结果。也就是 country1、country2、country3、country4、country5 的虚拟变量，country1 表示 Afghanistan，country2 表示 Albania，country3 表示 Angola，等等（如果要将国家的虚拟变量纳入回归模型展开分析，按照上文分析，则只能纳入四个国家的虚拟变量，未纳入的为参照组）。

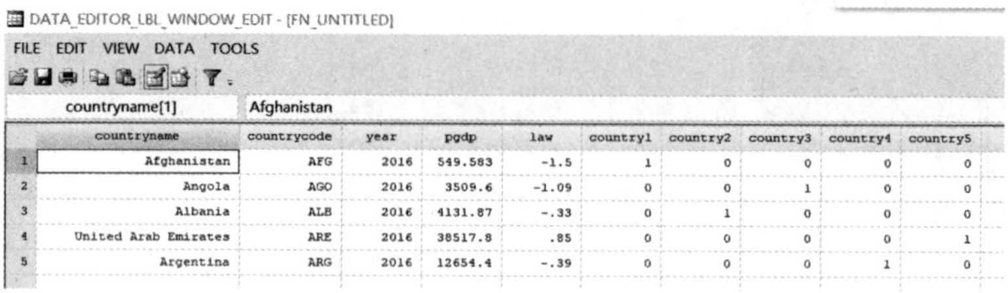
DATA_EDITOR_LBL_WINDOW_EDIT - [FN_UNTITLED]
FILE EDIT VIEW DATA TOOLS
countryname[1] Afghanistan

	countryname	countrycode	year	pgdp	law	country1	country2	country3	country4	country5
1	Afghanistan	AFG	2016	549.583	-1.5	1	0	0	0	0
2	Angola	AGO	2016	3509.6	-1.09	0	0	1	0	0
3	Albania	ALB	2016	4131.87	-.33	0	1	0	0	0
4	United Arab Emirates	ARE	2016	38517.8	.85	0	0	0	0	1
5	Argentina	ARG	2016	12654.4	-.39	0	0	0	1	0

图 7.3　各个国家的虚拟变量

第二节　虚拟变量的线性回归

本节我们通过多个案例来了解自变量中包含虚拟变量的线性回归。

例 7.3　数据集“故意伤害罪—某市”是某市故意伤害罪的相关数据，试估计以刑罚强度为因变量、性别为自变量的一元线性回归模型［式（7.4）］，并解释系数的含义。

$$刑罚强度_i = \alpha + \beta 性别_i + \varepsilon_i \tag{7.4}$$

需要解释的是，因变量刑罚强度为连续型随机变量，为便于理解，此处明确刑罚强度一个单位的含义为一个月的有期徒刑（30 天）。例如，有期徒刑 1 个月，对应刑罚强度为 1，例如有期徒刑 1 年 5 个月，刑罚强度为 1×12+5=17。

自变量为犯罪人性别的虚拟变量，0=男，1=女。

解：在展开回归分析之前，我们来探索两个系数 α 和 β 的一般性含义。

对式（7.4）两边同时求期望，可得

女性犯罪人的刑罚强度的均值为：E（刑罚强度｜性别=1）$=\alpha+\beta$

男性犯罪人的刑罚强度的均值为：E（刑罚强度｜性别=0）$=\alpha$

从中可以得知，虚拟变量性别的系数 β 的含义为：女性犯罪人和男性犯罪人相比，其刑罚强度的均值有多大差别。

首先，观察这两个变量数据的描述性统计情况。输入命令：sum 刑罚强度 性别，得到图 7.4 所示的描述性统计结果。从中可以看到，一共有 940 个观测值，犯罪人的最低刑罚强度为 0，最高刑罚强度为 222（222 个月相当于 18.5 年）。

. **sum 刑罚强度 性别**

Variable	Obs	Mean	Std. Dev.	Min	Max
刑罚强度	940	14.44844	25.22844	0	222
性别	940	.0510638	.2202451	0	1

图 7.4　两个变量数据的描述性统计

其次，输入回归命令：reg 刑罚强度 性别，得到图 7.5 所示的回归结果。其中常数项和性别变量的系数分别通过了 1% 和 10% 的显著性检验。根据回归结果，可以将回归模型写为

$$\text{刑罚强度} = 14.791\,57 - 6.719\,695\ \text{性别} \qquad (7.5)$$

. **reg 刑罚强度 性别**

Source	SS	df	MS			
				Number of obs	=	940
				F(1, 938)	=	3.24
Model	2056.73009	1	2056.73009	Prob > F	=	0.0722
Residual	595592.393	938	634.959908	R-squared	=	0.0034
				Adj R-squared	=	0.0024
Total	597649.124	939	636.47404	Root MSE	=	25.198

刑罚强度	Coef.	Std. Err.	t	P>|t|	[95% Conf.	Interval]
性别	-6.719695	3.733654	-1.80	0.072	-14.04698	.6075869
_cons	14.79157	.8437052	17.53	0.000	13.1358	16.44734

图 7.5　刑罚强度和性别的回归结果

从中可以看到，男性犯罪人的刑罚强度的均值为（α）14.791 57，女性犯罪人的刑罚强度的均值为（$\alpha+\beta=14.791\,57-6.719\,695$）8.071 875。系数 β 的含义为：与男性犯罪人相比，女性犯罪人的刑罚强度的平均值要低 6.719 695，换句话说，与男性犯罪人相比，女性犯罪人的有期徒刑的平均值要少 201.590 85 天（6.719 695×30）。

我们可以通过分别输入命令：sum 刑罚强度 if 性别 = =1，以及 sum 刑罚强度 if 性别 = =0，来对比不同性别犯罪人的刑罚强度的均值（见图 7.6），与上文分析相符。

```
. sum 刑罚强度 if 性别==1
```

Variable	Obs	Mean	Std. Dev.	Min	Max
刑罚强度	48	8.071875	8.885046	.53	48

```
. sum 刑罚强度 if 性别==0
```

Variable	Obs	Mean	Std. Dev.	Min	Max
刑罚强度	892	14.79157	25.77382	0	222

图 7.6　不同性别犯罪人的刑罚强度的均值

我们做了虚拟变量的一元线性回归后，很自然地会想到虚拟变量的多元线性回归，以及相应的系数解释是否会有差别。

例 7.4　数据集“故意伤害罪—某市”是某市故意伤害罪的相关数据，试估计下述多元线性回归模型［式（7.6）］，并解释系数的含义。

$$刑罚强度_i = \alpha + \beta_1 性别_i + \beta_2 共同犯罪_i + \beta_3 伤害程度_i + \varepsilon_i \quad (7.6)$$

与上个例子相比，回归模型中多了两个变量。共同犯罪同样是虚拟变量，取值为 0=没有共同犯罪，取值为 1=存在共同犯罪；伤害程度为受害人的伤害程度，并非虚拟变量，取值为 1=轻伤或轻微伤，取值为 2=重伤。

解：仍然首先观察这些变量数据的描述性统计情况。输入命令：sum 刑罚强度 性别 共同犯罪 伤害程度，得到图 7.7 所示的描述性统计结果。

```
. sum 刑罚强度 性别 共同犯罪 伤害程度
```

Variable	Obs	Mean	Std. Dev.	Min	Max
刑罚强度	940	14.44844	25.22844	0	222
性别	940	.0510638	.2202451	0	1
共同犯罪	940	.0425532	.201955	0	1
伤害程度	940	1.093617	.2914502	1	2

图 7.7　变量的描述性统计

其次，输入回归命令：reg 刑罚强度 性别 共同犯罪 伤害程度，得到图 7.8 所示的回归结果。根据回归结果，可以将回归模型写为

$$刑罚强度_i = -24.710\,74 - 3.322\,79\,性别 + 33.435\,43\,共同犯罪 + 34.661\,19\,伤害程度 \quad (7.7)$$

```
. reg 刑罚强度 性别 共同犯罪 伤害程度

      Source |       SS           df       MS      Number of obs   =       940
-------------+----------------------------------   F(3, 936)       =     96.12
       Model |  140762.729         3  46920.9096   Prob > F        =    0.0000
    Residual |  456886.395       936   488.12649   R-squared       =    0.2355
-------------+----------------------------------   Adj R-squared   =    0.2331
       Total |  597649.124       939   636.47404   Root MSE        =    22.094

------------------------------------------------------------------------------
    刑罚强度 |      Coef.   Std. Err.      t    P>|t|     [95% Conf. Interval]
-------------+----------------------------------------------------------------
        性别 |   -3.32279   3.280317    -1.01   0.311    -9.760418    3.114838
    共同犯罪 |   33.43543   3.574376     9.35   0.000     26.42071    40.45015
    伤害程度 |   34.66119   2.475953    14.00   0.000     29.80212    39.52025
       _cons |  -24.71074   2.817812    -8.77   0.000     -30.2407   -19.18077
------------------------------------------------------------------------------
```

图 7.8　基本回归结果

回归结果的解读为：性别的系数为-3.322 79，似乎表明和男性犯罪人相比，女性犯罪人刑罚强度的均值要低 3.322 79，但 p 值为 0.311，未能通过显著性检验，表明性别和刑罚强度不存在统计上的线性相关关系；共同犯罪的系数为 33.435 43，且在 1%的水平上显著，表明在控制性别、伤害程度等不变的条件下，与没有实施共同犯罪的犯罪人相比，实施共同犯罪的犯罪人的刑罚强度的均值要高 33.435 43；伤害程度的系数为 34.661 19，且在 1%的水平上显著，表明在控制了性别、共同犯罪等不变的条件下，受害人的伤害程度增加一个单位，也就是从轻伤或轻微伤变为重伤，犯罪人的刑罚强度的均值要提高 34.661 19。

例 7.5　数据集“故意伤害罪—某市”是某市故意伤害罪的相关数据，其中变量审理法院取值为 1 到 5，分别对应一区法院到五区法院。以上例中的多元线性回归模型为基础，试比较不同法院的刑罚强度是否存在显著区别。

解：可通过构造不同法院的虚拟变量来判断其刑罚强度是否存在显著区别。

首先输入如下命令：

```
gen 一区法院=0
replace 一区法院=1 if 审理法院==1
gen 二区法院=0
replace 二区法院=1 if 审理法院==2
gen 三区法院=0
replace 三区法院=1 if 审理法院==3
gen 四区法院=0
```

replace 四区法院=1 if 审理法院==4

gen 五区法院=0

replace 五区法院=1 if 审理法院==5

这样，就生成了一区法院、二区法院、三区法院、四区法院、五区法院五个虚拟变量。

其次，输入命令：reg 刑罚强度 性别 共同犯罪 伤害程度 一区法院 二区法院 三区法院 四区法院 五区法院，得到图 7.9 所示的回归结果。从中可以发现，三区法院相应的系数为 0，并伴有（omitted）字样。原因在于，我们设置了五个虚拟变量，并同时放入了回归模型，产生了完全多重共线性。此时，变量三区法院即成为参照组。

最后，可以对不同法院的刑罚强度是否存在显著区别进行对比。因为三区法院为参照组，所以所有的法院都是以三区法院作为参照基准。具体而言，一区法院的系数为 11.579 23，且在 1%的水平上显著，表示与三区法院相比，在控制其他条件不变的情况下，一区法院的刑罚强度比三区法院高 11.579 23；二区法院的系数没有通过显著性检验，表明二区法院的刑罚强度与三区法院相比，不存在统计上的显著区别；四区法院和五区法院的系数也没有通过显著性检验，表明其刑罚强度与三区法院相比，亦不存在统计上的显著区别。

```
. reg 刑罚强度 性别 共同犯罪 伤害程度 一区法院 二区法院 三区法院 四区法院 五区法院
note: 三区法院 omitted because of collinearity

      Source |       SS           df       MS      Number of obs   =       940
-------------+----------------------------------   F(7, 932)       =     50.43
       Model |  164173.078         7  23453.2969   Prob > F        =    0.0000
    Residual |  433476.045       932  465.103053   R-squared       =    0.2747
-------------+----------------------------------   Adj R-squared   =    0.2693
       Total |  597649.124       939   636.47404   Root MSE        =    21.566

------------------------------------------------------------------------------
    刑罚强度 |      Coef.   Std. Err.      t    P>|t|     [95% Conf. Interval]
-------------+----------------------------------------------------------------
        性别 |  -3.986901   3.211704    -1.24   0.215    -10.28991    2.316108
    共同犯罪 |    33.2969   3.502875     9.51   0.000     26.42247    40.17134
    伤害程度 |   34.50114   2.419407    14.26   0.000     29.75302    39.24926
    一区法院 |   11.57923    2.32751     4.97   0.000     7.011459      16.147
    二区法院 |  -2.070452   2.355129    -0.88   0.380    -6.692422    2.551518
    三区法院 |          0  (omitted)
    四区法院 |   1.469594   2.404731     0.61   0.541    -3.249721    6.188908
    五区法院 |  -.4830288   2.263657    -0.21   0.831    -4.925484    3.959426
       _cons |  -26.68101   3.164811    -8.43   0.000    -32.89199   -20.47003
------------------------------------------------------------------------------
```

图 7.9　进一步的回归结果

我们还可以不使用三区法院作为参照组，这样就可以避免多重共线性，输入命令：reg 刑罚强度 性别 共同犯罪 伤害程度 一区法院 二区法院 四区法院 五区法院，得到图 7.10 所示的结果。不难发现，回归结果与上图完全一致。

```
. reg 刑罚强度 性别 共同犯罪 伤害程度 一区法院 二区法院 四区法院 五区法院

      Source |       SS           df       MS      Number of obs   =       940
-------------+----------------------------------   F(7, 932)       =     50.43
       Model |  164173.078         7  23453.2969   Prob > F        =    0.0000
    Residual |  433476.045       932  465.103053   R-squared       =    0.2747
-------------+----------------------------------   Adj R-squared   =    0.2693
       Total |  597649.124       939   636.47404   Root MSE        =    21.566

------------------------------------------------------------------------------
    刑罚强度 |      Coef.   Std. Err.      t    P>|t|     [95% Conf. Interval]
-------------+----------------------------------------------------------------
        性别 |  -3.986901   3.211704    -1.24   0.215    -10.28991    2.316108
    共同犯罪 |    33.2969   3.502875     9.51   0.000     26.42247    40.17134
    伤害程度 |   34.50114   2.419407    14.26   0.000     29.75302    39.24926
    一区法院 |   11.57923    2.32751     4.97   0.000     7.011459      16.147
    二区法院 |  -2.070452   2.355129    -0.88   0.380    -6.692422    2.551518
    四区法院 |   1.469594   2.404731     0.61   0.541    -3.249721    6.188908
    五区法院 |  -.4830288   2.263657    -0.21   0.831    -4.925484    3.959426
       _cons |  -26.68101   3.164811    -8.43   0.000    -32.89199   -20.47003
------------------------------------------------------------------------------
```

图 7.10　省去三区法院的回归结果

第三节　通过虚拟变量检验模型的稳定性

如何检验一个回归模型在不同时期的结构稳定性？也就是说，在不同时期，该回归模型的所有系数是否存在显著差异？经典的检验方法是邹检验（邹至庄检验法）。此外，通过设置虚拟变量与其他变量的交乘项，我们能够更精确地判断回归模型在不同时期的结构稳定性。

一、邹检验的思路和方法

数据集“外部引证率”是某刊物的抽样论文的相关数据，我们要考虑的主要变量有：

年份：论文的发表年份，1998—2020 年；

被引次数：论文的被引次数；

职称：也就是论文作者的职称，2-博士研究生，3-中级职称，4-副高级职称，5-正高级职称。

我们把样本数据分为两个时期：1998—2009 年，2010—2020 年。因变量 y 为被引次数，自变量 x 为作者的职称，那么，根据不同的时期，就有三个回归模型：

第一个时期，1998—2009 年：

$$y_i = \alpha_1 + \beta_1 x_i + \varepsilon_i \tag{7.8}$$

第二个时期，2010—2020 年：

$$y_i = \alpha_2 + \beta_2 x_i + \varepsilon_i \tag{7.9}$$

全样本时期，1998—2020 年：

$$y_i = \alpha_3 + \beta_3 x_i + \varepsilon_i \tag{7.10}$$

如果回归模型的结果是稳定的，不存在结构变动，那么就意味着第一个时期和第二个时期的模型完全一致，也就是：$\alpha_1 = \alpha_2$，$\beta_1 = \beta_2$。

我们将不同时期的回归结果展示出来，输入如下命令：

```
reg 被引次数 职称 if 年份<=2009
estimates store a
reg 被引次数 职称 if 年份>=2010
estimates store b
reg 被引次数 职称
estimates store c
esttab a b c, se r2 mtitle star（* 0.1 ** 0.05 *** 0.01）
```

回归结果见图 7.11，a 列、b 列、c 列分别代表第一个时期、第二个时期以及全样本时期。由图可知，论文的被引次数与作者的职称成正相关关系。

	(1) a	(2) b	(3) c
职称	3.039***	3.227***	2.872***
	(0.830)	(1.032)	(0.638)
_cons	-3.524	-6.741	-3.819
	(3.771)	(4.855)	(2.943)
N	397	327	724
R-sq	0.033	0.029	0.027

图 7.11　不同时期的回归结果

由此，我们可以把估计出来的三个时期的回归模型展示如下：

第一个时期，1998—2009 年：

$$y_i = -3.524 + 3.039 x_i \tag{7.11}$$

第二个时期，2010—2020 年：

$$y_i = -6.741 + 3.227 x_i \tag{7.12}$$

全样本时期，1998—2020 年：

$$y_i = -3.819 + 2.872 x_i \tag{7.13}$$

从回归结果可以看出，常数项（_cons）均没有通过显著性检验，但是职称的系数均在1%的水平上显著，且系数之间存在差别，前两个时期的职称的系数分别为：3.039和3.227。如果第一个时期和第二个时期之间的系数差异是显著的，那么将两个时期混合在一起做回归可能不适当。需要进一步的统计检验来判断。

邹检验的机制是：

首先，求得三个时期的残差平方和。

我们需要再做三次回归，并存储相应的残差平方和，输入如下命令：

```
reg 被引次数 职称 if 年份<=2009
scalar ssr1=e (rss)
reg 被引次数 职称 if 年份>=2010
scalar ssr2=e (rss)
reg 被引次数 职称
scalar ssr=e (rss)
```

scalar 表示标量，即将回归的残差平方和 e（rss）记为标量 ssr。具体而言，第一个时期的残差平方和为 ssr1，第二个时期的残差平方和为 ssr2，全样本时期的残差平方和为 ssr。ssr1 与 ssr2 相加得到无约束的残差平方和（SSR_{UR}），ssr 为有约束的残差平方和（SSR_R）。

其次，构建 F 统计量。

$$F = \frac{(SSR_R - SSR_{UR})/k}{SSR_{UR}/(n_1 + n_2 - 2k)} \tag{7.14}$$

其中，k 为估计的参数个数（包含常数项），n 为样本容量。在本案例中，n_1为第一个时期的样本容量（$n_1 = 397$），n_2为第二个时期的样本容量（$n_2=327$），共估计两个参数（$k=2$）。输入命令：dis((ssr-ssr1-ssr2)/2)/((ssr1+ssr2)/720)，求得 F 统计量为3.512 714 1。

藏在邹检验背后的思想是，若不存在结构变动（即第一个时期和第二个时期的模型完全一致），则无约束的残差平方和（SSR_{UR}）与有约束的残差平方和（SSR_R）在统计上不应该不同。因此，若计算出的 F 统计量没有超过 F 表中在选定显著性水平上的 F 临界值，则不能拒绝结构稳定的原假设，此时对第一个时期和第二个时期使用相同的回归模型是合理的。反之，若计算出的 F 统计量超过了 F 临界值，则拒绝结构稳定的原假设，也就是说，第一个时期和第二个时期的模型是不同的，既可能是常数项不同（α_1与α_2），也可能是变量的系数不同（β_1与β_2），也可能兼而有之（古扎

拉蒂 等，2011)。

二、虚拟变量的交乘使用

以上文第一个时期的模型式（7.8）和第二个时期的模型式（7.9）为基准，我们展开进一步的讨论。理论上讲，上述两个模型存在图 7.12 所示的四种可能性。

第一种，两个模型的常数项和斜率都相同（$\alpha_1=\alpha_2$，$\beta_1=\beta_2$）。此时，两个模型完全重合，模型的结构稳定，模型的系数没有发生变动［见图 7.12 (a)]。

第二种，两个模型的常数项不同（$\alpha_1\neq\alpha_2$），但斜率相同（$\beta_1=\beta_2$），模型的结构不稳定［见图 7.12（b)］。

第三种，两个模型的常数项相同（$\alpha_1=\alpha_2$），但斜率不同（$\beta_1\neq\beta_2$），模型的结构不稳定［见图 7.12（c)］。

第四种，两个模型的常数项不同（$\alpha_1\neq\alpha_2$），斜率也不同（$\beta_1\neq\beta_2$），模型的结构不稳定［见图 7.12（d)］。

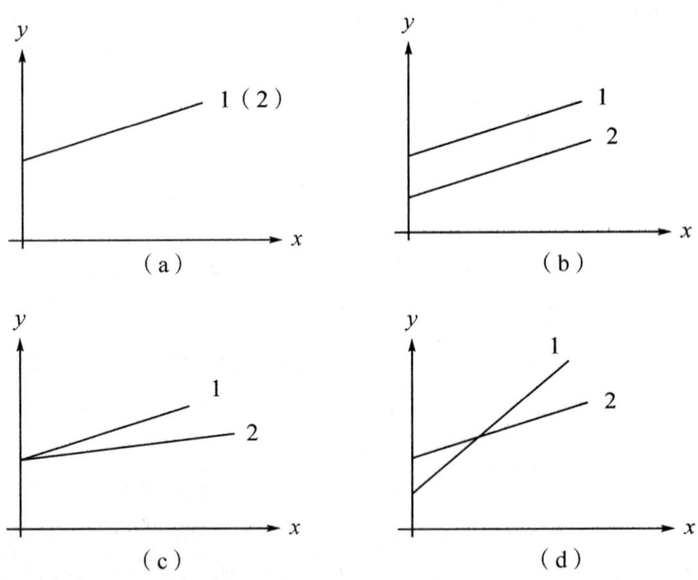

图 7.12　两个模型的四种可能性

邹检验告诉我们，两个时期的回归模型存在不同，但没有告诉我们不同之处在哪里（可能是常数项不同，也可能是斜率不同，还可能二者兼而有之)。通过构建虚拟变量及其与解释变量的交乘项，即可探明不同时期回归模型的不同之处在哪里。

$$y_i = \alpha_1 + \alpha_2 D_i + \beta_1 x_i + \beta_2 D x_i + \varepsilon_i \tag{7.15}$$

式中，各变量的含义为：

y：被引次数；

x：作者的职称（取值范围为：2-博士研究生，3-中级职称，4-副高级职称，5-正高级职称）；

D：虚拟变量［取值范围为：第一个时期为 0（1998—2009 年），第二个时期为 1（2010—2020 年）］，$D = \begin{cases} 1，2010—2020\text{ 年} \\ 0，1998—2009\text{ 年} \end{cases}$；

i：时间，取值范围为 1998 年至 2020 年；

我们可通过求期望来了解该模型的含义：

第一个时期的论文的被引次数的均值为：

$$E(y_i \mid D_i = 0) = \alpha_1 + \beta_1 x_i \tag{7.16}$$

第二个时期的论文的被引次数的均值为：

$$E(y_i \mid D_i = 1) = (\alpha_1 + \alpha_2) + (\beta_1 + \beta_2) x_i \tag{7.17}$$

不难发现：α_2表示的是第二个时期与第一个时期相比，常数项的差异；β_2表示的是第二个时期与第一个时期相比，斜率的差异。两个时期模型的结构是否稳定，取决于两个参数 α_2和 β_2：如果 α_2和 β_2均不显著，表明两个时期模型的结构是稳定的；如果 α_2和 β_2中任意一个显著或者均显著，那么两个时期模型的结构是不稳定的。

我们现在对这个模型做回归，输入如下命令：

```
gen D=0
replace D=1 if 年份>=2010
gen Dx= D * 职称
reg 被引次数 D 职称 Dx
```

其中，Dx 为虚拟变量 D 和变量职称的乘积（交乘项），回归结果见图 7.12。由图可知，虚拟变量 D 未能通过显著性检验（也就是 α_2不显著），交乘项 Dx 也未能通过显著性检验（也就是β_2不显著）。因此，可以得到结论：两个时期模型的结构是稳定的；作者的职称越高，越可以有效提升论文的被引次数；作者的职称对论文被引次数的影响力在 2009 年前后一致。

```
. reg 被引次数 D 职称 Dx

      Source |       SS           df       MS      Number of obs   =       724
-------------+----------------------------------   F(3, 720)       =      9.15
       Model |  3812.19377         3  1270.73126   Prob > F        =    0.0000
    Residual |  99951.3131       720  138.821268   R-squared       =    0.0367
-------------+----------------------------------   Adj R-squared   =    0.0327
       Total |  103763.507       723   143.51799   Root MSE        =    11.782

------------------------------------------------------------------------------
    被引次数 |      Coef.   Std. Err.      t    P>|t|     [95% Conf. Interval]
-------------+----------------------------------------------------------------
           D |  -3.217569   6.384537    -0.50   0.614     -15.7521    9.316963
        职称 |   3.038733   .7784085     3.90   0.000     1.510511    4.566955
          Dx |   .1882609   1.372376     0.14   0.891    -2.506076    2.882598
       _cons |  -3.523693   3.537901    -1.00   0.320    -10.46953    3.422143
------------------------------------------------------------------------------
```

图 7.12 交乘项的回归结果

估计出的回归结果为

$$y_i = -3.524 - 3.218 D_i + 3.039 x_i + 0.188 D x_i \tag{7.18}$$

我们还可以据此反向推导出前两个阶段的回归结果，不难发现：

当 $D=0$ 时（即第一个时期），

$$y_i = -3.524 + 3.039 x_i \tag{7.19}$$

当 $D=1$ 时（即第二个时期），

$$y_i = -6.741 + 3.227 x_i \tag{7.20}$$

与前文分阶段回归分析的结果一致。

第四节 虚拟变量与虚拟变量的交互效应

例 7.6 数据集“故意伤害罪—某市”是某市故意伤害罪的相关数据，试估计下述多元线性回归模型［式（7.21）］，并解释系数的含义。

其中，性别为虚拟变量，0=男，1=女；

谅解同样是虚拟变量，0=犯罪人没有得到受害人的谅解，1=犯罪人得到了受害人的谅解；

变量“性别＊谅解”为性别和谅解的交乘项。

$$\text{刑罚强度}_i = \alpha + \beta_1 \text{性别}_i + \beta_2 \text{谅解}_i + \beta_3 \text{性别} * \text{谅解}_i + \varepsilon_i \tag{7.21}$$

解：虚拟变量交乘项的存在，意味着不能按照前述多元线性回归的方式进行系数的解释。因此，我们展开下述分析。

两个虚拟变量均取值为 0 时即为该模型的参照组，也就是没有得到受害人谅解的男性犯罪人。

我们可通过求期望来了解该模型的含义，分为四种情形。

第一种，如果性别=0，谅解=0，那么

$$E(\text{刑罚强度} \mid \text{性别} = 0, \text{谅解} = 0) = \alpha \quad (7.22)$$

也就是说，没有得到受害人谅解的男性犯罪人的刑罚强度的均值为 α。

第二种，如果性别=0，谅解=1，那么

$$E(\text{刑罚强度} \mid \text{性别} = 0, \text{谅解} = 1) = \alpha + \beta_2 \quad (7.23)$$

也就是说，得到受害人谅解的男性犯罪人的刑罚强度的均值为 $\alpha+\beta_2$。所以，β_2的含义为：得到受害人谅解的男性犯罪人的刑罚强度与没有得到受害人谅解的男性犯罪人的刑罚强度的均值的差别。

第三种，如果性别=1，谅解=0，那么

$$E(\text{刑罚强度} \mid \text{性别} = 1, \text{谅解} = 0) = \alpha + \beta_1 \quad (7.24)$$

也就是说，没有得到受害人谅解的女性犯罪人的刑罚强度的均值为 $\alpha+\beta_1$。所以，β_1的含义为：没有得到受害人谅解的女性犯罪人的刑罚强度与没有得到受害人谅解的男性犯罪人的刑罚强度的均值的差别。

第四种，如果性别=1，谅解=1，那么

$$E(\text{刑罚强度} \mid \text{性别} = 1, \text{谅解} = 1) = \alpha + \beta_1 + \beta_2 + \beta_3 \quad (7.25)$$

此时意味着，得到受害人谅解的女性犯罪人的刑罚强度的均值为 $\alpha+\beta_1+\beta_2+\beta_3$。$\beta_3$意味着两个变量，即谅解和性别的交互作用对刑罚强度的影响。$\beta_1+\beta_2+\beta_3$的含义为：得到受害人谅解的女性犯罪人的刑罚强度的均值与没有得到受害人谅解的男性犯罪人的刑罚强度的均值的差别。

以上述分析为基础，为便于做回归分析，首先生成虚拟变量，输入命令：gen 交乘项=性别 * 谅解。这样，就产生了一个新的变量，变量名为交乘项，内容为两个变量，即性别和谅解的乘积。

随后输入回归命令：reg 刑罚强度 性别 谅解 交乘项，得到图 7.13 所示的回归结果。其中，性别和交乘项未能通过显著性检验。

为便于解读系数的含义，使得读者能够对系数有进一步的理解，我们假设所有的自变量均通过了显著性检验，那么可得到如下结论（限于解读系数的含义，暂不考量结论与理论的契合度）。首先，没有得到受害人谅解的男性犯罪人的刑罚强度的均值为 17.784 53（α），此为参照组。与参照组相比，得到受害人谅解的男性犯罪人的刑罚强度的均值要低 7.562 941（β_2）；与参照组相比，没有得到受害人谅解的女性犯罪人的刑罚强度的均值要低 7.253 86（β_1）；与参照组相比，得到受害人谅解的女性犯罪人的刑罚强度要低 13.810 638（$\beta_1+\beta_2+\beta_3=-7.253\ 86-7.562\ 941+1.006\ 163=$

-13.810 638）。因此，对于女性犯罪人而言，影响刑罚强度的因素包括：性别对刑罚强度的影响（减轻），得到受害人谅解对刑罚强度的影响（减轻），以及二者交互作用对刑罚强度的影响（加重）。

```
. reg 刑罚强度 性别 谅解 交乘项

      Source |       SS           df       MS      Number of obs   =       940
-------------+----------------------------------   F(3, 936)       =      7.89
       Model |  14740.9488         3  4913.64959   Prob > F        =    0.0000
    Residual |  582908.175       936  622.765144   R-squared       =    0.0247
-------------+----------------------------------   Adj R-squared   =    0.0215
       Total |  597649.124       939   636.47404   Root MSE        =    24.955

------------------------------------------------------------------------------
刑罚强度     |      Coef.   Std. Err.      t    P>|t|     [95% Conf. Interval]
-------------+----------------------------------------------------------------
        性别 |   -7.25386   4.681265    -1.55   0.122    -16.44085    1.933131
        谅解 |  -7.562941   1.708688    -4.43   0.000    -10.91624   -4.209637
      交乘项 |   1.006163   7.633906     0.13   0.895    -13.97539    15.98772
       _cons |   17.78453   1.074899    16.55   0.000     15.67504    19.89402
------------------------------------------------------------------------------
```

图 7.13　虚拟变量的回归结果

此外，我们还可对该模型做进一步拓展，添加一个变量，即伤害程度（连续性变量）。该模型是一个既包含虚拟变量也包含连续性变量，同时还有虚拟变量与虚拟变量交乘项的模型。

$$刑罚强度_i = \alpha + \beta_1 性别_i + \beta_2 谅解_i + \beta_3 性别 * 谅解_i + \beta_4 伤害程度_i + \varepsilon_i \quad (7.26)$$

那么，各系数的含义是否会发生变化？答案是，解释方式存在微小变化。

同样可通过求期望来了解该模型的含义。

第一种，如果性别=0，谅解=0，那么

$$E(刑罚强度 \mid 性别 = 0，谅解 = 0) = \alpha + \beta_4 伤害程度 \quad (7.27)$$

也就是说，没有得到受害人谅解的男性犯罪人的刑罚强度的均值为$\alpha+\beta_4$伤害程度。

第二种，如果性别=0，谅解=1，那么

$$E(刑罚强度 \mid 性别 = 0，谅解 = 1) = \alpha + \beta_2 + \beta_4 伤害程度 \quad (7.28)$$

也就是说，得到受害人谅解的男性犯罪人的刑罚强度的均值为$\alpha+\beta_2+\beta_4$伤害程度。

此时，β_2的含义为：在控制其他变量（伤害程度）不变的条件下，得到受害人谅解的男性犯罪人的刑罚强度与没有得到受害人谅解的男性犯罪人的刑罚强度的均值的差别。同理，其他系数亦可做类似解释。

对于虚拟变量的应用及其他解释，读者可以阅读古扎拉蒂（2011）在

《计量经济学基础》（第五版）第 9 章“虚拟变量回归模型”中提出的案例，以及梅赫梅托（2021）在《Stata 统计分析：社会科学应用指南》第 5 章“虚拟变量回归”中的推导。

此外，感兴趣的读者还可进一步参考伍德里奇（2018）在《计量经济学：现代观点》中提出的案例分析。也就是性别与婚姻对工资的影响[①]。模型为

log（wage）= 0. 321 − 0. 11 * female + 0. 213 * married − 0. 301 * female * married

虚拟变量为 0~1 变量，基准组是未婚男性。

对这个模型，解释是：如果对男性，结婚后工资会比基准组上升 21. 3%；如果对女性，如果其未婚，则工资会比未婚男性低 11%，如果其已婚，则工资比未婚男性低 100×(0. 11−0. 213+0. 301)% = 19. 8%。

对每一项具体解释，则可认为，婚姻对工资有促进作用。但是，对女性而言，婚姻与性别的交互作用对工资产生了一个负向的作用，因此，影响已婚女性的因素共有：性别对工资产生负向作用、婚姻对工资产生正向作用，以及性别与婚姻交互作用产生的对工资的负向作用。

① 可参见 https://bbs.pinggu.org/thread-3518324-1-1.html。

第八章　回归中的交互效应

第一节　交互效应的概念与生成方式

多元回归分析在探讨因变量和自变量之间的关系时，往往假定自变量之间的关系是相对独立的。也就是说，一个自变量在变化时，其他自变量的系数不会发生变化。不过，某些情况下，自变量之间的关系不一定能够完全符合此种假定。

考虑一个有两个自变量的多元线性回归模型［式（8.1）］。一般情况下，自变量 X 与因变量 Y 之间的关系不会受到自变量 Z 的影响，即 X 与 Z 之间不存在交互效应；反之，如果自变量 X 与因变量 Y 之间的关系会受到自变量 Z 的影响，那么 X 与 Z 之间就存在交互效应；同理，如果自变量 Z 与因变量 Y 之间的关系会受到自变量 X 的影响，也能说明 X 与 Z 之间存在交互效应。

$$Y = \beta_0 + \beta_1 X + \beta_2 Z + \varepsilon \tag{8.1}$$

可通过几个案例来加强对交互效应的理解。例如，威权领导方式对于员工工作效率的影响并不是单一的。有研究发现，威权领导方式对于无工作经验的员工比有工作经验的员工的效率影响更大，且是正向的。其中的机制可能在于，对于无工作经验的员工而言，因为其自身缺乏对于工作的深层理解，按照自身逻辑去工作效率往往较低，坚定执行威权领导的指令反而会获得较高的工作效率；对于有工作经验的员工而言，丰富的工作经验已经使其形成了自身独有的工作方式和逻辑，威权领导的指令反而可能扰乱已经形成的工作方式和逻辑，从而降低其工作效率。如果我们将工作效率看作因变量，将威权领导方式和员工的工作状态（有工作经验/无工作经验）看作自变量，那么两个变量之间就存在交互效应，因为员工的工作效率会受到威权领导方式和工作状态的交互影响。又如，一个国家的经济发展水平与其政治稳定程度及腐败管控能力紧密相关，但政治稳定程度与腐败管控能力之间往往也存在紧密联系，一个政治不稳定的国家往往腐败管控能力也较差。此时，政治稳定程度与腐败管控能力就存在交互效应，共同对一个国家的经济发展水平产生影响。

交互效应的生成方式系乘积法，即把有交互作用的两个变量相乘，产生一个新变量（交乘项），随后将这三个变量同时放入回归模型。以式（8.1）所示的多元线性回归模型为例，假设变量 X 和变量 Z 存在交互效应，那么产生的变量 X 和变量 Z 的交乘项 XZ 作为新变量，同时与 X 和 Z 放入回归模型，即式（8.2）。

$$Y = \beta_0 + \beta_1 X + \beta_2 Z + \beta_3 XZ + \varepsilon \tag{8.2}$$

那么，应当如何解释系数 β_3 的含义呢？显然，交乘项 XZ 的存在，意味着要解释 β_3，就不能按照一般的多元回归模型中的系数解释方式来进行。β_3 的一般含义为：X 增加一个单位时，Y 对 Z 的斜率系数的变化值。当然，从数学的角度来看，β_3 也可以解释为：Z 增加一个单位时，Y 对 X 的斜率系数的变化值。在后文的分析中，我们将结合变量的不同类型，进行更为深入的分析和解读。

第二节　连续性变量之间的交互效应

我们通过一个具体案例来探讨连续性变量之间的交互效应。

例 8.1　数据集“外部引证率”包含多个变量。其中，变量被引次数、职称和高校类型均为连续性变量。各变量的具体含义为：

被引次数：论文的被引次数；

职称：论文作者的职称，2-博士研究生，3-中级职称，4-副高级职称，5-正高级职称；

高校类型：论文作者所在高校的类型（结合法学学科高校的特征划分，0-地方院校，1-四所政法院校，2-211 院校，3-985 院校，4-其他部属高校或中国社科院）。

试估计下述多元线性回归模型的系数，并说明系数 β_3 的含义。

$$被引次数_i = \alpha + \beta_1 职称_i + \beta_2 高校类型_i + \beta_3 职称 * 高校类型_i + \varepsilon_i \tag{8.3}$$

解：首先将数据导入 Stata 软件，随后输入命令：

gen 交乘项= 职称 * 高校类型

reg 被引次数 职称 高校类型 交乘项

其中，变量交乘项即为职称与高校类型之乘积产生的交乘项，反映二者的交互效应，回归结果如图 8.1 所示。由图可知，职称和高校类型的系数均为负，都未能通过显著性检验。变量交乘项的系数（也就是 β_3）为 1.247 329，且在 5%的水平上显著，表示职称每增加一个单位（例如从中级到副高级），高校类型对于被引次数的斜率系数增加 1.247 329；当然，也可以表示高校类型每增加一个单位（例如从 211 院校到 985 院校），职称对于被引次数的斜率系数增加 1.247 329。也就是说，论文作者的职称和所在高校类型，对于论文的被引次数有正向效应。

. reg 被引次数 职称 高校类型 交乘项

Source	SS	df	MS			
				Number of obs	=	724
				F(3, 720)	=	15.49
Model	6290.39712	3	2096.79904	Prob > F	=	0.0000
Residual	97473.1098	720	135.379319	R-squared	=	0.0606
				Adj R-squared	=	0.0567
Total	103763.507	723	143.51799	Root MSE	=	11.635

被引次数	Coef.	Std. Err.	t	P>|t|	[95% Conf.	Interval]
职称	-.1555238	1.487075	-0.10	0.917	-3.075045	2.763998
高校类型	-3.78282	2.659062	-1.42	0.155	-9.003261	1.43762
交乘项	1.247329	.5831261	2.14	0.033	.102498	2.392159
_cons	5.562476	6.756745	0.82	0.411	-7.702799	18.82775

图 8.1　被引次数的回归结果

也可以输入命令：reg 被引次数 c.职称##c.高校类型。

该命令生成所谓的虚拟交互项（数据集中不显示）——通过将两个自变量（前面带有“c.”）用二元操作符结合起来（数学上的相乘）以指定二者间的简单交互。“c.”为因子变量操作符（“c.”表示连续变量），二元操作符“##”表示全因子交互（也就是回归模型中包含两个变量及其交乘项）（梅赫梅托 等，2021）。得到如下结果（见图 8.2）。不难发现，该结果与上文中的结果完全一致（其中，c. 职称#c. 高校类型表示：职称和高校类型的交乘项）。不过，事实上，我们通过实证发现，只有通过这样的命令，下文内容才能得到进一步的有效显示。

```
. reg 被引次数 c.职称##c.高校类型

      Source |       SS           df       MS      Number of obs   =       724
-------------+----------------------------------   F(3, 720)       =     15.49
       Model |  6290.39712         3  2096.79904   Prob > F        =    0.0000
    Residual |  97473.1098       720  135.379319   R-squared       =    0.0606
-------------+----------------------------------   Adj R-squared   =    0.0567
       Total |  103763.507       723   143.51799   Root MSE        =    11.635

------------------------------------------------------------------------------
    被引次数 |      Coef.   Std. Err.      t    P>|t|     [95% Conf. Interval]
-------------+----------------------------------------------------------------
        职称 |  -.1555238   1.487075    -0.10   0.917    -3.075045    2.763998
    高校类型 |   -3.78282   2.659062    -1.42   0.155    -9.003261     1.43762
             |
c.职称#c.高校类型 |   1.247329   .5831261     2.14   0.033      .102498    2.392159
             |
       _cons |   5.562476   6.756745     0.82   0.411    -7.702799    18.82775
------------------------------------------------------------------------------
```

图 8.2　全因子交互的回归结果

作者职称及其所在高校类型可能会对论文的被引次数产生不同影响。如果我们想知道地方院校、四所政法院校、211 院校、985 院校以及其他部属高校或中国社科院作者的不同职称对于论文被引次数的影响，可以输入命令：margins,dydx(高校类型) at(职称=(2(1)5))。其中，dydx 表示 Y 变化量和 X 变化量的比值，2 到 5 之间的（1）表示职称的增量，可得到如下结果（见图 8.3）。其中，对于职称为 2 和 3 的作者，他们所在高校类型对于论文的被引次数的影响没有通过显著性检验，意味着所在高校类型不会影响博士研究生和中级职称作者（职称为 2 和 3）的论文被引次数。也就是说，对于中级及以下职称的作者，他们所在高校的类型不会影响论文的被引次数。另外，可以看到，对于副高级和正高级职称的作者（职称为 4 和 5），他们所在高校类型对于论文的被引次数的影响通过了显著性检验。例如，对于副高级职称作者（职称为 4），其所在高校类型每增加一个单位（例如从 211 院校到 985 院校），论文的被引次数平均增加 1.206 494 次；对于正高级职称作者（职称为 5），其所在高校类型每增加一个单位（例如从 211 院校到 985 院校），论文的被引次数平均增加 2.453 823 次。也就是说，对于高级职称的作者，他们所在高校类型有助于提升论文的被引次数。有兴趣的读者可以调换变量“高校类型”和“职称”的顺序，观察到类似的影响。命令为：margins,dydx(职称) at(高校类型=(0(1)4))。

```
. margins,dydx( 高校类型 ) at( 职称=(2(1)5 ))

Average marginal effects                          Number of obs     =        724
Model VCE    : OLS

Expression   : Linear prediction, predict()
dy/dx w.r.t. : 高校类型

1._at        : 职称            =           2

2._at        : 职称            =           3

3._at        : 职称            =           4

4._at        : 职称            =           5

------------------------------------------------------------------------------
             |            Delta-method
             |      dy/dx   Std. Err.      t    P>|t|     [95% Conf. Interval]
-------------+----------------------------------------------------------------
高校类型     |
         _at |
          1  |  -1.288163   1.516507    -0.85   0.396    -4.265466     1.68914
          2  |  -.0408344   .9666915    -0.04   0.966    -1.938705    1.857036
          3  |   1.206494    .499264     2.42   0.016      .226307    2.186682
          4  |   2.453823   .4940737     4.97   0.000     1.483826     3.42382
------------------------------------------------------------------------------
```

图 8.3　不同职称的边际效应

可以使用其他命令，展现交互效应的可视化呈现。输入命令：margins，at（高校类型=（1（1）4）职称=（2（1）5）），得到图 8.4 所示的结果。该命令的含义为：计算职称为 2 到 5 时以及高校类型四个取值（1 到 4）下 Y（被引次数）的均值。

```
. margins, at( 高校类型= (1(1)4) 职称=(2(1)5))

Adjusted predictions                              Number of obs     =        724
Model VCE    : OLS

Expression   : Linear prediction, predict()

1._at        : 职称            =           2
               高校类型        =           1

2._at        : 职称            =           2
               高校类型        =           2

3._at        : 职称            =           2
               高校类型        =           3

4._at        : 职称            =           2
               高校类型        =           4

5._at        : 职称            =           3
               高校类型        =           1

6._at        : 职称            =           3
               高校类型        =           2

7._at        : 职称            =           3
               高校类型        =           3
```

```
8._at          : 职称           =          3
                 高校类型    =          4

9._at          : 职称           =          4
                 高校类型    =          1

10._at         : 职称           =          4
                 高校类型    =          2

11._at         : 职称           =          4
                 高校类型    =          3

12._at         : 职称           =          4
                 高校类型    =          4

13._at         : 职称           =          5
                 高校类型    =          1

14._at         : 职称           =          5
                 高校类型    =          2

15._at         : 职称           =          5
                 高校类型    =          3

16._at         : 职称           =          5
                 高校类型    =          4
```

	Margin	Delta-method Std. Err.	t	P>|t|	[95% Conf.	Interval]
_at						
1	3.963266	2.56269	1.55	0.122	-1.067972	8.994504
2	2.675103	1.72234	1.55	0.121	-.7063052	6.05651
3	1.38694	1.991259	0.70	0.486	-2.522428	5.296307
4	.0987766	3.092467	0.03	0.975	-5.972554	6.170107
5	5.055071	1.629402	3.10	0.002	1.856124	8.254017
6	5.014236	1.104386	4.54	0.000	2.846035	7.182437
7	4.973402	1.285835	3.87	0.000	2.448969	7.497835
8	4.932567	1.988984	2.48	0.013	1.027666	8.837469
9	6.146875	.8375138	7.34	0.000	4.502615	7.791136
10	7.35337	.5727641	12.84	0.000	6.228882	8.477857
11	8.559864	.6732141	12.71	0.000	7.238167	9.881561
12	9.766358	1.03774	9.41	0.000	7.729	11.80372
13	7.23868	.8407241	8.61	0.000	5.588117	8.889244
14	9.692503	.5400239	17.95	0.000	8.632294	10.75271
15	12.14633	.6038644	20.11	0.000	10.96078	13.33187
16	14.60015	.962235	15.17	0.000	12.71103	16.48927

图 8.4　交互效应的数字呈现

随后输入命令：marginsplot，noci x（高校类型）recast（line）。该命令将每个职称组的 4 个 Y 均值（被引次数）连成直线，得到图 8.5 所示的结果。由图可知，职称为 5（正高级）的直线斜率最大且呈正相关关系（四条直线中最上面的直线），即作者的职称为正高级时，其所在高校类型对于论文的被引次数有最强的且正向的效应。

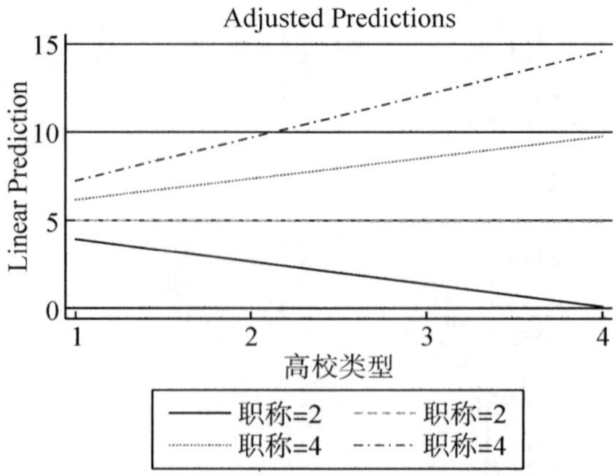

图 8.5　交互效应的可视化呈现

第三节　连续变量与虚拟变量的交互效应

实际上，前文在探讨通过虚拟变量检验模型的稳定性时，已经涉及连续变量与虚拟变量的交互效应。本节，我们通过一个案例进行深入学习。

例 8.2　以数据集“故意伤害罪—某市”为样本，试估计下述多元线性回归模型的系数，并说明系数 β_3 的含义。

$$刑罚强度_i = \alpha + \beta_1 性别_i + \beta_2 伤害程度_i + \beta_3 性别 * 伤害程度_i + \varepsilon_i \quad (8.4)$$

其中，变量的含义为：

刑罚强度：为连续变量，为便于理解，此处明确刑罚强度一个单位的含义为一个月的有期徒刑（30 天）。例如，有期徒刑 1 个月，对应刑罚强度为 1，有期徒刑 1 年 5 个月，刑罚强度为 1×12+5=17；

性别：犯罪人性别的虚拟变量，0=男，1=女；

伤害程度：为连续变量，代表受害人的伤害程度，取值为 1=轻伤或轻微伤，取值为 2=重伤。

解：题述多远线性回归模型，可以分组予以描述：

当性别=0 时，也就是犯罪人为男性时，模型为

$$刑罚强度_i = \alpha + \beta_2 伤害程度_i + \varepsilon_i \quad (8.5)$$

当性别=1 时，也就是犯罪人为女性时，模型为

$$刑罚强度_i = \alpha + \beta_1 + (\beta_2 + \beta_3) 伤害程度_i + \varepsilon_i \quad (8.4)$$

由此，可以较为清晰地看到各个系数的含义：β_2为犯罪人为男性时变量伤害程度的系数，换言之，犯罪人为男性时，受害人的伤害程度增加一个单位（由轻伤或轻微伤变为重伤），犯罪人的刑罚强度的增加值为β_2；$\beta_2+\beta_3$为犯罪人为女性时变量伤害程度的系数，换言之，犯罪人为女性时，受害人的伤害程度增加一个单位（由轻伤或轻微伤变为重伤），犯罪人的刑罚强度的增加值为$\beta_2+\beta_3$；β_3为男性犯罪人和女性犯罪人之间变量伤害程度的系数的差别。

我们可以通过交乘项的方式来生成性别和伤害程度的交乘项，并做回归，输入如下命令：

gen 交乘项= 性别 * 伤害程度

reg 刑罚强度 性别 伤害程度 交乘项

得到图 8. 6 所示的结果。由图可知，三个自变量均通过了显著性检验。具体的解读为：犯罪人为男性时，受害人的伤害程度增加一个单位（由轻伤或轻微伤变为重伤），犯罪人的刑罚强度的增加值为 35. 581 75（β_2）；犯罪人为女性时，受害人的伤害程度增加一个单位（由轻伤或轻微伤变为重伤），犯罪人的刑罚强度的增加值为-0. 158 48（$\beta_2+\beta_3=35.58175-35.74023$）；因犯罪人性别不同而产生的刑罚强度的差别为-35. 740 23（β_3），也就是说，自变量伤害程度对于因变量刑罚强度的系数，女性比男性低 35. 740 23，这说明女性犯罪人得到了某种程度的宽宥。

. reg 刑罚强度 性别 伤害程度 交乘项

Source	SS	df	MS			
				Number of obs	=	940
				F(3, 936)	=	63.03
Model	100440.492	3	33480.1642	Prob > F	=	0.0000
Residual	497208.631	936	531.205802	R-squared	=	0.1681
				Adj R-squared	=	0.1654
Total	597649.124	939	636.47404	Root MSE	=	23.048

刑罚强度	Coef.	Std. Err.	t	P>|t|	[95% Conf.	Interval]
性别	32.45766	17.90552	1.81	0.070	-2.681958	67.59728
伤害程度	35.58175	2.614551	13.61	0.000	30.45069	40.71281
交乘项	-35.74023	16.85191	-2.12	0.034	-68.81212	-2.668333
_cons	-24.22071	2.968681	-8.16	0.000	-30.04675	-18.39466

图 8. 6　刑罚强度的回归结果

可以通过命令直接计算出不同性别犯罪人的伤害程度的系数，输入命令：

reg 刑罚强度 i.性别 c.伤害程度 i.性别#c.伤害程度

margins,dydx(伤害程度) at (性别 =(0 1))

此处，“i.”亦为因变量操作符，表示类别变量（此处为虚拟变量）。得到图 8.7 所示的结果。由图可直接获得不同性别犯罪人的伤害程度的系数，和前文分析一致。

```
. margins ,dydx( 伤害程度 ) at ( 性别 =(0 1))

Conditional marginal effects                    Number of obs     =        940
Model VCE     : OLS

Expression    : Linear prediction, predict()
dy/dx w.r.t.  : 2.伤害程度

1._at         : 性别           =           0

2._at         : 性别           =           1

------------------------------------------------------------------------------
             |            Delta-method
             |      dy/dx   Std. Err.      t    P>|t|     [95% Conf. Interval]
-------------+----------------------------------------------------------------
2.伤害程度   |
         _at |
          1  |   35.58175   2.614551    13.61   0.000     30.45069    40.71281
          2  |  -.1584781   16.64785    -0.01   0.992    -32.82991    32.51295
------------------------------------------------------------------------------
Note: dy/dx for factor levels is the discrete change from the base level.
```

图 8.7　不同性别犯罪人的伤害程度

第四节　回归模型中的变量选择

在建立多元线性回归模型时，往往会遇到变量的选择问题。例如，确定好因变量后，如果将所有的变量纳入自变量进行回归，可能会发现大量变量的符号或者显著性与理论相悖，回归结果较为混乱而难以解释；如果仅仅将需要解释的核心变量纳入自变量范畴，模型可能过于简单，拟合优度也较低，解释力较差。另外，由于变量之间的相关性，可能还会产生多重共线性，使得模型的解读变得更为纠结和复杂。

因此，在确定多元线性回归模型的变量组成时，需要对变量进行筛选，这种筛选主要通过多次的回归来实现。在确定好核心自变量后，选择其他变量时，每次只增加一个变量，回归分析后将增加的变量与模型中的已有变量进行比较，主要是看模型中的已有变量的符号和显著性是否发生变化，以及增加的变量的符号和显著性情况。如果新增加变量导致模型中已有变量的符号和显著性发生明显变化，与理论预期相悖，那么新增加的变量就不宜放入回归模型；如果新增加变量没有通过显著性检验，可能也不宜放入回归模型。

选择自变量的原则通常是对统计量进行显著性检验。检验的根据是：将一个或多个自变量引入回归模型时，是否使得残差平方和（RSS）显著减少。如果增加一个自变量使得残差平方和显著减少，意味着模型的解释力有所增加，说明有必要将这个自变量引入回归模型；反之则无必要。在实际的操作中，往往通过 F 统计量和 t 统计量相对应的 p 值来判断。

变量选择的具体方法主要有：向前选择法、向后剔除法、逐步回归法和最优子集法等（贾俊平 等，2018）。我们以向前选择法为变量选择方法，通过案例予以讲解。

向前选择法是从回归模型中选择第一个自变量开始，逐步选择自变量的过程。假设模型中有一个因变量 y，k 个自变量 x_i，$i=1$，2，…，k，具体步骤如下。

第一步：对 k 个自变量分别拟合与因变量 y 的一元线性回归模型，也就是将 y 作为因变量，x_i作为自变量，逐一做一元线性回归模型（共 k 个一元线性回归），然后找出 F 统计量的值最大的模型及其对应的自变量 x_i，将其首先引入模型。通常而言，可以认为只要一元线性回归模型通过了 F 检验，则相应的自变量都有纳入回归模型的可能。如果这 k 个一元线性回归都没有通过 F 检验，那么变量 y 与所有的 x_i都没有通过统计上的显著性检验，意味着没有模型被拟合（可能性较小）。

第二步：在已经引入一个自变量的基础上，再分别拟合其他自变量的多元线性回归模型。例如，假定 x_1已经被选入一元线性回归模型，那么分别尝试自变量为 x_1+x_2，x_1+x_3，…，x_1+x_k的回归模型，挑选出其中 F 统计量的值最大的模型，这样回归模型中就包含了两个自变量。也可以认为只要包含两个自变量的回归模型通过了 F 检验，且两个自变量也通过了显著性检验，那么相应的自变量都有纳入回归模型的可能。当然，如果除了 x_1之外的另一个自变量没有通过显著性检验，那么表示以 x_1为唯一自变量的回归模型是最优模型。

第三步：在已经引入两个自变量的基础上，尝试拟合其他剩余的自变量，方法与第二步基本类似，不再赘述。

概言之，向前选择法就是通过逐一在模型中增加自变量，并通过 F 检验和 t 检验（相对应的 p 值）来判断模型之合理性的方法。

例 8.3 以数据集"故意伤害罪—某市"为基础，试以刑罚强度为因变量，建立合理的多元线性回归模型。

解：为便于操作，使得模型不至于太复杂而难以理解，我们考虑可能纳入回归模型的自变量如下：缓刑、共同犯罪、谅解、自首、伤害程度、性别。

各个变量的含义如下：

缓刑：犯罪人是否被判处缓刑，0=否，1=是；

共同犯罪：犯罪人是否共同犯罪，0=否，1=是；

谅解：犯罪人是否获得被害人谅解，0=否，1=是；

自首：犯罪人是否自首，0=否，1=是；

伤害程度：被害人伤害程度，1=轻伤或轻微伤，2=重伤；

性别：犯罪人性别，0=男，1=女。

将数据集导入 Stata 软件后，分别进行下述步骤：

第一步：将因变量和自变量逐一做一元线性回归，输入如下命令：

```
reg 刑罚强度 缓刑
estimates store a
reg 刑罚强度 共同犯罪
estimates store b
reg 刑罚强度 谅解
estimates store c
reg 刑罚强度 自首
estimates store d
reg 刑罚强度 伤害程度
estimates store e
reg 刑罚强度 性别
estimates store f
esttab a b c d e f, se r2 mtitle star ( * 0.1   ** 0.05 *** 0.01)
```

通过表格的形式予以展示，结果如图 8.8 所示。由图可知，绝大多数自变量均通过了显著性检验，仅有"性别"的显著性较低（仅通过 10%的显著性检验）。

	(1) a	(2) b	(3) c	(4) d	(5) e	(6) f
缓刑	-17.27***					
	(1.730)					
共同犯罪		33.84***				
		(3.926)				
谅解			-7.484***			
			(1.667)			
自首				-4.906***		
				(1.678)		
伤害程度					34.87***	
					(2.587)	
性别						-6.720*
						(3.734)
_cons	19.41***	13.01***	17.40***	16.38***	-23.69***	14.79***
	(0.927)	(0.810)	(1.047)	(1.052)	(2.928)	(0.844)
N	940	940	940	940	940	940
R-sq	0.096	0.073	0.021	0.009	0.162	0.003

图 8.8　单变量的回归结果

第二步：在已经引入一个自变量的基础上（以“缓刑”作为第一个自变量），再分别拟合其他自变量的多元线性回归模型。输入如下命令：

```
drop _est_a- _est_f
reg 刑罚强度 缓刑
estimates store a
reg 刑罚强度 缓刑 共同犯罪
estimates store b
reg 刑罚强度 缓刑 谅解
estimates store c
reg 刑罚强度 缓刑 自首
estimates store d
reg 刑罚强度 缓刑 伤害程度
estimates store e
reg 刑罚强度 缓刑 性别
estimates store f
esttab a b c d e f, se r2 mtitle star ( * 0.1 ** 0.05 *** 0.01)
```

通过表格的形式予以展示，结果如图 8.9 所示。可以发现，此时“性别”没有通过显著性检验。

	(1) a	(2) b	(3) c	(4) d	(5) e	(6) f
缓刑	-17.27***	-17.54***	-16.26***	-16.87***	-15.03***	-17.14***
	(1.730)	(1.656)	(1.784)	(1.740)	(1.602)	(1.732)
共同犯罪		34.54***				
		(3.713)				
谅解			-3.687**			
			(1.652)			
自首				-3.046*		
				(1.612)		
伤害程度					32.37***	
					(2.489)	
性别						-4.759
						(3.560)
_cons	19.41***	18.02***	20.57***	20.49***	-16.63***	19.61***
	(0.927)	(0.900)	(1.063)	(1.090)	(2.900)	(0.940)
N	940	940	940	940	940	940
R-sq	0.096	0.172	0.101	0.099	0.234	0.098

图 8.9　两变量的回归结果

第三步：以自变量“缓刑”和“共同犯罪”为基础，依次纳入第三个变量。输入如下命令：

```
drop _est_a- _est_f
reg 刑罚强度 缓刑 共同犯罪
estimates store b
reg 刑罚强度 缓刑 共同犯罪 谅解
estimates store c
reg 刑罚强度 缓刑 共同犯罪 自首
estimates store d
reg 刑罚强度 缓刑 共同犯罪 伤害程度
estimates store e
reg 刑罚强度 缓刑 共同犯罪 性别
estimates store f
esttab b c d e f, se r2 mtitle star ( * 0.1    ** 0.05 *** 0.01)
```

结果如图 8.10 所示。可以发现，此时“性别”仍然没有通过显著性检验，有可能不适宜纳入回归模型。其他变量均通过了显著性检验。

	(1) b	(2) c	(3) d	(4) e	(5) f
缓刑	-17.54***	-16.41***	-17.14***	-15.31***	-17.45***
	(1.656)	(1.706)	(1.666)	(1.523)	(1.659)
共同犯罪	34.54***	34.84***	34.54***	34.23***	34.36***
	(3.713)	(3.703)	(3.707)	(3.394)	(3.718)
谅解		-4.151***			
		(1.580)			
自首			-3.056**		
			(1.542)		
伤害程度				32.21***	
				(2.365)	
性别					-3.182
					(3.414)
_cons	18.02***	19.32***	19.11***	-17.84***	18.16***
	(0.900)	(1.025)	(1.054)	(2.758)	(0.914)
N	940	940	940	940	940
R-sq	0.172	0.178	0.176	0.309	0.173

图 8.10　三变量的回归结果

最后，陆续将上述变量放入回归模型。输入如下命令：

```
drop _est_b- _est_f
reg 刑罚强度 缓刑
estimates store a
reg 刑罚强度  缓刑 共同犯罪
estimates store b
reg 刑罚强度  缓刑 共同犯罪 谅解
estimates store c
reg 刑罚强度  缓刑 共同犯罪 谅解 自首
estimates store d
reg 刑罚强度  缓刑 共同犯罪 谅解 自首 伤害程度
estimates store e
reg 刑罚强度  缓刑 共同犯罪 谅解 自首 伤害程度 性别
estimates store f
esttab a b c d e f, se r2 mtitle star ( * 0.1  ** 0.05 *** 0.01)
```

得到结果如图 8.11 所示。以第（6）列为例，在控制其他变量不变的条件下，可对该回归结果解读如下。缓刑的系数为-13.96，且在 1%的水平上显著，表明与未被判缓刑的犯罪人相比，被判缓刑的犯罪人的刑罚强度平均要低 13.96。被判缓刑意味着无须收监执行，对于犯罪人而言，显然意味着刑罚强度的大大降低。共同犯罪的系数为 34.39。在 1%的水平上显著，表明与单独犯罪的犯罪人相比，实施共同犯罪的犯罪人的刑罚强度平均要高 34.39，共同犯罪通常集合了多个犯罪人的智力和体力，对被害人造成的后果更为严重，性质也更为恶劣，因此应予严惩。其他变量可做类似解读。此外，性别的系数为-2.165，但没有通过显著性检验，表明犯罪人的性别与其刑罚强度不存在统计上的线性相关关系。

	(1) a	(2) b	(3) c	(4) d	(5) e	(6) f
缓刑	-17.27*** (1.730)	-17.54*** (1.656)	-16.41*** (1.706)	-16.11*** (1.712)	-14.03*** (1.573)	-13.96*** (1.576)
共同犯罪		34.54*** (3.713)	34.84*** (3.703)	34.83*** (3.699)	34.50*** (3.382)	34.39*** (3.387)
谅解			-4.151*** (1.580)	-3.937** (1.583)	-3.642** (1.447)	-3.661** (1.448)
自首				-2.767* (1.543)	-2.364* (1.411)	-2.418* (1.413)
伤害程度					32.03*** (2.356)	31.97*** (2.358)
性别						-2.165 (3.116)
_cons	19.41*** (0.927)	18.02*** (0.900)	19.32*** (1.025)	20.24*** (1.145)	-15.65*** (2.840)	-15.46*** (2.854)
N	940	940	940	940	940	940
R-sq	0.096	0.172	0.178	0.181	0.316	0.317

图 8.11 多变量的回归结果

需要注意的是，尽管经过多轮变量选择，最终建立的多元线性回归模型仍然可能未必达到与理论完全相符的程度，其中的原因可能在于：遗漏关键变量，包含无关变量，自变量间的多重共线性，因变量与自变量的关系非严格线性关系，数据中存在异常值，数据的真实性部分存疑，等等。此时应当采取相应的措施，例如：增添关键变量，去掉无关变量，去掉具有严重多重共线性的变量，建立其他非线性模型，删去数据中的异常值，全面核对数据的真实性，等等。大体而言，如果数据中的绝大多数自变量（尤其是核心自变量）的符号和显著性与理论基本相符，那么可在一定程度上容忍与理论不太相符的变量回归结果。

第九章　logistic 回归

前文已经介绍了多个回归模型，对于解释变量而言，其类型既包括连续变量，也包括类别变量（如虚拟变量）。然而，对于被解释变量，在目前为止我们所学习的回归模型中，我们都假设它是连续变量。实际上，在现实生活或者理论研究中，被解释变量是离散形式的并不少见，而且重要性亦并不随之降低。

我们可以举一些生动的例子。例如，在特定情境下，很多选择往往只有两种，如：法官决定是否对犯罪人适用缓刑；法官认定犯罪人是否有自首情节；大四学生考研或者不考研；适婚青年短期内结婚或者不结婚；已经厌倦工作的工薪一族辞职或者不辞职；等等。当这些案例作为被解释变量时，取值只有两种（0 或 1），此时，就不宜通过普通最小二乘法（OLS）来进行回归分析。

第一节　线性概率模型

考虑一个关于家庭收入和是否拥有住房的回归模型（古扎拉蒂，2011）：

$$Y_i = \beta_1 + \beta_2 X_i + u_i \tag{9.1}$$

其中，变量的含义为：

X：家庭收入；

Y：虚拟变量，如果该家庭拥有住房，取值为 1；如果该家庭没有住房，取值为 0。

该模型是一个较为简单的一元线性回归模型，但因为被解释变量为二分的虚拟变量，因此这个模型被称为线性概率模型（linear probability model，LPM）。这是因为 Y_i 的期望值可以解释为给定 X_i 条件发生的条件概率，$E(Y_i=1 \mid X_i)$ 即为一个家庭拥有自己的住房且收入是某给定的数额 X_i 的概率。

如果上述回归模型的误差项 u_i 的期望值为 0，那么对上述回归模型求期望值，可得

$$E(Y_i \mid X_i) = \beta_1 + \beta_2 X_i \tag{9.2}$$

令 $Y_i=1$（也就是一个家庭拥有自己的住房）发生的概率为 P_i，那么 $Y_i=0$（也就是一个家庭没有自己的住房）发生的概率为 $1-P_i$。根据期望的定义，可得

$$E(Y_i) = 0(1 - P_i) + 1(P_i) = P_i = \beta_1 + \beta_2 X_i \tag{9.3}$$

通过以上步骤，我们发现，关于家庭收入和是否拥有住房的回归模型式（9.1）的条件期望，事实上可以解释为 Y_i 的条件概率。

以上述分析为基础，我们将探讨线性概率模型的一些关键要素，包括 u_i 的非正态性、异方差性，Y_i 的估计值是否合理（既然是概率，那么范围应当介于 0 和 1 之间），R_2 的合理性，以及该模型的逻辑是否自恰。

一、u_i 的非正态性

根据式（9.1），可得

$$u_i = Y_i - \beta_1 - \beta_2 X_i \tag{9.4}$$

u_i 的概率分布为：当 $Y_i=1$ 时，$u_i=1-\beta_1-\beta_2 X_i$；当 $Y_i=0$ 时，$u_i=-\beta_1-\beta_2 X_i$。

不难发现，u_i 显然并非正态分布，而是服从伯努利分布。

当然，虽然不满足正态性假定，但是统计理论表明，只要样本足够大，最小二乘得到的估计量一般就趋于正态分布。所以，在大样本中，LPM 的统计推断仍可沿用正态性假定下常用的 OLS 程序。

二、u_i 的异方差性

由式（9.4）可知，$u_i=Y_i-\beta_1-\beta_2 X_i$，$u_i$ 的值取决于 X_i 的值，u_i 的方差也就取决于 X_i，而 X_i 是一个连续变量，因此 u_i 就不是同方差的。

对于误差项是异方差的情况，解决的方法之一是进行数据变换，常用的是加权最小二乘法（WLS），此处不再探讨。

三、Y_i的估计值是否合理

既然回归模型式（9.1）的条件期望事实上可以解释为 Y_i的条件概率，那么一个事实就是，其取值范围将介于 0 和 1 之间，也就是 $0 \leqslant E(Y_i \mid X_i) \leqslant 1$，因为概率无法超过 100%，也无法小于 0。

然而，采用最小二乘法进行估计时，无法保证 $\hat{Y}_i$ 必然处于 0 和 1 之间。

四、R^2的合理性

研究被解释变量取值范围仅仅为 0 或者 1 的回归模型，可以发现，所有被解释变量的取值只有两个去向：落在 X 轴上（$Y=0$），落在与 X 平行的一条直线上（$Y=1$）。因此，不能期待有任何的 LPM 模型能够很好地拟合这样的散点。如果强行使用 LPM 建立回归模型，算出的 R^2通常很小，可能介于 0.2 和 0.6 之间。

五、模型逻辑是否自恰

LPM 建立好后，如果对自变量的系数 β_2进行解释，那么意思为：X 增加一个单位，Y 随 X 的增加而线性增加 β_2。例如，X 为家庭收入，Y 为该家庭拥有住房的情况，那么，家庭收入增加一个单位，该家庭拥有住房的概率就增加 β_2。简单来看，这样的解释似乎也有一定道理，但深究下来会发现并不很妥当，如果求出 X 每增加 1 万元，家庭拥有住房的概率增加 13%，那么该模型就意味着无论家庭收入是 10 万元、100 万元或者 1 000 万元，家庭拥有住房的概率都增加 13%。显然，这并不符合事实。生活中的逻辑往往是，人们的收入水平和拥有住房的概率并非线性关系，如果某个家庭收入很低，远远无法承担购买住房的成本，那么这个家庭很可能不会拥有住房，即使这个家庭的收入在缓慢地线性增加，其拥有住房的概率也不会随之增加（除非收入增加到超过购买住房的某个临界值）。同理，如果某个家庭收入已经很高，那么这个家庭很可能早已拥有自己的住房，即使收入再线性增加，也不会对这个家庭拥有住房的概率产生影响。也就是说，在家庭收入分布的两端，收入的微小增加实质上不会影响拥有住房的概率。

第二节 logit 模型

有关 logit 模型的深入讨论会大大超过本书的范围，笔者将大致介绍 logit 模型的原理以及解释方法。

上节在讨论关于家庭收入和是否拥有住房的回归模型时，采用的是式（9.5）所示的 LPM 模型：

$$P_i = \beta_1 + \beta_2 X_i \tag{9.5}$$

以此为基础，我们引入另一个模型：

$$P_i = \frac{1}{1 + e^{-(\beta_1 + \beta_2 X_i)}} \tag{9.6}$$

此模型称为 logit 模型的初始版本（后面还要经过一系列转换），也就是累计分布函数。其密度函数关于原点对称，期望为 0，意味着相对于标准正态分布的密度函数而言，累计分布函数趋于 0 或 1 的速度更慢，因变量与自变量之间呈现出合理的非线性关系。为使 logit 模型简单化，我们假定 $Z_i = \beta_1 + \beta_2 X_i$，因此，上式可以表达为

$$P_i = \frac{1}{1 + e^{-Z_i}} = \frac{1}{1 + \frac{1}{e^{Z_i}}} = \frac{e^{Z_i}}{1 + e^{Z_i}} \tag{9.7}$$

如果拥有住房的概率为 P_i，那么不拥有住房的概率为 $1-P_i$：

$$1 - P_i = 1 - \frac{e^{Z_i}}{1 + e^{Z_i}} = \frac{1}{1 + e^{Z_i}} \tag{9.8}$$

进而可以得到

$$\frac{P_i}{1 - P_i} = e^{Z_i} \tag{9.9}$$

该式的含义为：拥有住房的概率与不拥有住房的概率的比值，也就是拥有住房的机会比率，也称几率比（odds ratio）。如果 $\frac{P_i}{1 - P_i}$ 为 2，其含义为：拥有住房的概率是不拥有住房的概率的两倍。

如果再对上式两边取对数，即转换为线性模型：

$$L_i = \ln\left(\frac{P_i}{1 - P_i}\right) = \ln(e^{Z_i}) = Z_i = \beta_1 + \beta_2 X_i \tag{9.10}$$

此模型即为 logit 模型。对系数 β_2的解释为：X 每增加一个单位，L 的平均变化量。也就是说，随着家庭收入增加一个单位，拥有住房的概率与没有住房的概率的比值的对数值是如何变化的。显然，这样的解释并不太具有实际意义。

我们可以通过进一步的转换，求得更具有实际意义的解答。例如，对于某一特定的收入 X 为 1 万美元的家庭，假定求得的 $\hat{L}_i$ 为 2，那么：

$2 = \ln(\frac{P_i}{1 - P_i})$ ，等式两边同时取反对数，即 $e^2 = e^{\ln(\frac{P_i}{1-P_i})} = \frac{P_i}{1 - P_i}$ ，可以进一步化解，也就是 $2.718^2 = \frac{P_i}{1 - P_i}$ ，最终求得 $\hat{P}_i = 0.1192 = 11.92\%$。也就是说，在家庭收入为 1 万美元的条件下，该家庭拥有住房的概率大约为 11.92%。而且，不同工资水平下家庭拥有住房的概率是不一样的，虽然二者大致呈正比关系，但并不是线性关系。

第三节　logit 模型的实例

例 9.1　学界注意到户籍状态与量刑决定可能存在关联。早在 1999 年，阮齐林（2001）对北京市朝阳区检察院当年提起公诉并做出有罪判决的全部案件进行统计后发现，在外来人员犯罪案件（70.4%）占据整个刑事犯罪案件绝大多数的情况下，外来人员适用缓刑的数量和比例（3 人，占比 1.9%）却远远低于京籍罪犯（156 人，占比 98.1%）。胡昌明（2011）对某基层法院近两年审理的盗窃案件中 333 名被告人量刑情况进行分析后发现，本地人适用缓刑的比例（41.5%）明显高于平均缓刑率（9.6%）；陈磊等（2013）对北京、上海和浙江等地的刑事一审案件进行统计后也发现，本地户籍犯罪人适用缓刑的比例远高于外地户籍犯罪人。

数据集“本地人与外地人”系某市故意伤害罪的相关数据，试通过该数据集判断：本地人和外地人在被判缓刑方面是否存在显著区别。

变量的含义为：

缓刑：犯罪人是否被判处缓刑，0=否，1=是；

户籍：犯罪人户籍，0=本地人，1=外地人；

性别：犯罪人性别，0=男，1=女；

赔偿：犯罪人是否做出赔偿，0=否，1=是；

累犯：犯罪人是否累犯，0=否，1=是；

自首：犯罪人是否存在自首情节，0=否，1=是；

坦白：犯罪人是否坦白，0=否，1=是；

认罪：犯罪人是否认罪，0=否，1=是；

共同犯罪：犯罪人是否共同犯罪，0=否，1=是；

伤害程度：被害人的伤害程度，1=轻伤或轻微伤；2=重伤。

解：首先对本地人与外地人的缓刑情况进行大致了解。输入命令：tab 户籍 缓刑，得到图 9.1 所示结果。由图可知，本地人与外地人的缓刑情况确实存在一定区别。简单计算可以发现，本地人被判缓刑的比例（41.48%）略高于外地人（33.10%）。

```
. tab 户籍 缓刑
```

户籍	缓刑 0	缓刑 1	Total
0	**663**	**470**	**1,133**
1	**1,352**	**669**	**2,021**
Total	**2,015**	**1,139**	**3,154**

图 9.1　户籍和缓刑的数量

不过，仅仅看被判缓刑的比例，并不能认定本地人和外地人在被判缓刑方面就一定存在显著区别。因为，犯罪人是否被判缓刑，还取决于犯罪的其他情节。假定与被判缓刑的相关因素还包括：户籍、性别、赔偿、累犯、自首、坦白、认罪、共同犯罪和伤害程度。我们通过 logit 模型来判断。

输入如下命令：logit 缓刑 户籍 性别 赔偿 累犯 自首 坦白 认罪 共同犯罪 伤害程度，得到图 9.2 所示结果。前文分析已经指出，直接解释系数并不太具有实际意义，即便如此，还是能得到一些直接的结果：户籍的系数为负数且在 1%的水平上显著，表明外地人被判缓刑的可能性比本地人更小；性别的系数为正数且在 5%的水平上显著，表明女性犯罪人与男性犯罪人相比，被判缓刑的可能性更大。

```
Logistic regression                             Number of obs     =      3,154
                                                LR chi2(9)        =     242.83
                                                Prob > chi2       =     0.0000
Log likelihood = -1941.5048                     Pseudo R2         =     0.0589
```

缓刑	Coef.	Std. Err.	z	P>|z|	[95% Conf.	Interval]
户籍	-.337348	.0793536	-4.25	0.000	-.4928781	-.1818178
性别	.401876	.1806331	2.22	0.026	.0478416	.7559105
赔偿	-1.497961	.2931999	-5.11	0.000	-2.072622	-.9232998
累犯	-2.116904	.3492578	-6.06	0.000	-2.801437	-1.432371
自首	.5798913	.0774275	7.49	0.000	.4281363	.7316464
坦白	.1084842	.4114468	0.26	0.792	-.6979367	.9149052
认罪	.1809432	.4146209	0.44	0.663	-.6316988	.9935851
共同犯罪	.3322307	.1681387	1.98	0.048	.0026848	.6617765
伤害程度	-.8731443	.1503807	-5.81	0.000	-1.167885	-.5784036
_cons	.2959812	.1782222	1.66	0.097	-.0533278	.6452902

图 9.2　logit 回归结果

将 logit 模型的系数转换为概率，这样有利于理解。但是应当注意，logit 模型并非线性模型，自变量不同的取值对于概率的影响也不一致。我们将所有其他变量都设定为各自的均值，以此来看本地人和外地人被判缓刑的概率差别。

输入如下命令：

logit 缓刑 户籍 性别 赔偿 累犯 自首 坦白 认罪 共同犯罪 伤害程度

margins，dydx（＊）atmeans

得到图 9.3 所示结果。户籍的系数为-0.076 016 1，且在 1%的水平上显著。这意味着，户籍的取值增加一个单位（由本地人变为外地人），被判缓刑的概率降低 7.6%。

```
Conditional marginal effects                    Number of obs     =      3,154
Model VCE    : OIM

Expression   : Pr(缓刑), predict()
dy/dx w.r.t. : 户籍 性别 赔偿 累犯 自首 坦白 认罪 共同犯罪 伤害程度
at           : 户籍           =    .6407736 (mean)
               性别           =     .046449 (mean)
               赔偿           =    .0355105 (mean)
               累犯           =     .043754 (mean)
               自首           =    .4331008 (mean)
               坦白           =     .307863 (mean)
               认罪           =    .2980342 (mean)
               共同犯罪       =    .0538998 (mean)
               伤害程度       =    1.098605 (mean)
```

	dy/dx	Delta-method Std. Err.	z	P>|z|	[95% Conf.	Interval]
户籍	-.0760161	.0178688	-4.25	0.000	-.1110384	-.0409938
性别	.0905565	.0407016	2.22	0.026	.0107828	.1703302
赔偿	-.3375421	.06562	-5.14	0.000	-.4661549	-.2089293
累犯	-.4770112	.0772696	-6.17	0.000	-.6284568	-.3255656
自首	.1306695	.017405	7.51	0.000	.0965563	.1647826
坦白	.0244452	.0927135	0.26	0.792	-.1572699	.2061604
认罪	.0407727	.0934268	0.44	0.663	-.1423405	.2238859
共同犯罪	.074863	.0378884	1.98	0.048	.0006031	.1491229
伤害程度	-.1967494	.0337125	-5.84	0.000	-.2628247	-.1306741

图 9.3　本地人和外地人被判缓刑的概率差别

图 9.3 所示结果也可直接以可视化的图形予以展示。输入命令：marginsplot，得到图 9.4 所示结果。其中，以户籍和性别为例。户籍的效应均为负数，置信区间不包含 0，表明外地人被判缓刑的概率更小；性别的效应均为正数，置信区间亦不包含 0，表明女性犯罪人被判缓刑的概率更大。这与上文解读一致。

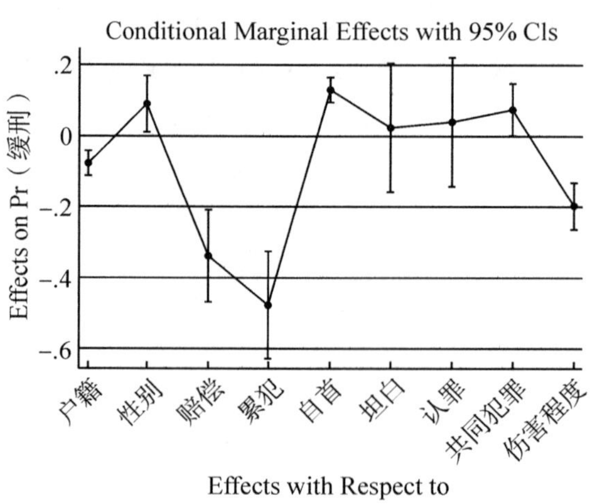

图 9.4　边际效应的可视化图形

Stata 软件可以通过命令 logistic 直接汇报几率比（odds ratio）。输入命令：logistic 缓刑 户籍 性别 赔偿 累犯 自首 坦白 认罪 共同犯罪 伤害程度，得到图 9.5 所示结果。我们发现，代表系数（Coef.）一列变为了几率比（odds ratio）。几率比的解读方式为：变量的几率比大于 1，表示效应为正；变量的几率比小于 1，表示效应为负；变量的几率比为 0，则等价于系数为 0。具体分析如下：户籍的几率比为 0.713 660 5，且通过了 1%的显著性检验，表明在控制其他条件不变的情况下，外地人被判缓刑的概率是本地人的 0.713 660 5 倍，也就是说，外地人被判缓刑的概率低于本地人；性别的几率比是 1.494 626，且通过了 5%的显著性检验，意味着在控制其他条件不变的情况下，女性犯罪人被判缓刑的概率是男性犯罪人的 1.494 626 倍，也就是说，女性犯罪人被判缓刑的概率要大于男性犯罪人。

```
. logistic 缓刑 户籍 性别 赔偿 累犯 自首 坦白 认罪 共同犯罪 伤害程度

Logistic regression                             Number of obs     =      3,154
                                                LR chi2(9)        =     242.83
                                                Prob > chi2       =     0.0000
Log likelihood = -1941.5048                     Pseudo R2         =     0.0589
```

缓刑	Odds Ratio	Std. Err.	z	P>|z|	[95% Conf.	Interval]
户籍	.7136605	.0566315	-4.25	0.000	.6108657	.8337532
性别	1.494626	.269979	2.22	0.026	1.049004	2.12955
赔偿	.2235856	.0655553	-5.11	0.000	.1258553	.3972062
累犯	.1204039	.042052	-6.06	0.000	.0607228	.2387422
自首	1.785844	.1382734	7.49	0.000	1.534395	2.0785
坦白	1.114587	.4585934	0.26	0.792	.497611	2.496539
认罪	1.198347	.4968597	0.44	0.663	.5316878	2.7009
共同犯罪	1.394074	.2343979	1.98	0.048	1.002688	1.938233
伤害程度	.4176363	.0628044	-5.81	0.000	.3110241	.5607929
_cons	1.344445	.2396099	1.66	0.097	.9480692	1.90654

图 9.5　显示几率比的回归结果

下面，根据已经建立的 logit 模型，判断该模型准确预测的比率。输入命令：estat clas，得到图 9.6 所示的结果。由图可知，正确预测的比率为（273+1 770）/3 154=64.77%。

```
. estat clas

Logistic model for 缓刑

              ———— True ————
Classified |         D            ~D  |      Total
-----------+--------------------------+-----------
     +     |       273           245  |        518
     -     |       866          1770  |       2636
-----------+--------------------------+-----------
   Total   |      1139          2015  |       3154

Classified + if predicted Pr(D) >= .5
True D defined as 缓刑 != 0
--------------------------------------------------
Sensitivity                     Pr( +| D)   23.97%
Specificity                     Pr( -|~D)   87.84%
Positive predictive value       Pr( D| +)   52.70%
Negative predictive value       Pr(~D| -)   67.15%
--------------------------------------------------
False + rate for true ~D        Pr( +|~D)   12.16%
False - rate for true D         Pr( -| D)   76.03%
False + rate for classified +   Pr(~D| +)   47.30%
False - rate for classified -   Pr( D| -)   32.85%
--------------------------------------------------
Correctly classified                        64.77%
--------------------------------------------------
```

图 9.6 计算准确预测的百分比

可以考察给定某种犯罪情节的犯罪人的被判缓刑的概率。比如，计算一个具有自首情节、造成受害人轻微伤，并聘请了律师的外地女性犯罪人被判缓刑的概率。

输入如下命令：

predict prob

list prob 缓刑 if 户籍==1 & 性别==1 & 自首==1 & 伤害程度==1 & 聘请律师==1

其中，predict prob 表示根据 logit 模型的回归结果，预测犯罪人被判缓刑的概率，并记为变量 prob，得到图 9.7 所示的结果。由图可知，一个外地女性，具有自首情节，造成受害人轻微伤，并聘请了律师，她被判缓刑的概率为 51.68%（或 58.82%，因为没有考虑所有的犯罪情节，可能存在不止一种概率，但差距不会太大）。

	prob	缓刑
134.	.5168077	0
381.	.5168077	1
624.	.5168077	1
630.	.5168077	0
653.	.5168077	1
716.	.5168077	1
1004.	.5882374	0
1231.	.5168077	1
1976.	.5882374	1
2115.	.5168077	1
2570.	.5168077	1
2921.	.5168077	0

图 9.7　具体条件下被判缓刑的概率

与之做对比，在犯罪情节保持不变的前提下，仅改变该犯罪人的户籍状态（变为本地人）。

输入如下命令：list prob 缓刑　if 户籍==0 & 性别==1 & 自首==1 & 伤害程度==1 & 聘请律师==1，得到图 9.8 所示的结果。由图可知，与外地人相比，本地人被判缓刑的概率为 59.88%（或者 66.69%），显著更大。

	prob	缓刑
1306.	.5997934	0
1657.	.6668632	0
1849.	.5997934	1
2009.	.5997934	1
2042.	.6668632	1
2047.	.5997934	0
2311.	.6668632	1
2426.	.6668632	1
3037.	.5997934	0

图 9.8　本地人被判缓刑的概率

最后，作为对比，我们建立以最小二乘法为估计方法的多元线性回归模型，看看得到的回归结果与 logit 模型的结果有多大差别。

输入如下命令：reg 缓刑 户籍 性别 赔偿 累犯 自首 坦白 认罪 共同犯罪 伤害程度，得到图 9.9 所示的结果。由图可知，主要变量的符号和显著性水平几乎没有差别，但系数差别较大。

```
. reg 缓刑 户籍 性别 赔偿 累犯 自首 坦白 认罪 共同犯罪 伤害程度
```

Source	SS	df	MS			
				Number of obs	=	3,154
				F(9, 3144)	=	25.44
Model	49.3938378	9	5.4882042	Prob > F	=	0.0000
Residual	678.280544	3,144	.215738087	R-squared	=	0.0679
				Adj R-squared	=	0.0652
Total	727.674382	3,153	.230787942	Root MSE	=	.46448

缓刑	Coef.	Std. Err.	t	P>|t|	[95% Conf.	Interval]
户籍	-.0737156	.0172744	-4.27	0.000	-.1075859	-.0398452
性别	.0915882	.0405031	2.26	0.024	.012173	.1710034
赔偿	-.2446117	.044748	-5.47	0.000	-.3323499	-.1568735
累犯	-.2884679	.0405163	-7.12	0.000	-.367909	-.2090267
自首	.1267576	.0167867	7.55	0.000	.0938437	.1596715
坦白	.028119	.0843702	0.33	0.739	-.1373074	.1935453
认罪	.0357496	.0851896	0.42	0.675	-.1312832	.2027825
共同犯罪	.0756106	.0367554	2.06	0.040	.0035436	.1476776
伤害程度	-.1644624	.0277764	-5.92	0.000	-.2189242	-.1100007
_cons	.527811	.0349089	15.12	0.000	.4593644	.5962576

图 9.9　多元线性回归结果

第十章　面板数据

在第一章“本书常用的数据类型”一节，我们曾对面板数据有过初步介绍，现在笔者将对其做更为深入和详尽的分析。

面板数据包括截面维度（n 个个体）和时间维度（T 个时期）。我们打开一个即将展开研究的面板数据集“面板数据（2003—2016）”，见表10.1。表中列出了全球 142 个国家（$n=142$）2003—2016 年（$T=14$）的部分数据（数据来源于世界银行），包括 Country Name（国家名称）、year（年份）、pgdp（人均 GDP）、saving（国内总储蓄占 GDP 的百分比）、articles（科技期刊论文数量）等。每个国家在 2003—2016 年的数据均构成了时间序列数据，每个时间序列有 14 个观测值（14 年），某个年度 142 个国家的数据又构成了截面数据的例子，一共 142 个观测值；所有年份的所有国家的数据构成了面板数据，一共 1 988 个观测值（14×142）。

表 10.1　全球 142 个国家的面板数据

序号	Country Name	year	pgdp	saving	articles
1	Afghanistan	2003	195. 776 626 6	−47. 518 577 58	7. 300 000 191
2	Afghanistan	2004	216. 708 129 9	−39. 652 622 22	5. 800 000 191
3	Afghanistan	2005	247. 664 138 8	−33. 764 175 42	9. 399 999 619
4	Afghanistan	2006	269. 229 705 8	−29. 576 805 11	10. 199 999 81
5	Afghanistan	2007	366. 230 438 2	−27. 711 915 97	14. 5
6	Afghanistan	2008	370. 382 293 7	−29. 527 143 48	12. 5
7	Afghanistan	2009	444. 184 417 7	−13. 643 440 25	23. 299 999 24
8	Afghanistan	2010	550. 514 953 6	−14. 542 405 13	33. 900 001 53
9	Afghanistan	2011	599. 297 607 4	−9. 256 975 174	42. 700 000 76
10	Afghanistan	2012	648. 511 047 4	1. 033 335 09	35
11	Afghanistan	2013	647. 966 430 7	4. 378 883 362	27. 299 999 24

表10.1(续)

序号	Country Name	year	pgdp	saving	articles
12	Afghanistan	2014	625.339 538 6	4.811 097 622	33.299 999 24
13	Afghanistan	2015	590.076 477 1	2.948 180 437	23.5
14	Afghanistan	2016	549.582 763 7	4.954 032 898	80.400 001 53
15	Angola	2003	978.538 940 4	35.192 562 1	4.300 000 191
16	Angola	2004	1 248.404 907	44.074 459 08	8.199 999 809
17	Angola	2005	1 890.849 731	52.018 154 14	9.899 999 619
18	Angola	2006	2 585.133 545	55.611 339 57	13.300 000 19
19	Angola	2007	3 108.268 555	53.482 078 55	9.899 999 619
20	Angola	2008	4 068.978 516	54.389 404 3	9.899 999 619
21	Angola	2009	3 117.896 973	37.889 324 19	14
22	Angola	2010	3 585.905 518	47.159 904 48	15.199 999 81
23	Angola	2011	4 615.867 676	47.781 742 1	17.799 999 24
24	Angola	2012	5 102.489 746	46.747 741 7	22.399 999 62
25	Angola	2013	5 258.407 227	40.825 206 76	24.100 000 38
26	Angola	2014	5 412.692 383	37.557 598 11	35.700 000 76
27	Angola	2015	4 170.730 469	30.823 167 8	32.900 001 53
28	Angola	2016	3 509.604 248	30.093 523 03	39.099 998 47
……	……	……	……	……	
1975	Vietnam	2003	477.989 502	27.422 595 98	319
1976	Vietnam	2004	543.865 905 8	28.531 246 19	323.399 993 9
1977	Vietnam	2005	683.596 801 8	29.046 138 76	396.299 987 8
1978	Vietnam	2006	779.974 914 6	29.378 982 54	446.200 012 2
1979	Vietnam	2007	901.324 890 1	26.338 560 1	513.700 012 2
1980	Vietnam	2008	1 143.268 555	23.500 677 11	775.900 024 4
1981	Vietnam	2009	1 210.691 162	25.728 008 27	864.299 987 8
1982	Vietnam	2010	1 310.370 239	27.445 468 9	1096.5
1983	Vietnam	2011	1 515.479 98	27.741 485 6	1 215.599 976
1984	Vietnam	2 012	1 722.683 96	29.573 869 71	1 567.099 976
1985	Vietnam	2013	1 871.325 439	28.386 848 45	1 858.400 024
1986	Vietnam	2014	2 012.046 265	27.929 105 76	2 003.900 024
1987	Vietnam	2015	2 065.169 189	25.705 043 79	2 292.100 098
1988	Vietnam	2016	2 170.647 949	24.947 715 76	2 961.300 049

通常而言，如果面板数据的 T 较小，而 n 较大，这样的数据就称为“短面板”；反之，如果 T 较大，而 n 较小，则称为“长面板”。不同的面板数据可能有不同的建模估计策略。在上表提供的面板数据中，n 远大于 T，是较为常用的短面板类型。另外，如果面板数据中，每个时期包含的样本个体完全一样，则称为“平衡面板”，上表提供的面板数据即为“平衡面板”；反之，则称为“非平衡面板”。本章讨论的数据为“平衡面板”，暂不涉及“非平衡面板”。

面板数据有诸多优点。

一是可以解决或缓解遗漏变量的问题。在计量经济学领域，遗漏变量是一个普遍存在的问题，原因在于某个（些）变量数据的可得性难度较大，或者数据难以测度甚至不可直接测度。如果此类遗漏变量可归类于不可观测的个体差异（异质性），而这种个体差异在短期内不随时间变迁而改变，例如个人的智力水平、企业的管理哲学、国家的经济结构等，那么通过面板数据的估计方法，就能够明确考虑并评估此种异质性带来的影响。

二是提供了更有价值的数据。面板数据是时间序列数据和截面数据的组合，可以解决纯粹的时间序列数据或纯粹的截面数据不能解决的问题。例如，面板数据可用于动态变化的研究（法定最低工资水平的变化对于收入的影响），这种研究可通过建立动态面板数据（解释变量中包含被解释变量的滞后值）的方式进行。

三是能够有效提升估计精度。面板数据的样本容量通常较大，这意味着能够在一定程度上降低估计的偏差。当然，从反向的角度来看，这也意味着面板数据的获取存在一定难度。对于法律经济学领域而言，鉴于成熟的面板数据库较为稀缺，基于面板数据而展开的丰富研究可能受到一定程度的抑制。

在后文的讨论中，将以数据集“面板数据（2003—2016）”为基础。为此，先将各个变量的含义列出：

pgdp（GDP per capita）：人均国内生产总值，即人均 GDP，代表一个国家的经济水平；

law（rule of law）：法治水平；

saving［gross domestic savings（% of GDP）］：国内总储蓄（占 GDP 的百分比）；

articles（scientific and technical journal articles）：科技期刊论文，用于衡量科技水平；

labor（labor force，total）：劳动力总量；

voice（voice and accountability）：人民的话语权和问责权；

stability（political stability and absence of violence/terrorism）：政治稳定性与非暴乱；

regulatory（regulatory quality）：政府管制质量。

第一节　混合回归模型

我们需要量化法治水平对经济水平的推动作用。模型如下：

$$\text{pgdp}_{it} = \beta_1 + \beta_2\text{law}_{it} + \beta_3\text{saving}_{it} + \beta_4\text{articles}_{it} + \beta_5\text{labor}_{it} + \beta_6\text{voice}_{it} + \beta_7\text{stability}_{it} + \beta_8\text{regulatory}_{it} + u_{it} \tag{10.1}$$

其中，我们主要关注的被解释变量和核心解释变量分别为 pgdp 和 law；i 表示第 i 个截面单位，也就是具体的某个国家，$i=1$，2，3，…，142；t 表示年份，$t=2003$，2004，2005，…，2016。

如果我们对该面板数据的具体内容不做任何区分，直接建立多元线性回归模型对 1 988 个观测值进行回归分析，那么可能会存在一系列问题。例如，首要问题是，根据多元线性回归模型的基本准则，我们将假定所有 142 个国家的回归系数都是相同的，也就是说，国家之间不存在区别——这显然不符合事实。

尽管如此，我们还是这样做一个多元线性回归，然后具体讨论其中的问题。用 Stata 软件打开该数据集后，输入命令：reg pgdp law saving articles labor voice stability regulatory，得到图 10.1 所示的结果。由图可知，变量 law 的系数为 14 486.81 且高度显著，表明法治对经济具有显著的正向推动作用。

```
. reg pgdp law saving articles labor voice stability regulatory

      Source |       SS           df       MS      Number of obs   =     1,988
-------------+----------------------------------   F(7, 1980)      =    566.93
       Model |  4.9480e+11         7  7.0685e+10   Prob > F        =    0.0000
    Residual |  2.4687e+11     1,980   124680138   R-squared       =    0.6671
-------------+----------------------------------   Adj R-squared   =    0.6660
       Total |  7.4166e+11     1,987   373257629   Root MSE        =     11166

------------------------------------------------------------------------------
        pgdp |      Coef.   Std. Err.      t    P>|t|     [95% Conf. Interval]
-------------+----------------------------------------------------------------
         law |   14486.81   822.8848    17.60   0.000        12873    16100.62
      saving |   185.0307   16.26772    11.37   0.000      153.127    216.9344
    articles |   .0651929   .0076288     8.55   0.000     .0502317    .0801542
       labor |  -.0000391   4.35e-06    -8.97   0.000    -.0000476   -.0000305
       voice |  -1180.943   491.7912    -2.40   0.016    -2145.426   -216.4609
   stability |  -1196.949   431.4712    -2.77   0.006    -2043.134   -350.7636
  regulatory |   689.0781   781.6771     0.88   0.378    -843.9179    2222.074
       _cons |   9758.105   426.1385    22.90   0.000     8922.378    10593.83
------------------------------------------------------------------------------
```

图 10.1　基本回归结果

该模型的主要问题是，既没有对各个国家进行区分，也没有告诉我们是否所有国家的法治水平在此期间对经济发展的推动作用都是一样的。换言之，如果把所有国家不同时期的数据混合在一起，就掩盖了各个国家之间存在的异质性。从回归的角度来说，这就把各个国家的异质性都放到了误差项中，带来的后果是，误差项将可能与模型中包含的解释变量相关，估计出来的结果可能是有偏的。

我们可以从自相关和异方差的角度来展开检验。

首先，在回归之后进行自相关检验。对于面板数据而言，有一个专门的命令（st0039）来检验数据中的自相关性。

输入如下命令：

```
net sj 3-2 st0039
net install st0039
encode countryname, gen (country)
xtset country year
```

其中，前两行命令表示通过网络安装 st0039 这个命令；encode countryname、gen（country）表示将字符串变量 countryname 改变为数字型变量 country；xtset country year 表示告诉 Stata 软件，该数据集为面板数据，country 为个体，year 为时间变量。得到图 10.2 所示结果。结果表明该面板数据为平衡面板（strongly balanced）。

```
. xtset country year
       panel variable:  country (strongly balanced)
        time variable:  year, 2003 to 2016
                delta:  1 unit
```

图 10.2 设定面板数据

继续输入命令：xtserial pgdp law saving articles labor voice stability regulatory，得到图 10.3 所示结果。由图可知，第一列“Wooldridge test for autocorrelation in panel data”表示面板数据中的自相关检验，原假设为 H0：不存在自相关，p 值为 0.000 0，拒绝原假设，表明模型中存在自相关问题。

```
. xtserial pgdp law saving articles labor voice stability regulatory

Wooldridge test for autocorrelation in panel data
H0: no first-order autocorrelation
    F(  1,      141) =     783.860
           Prob > F =      0.0000
```

图 10.3 自相关检验

随后，进行异方差检验。需要在做回归之后再检验。

输入命令：

reg pgdp law saving articles labor voice stability regulatory

hettest

得到图 10.4 所示结果。其中，“Breusch-Pagan / Cook-Weisberg test for heteroskedasticity”表示异方差检验，原假设 H0：不存在异方差，p 值为 0.000 0，拒绝原假设，表明模型中存在异方差问题。

```
. hettest

Breusch-Pagan / Cook-Weisberg test for heteroskedasticity
         Ho: Constant variance
         Variables: fitted values of pgdp

         chi2(1)      =    847.83
         Prob > chi2  =    0.0000
```

图 10.4 异方差检验

基于面板数据的特点，虽然通常可以假设不同国家之间的误差项彼此独立，但同一国家在不同时期的误差项之间往往存在自相关。此时，每个国家不同时期的所有观测值构成一个“聚类”（cluster）。样本中的观测值可以分为多个不同的聚类，同一聚类里的观测值互相相关，不同聚类之间的观测值则不相关，称为“聚类样本”。对于聚类样本，仍可进行 OLS 估计，但需要使用“聚类稳健的标准误”(陈强，2015)。“聚类稳健的标准误”的命令为 vce (cluster id)，表示以 id 为聚类变量来计算聚类稳健的标准误。

输入命令：

reg pgdp law saving articles labor voice stability regulatory, vce (cluster country)，得到图 10.5 所示结果。使用 vce (cluster country) 选项发现，观测值在国家与国家之间是独立的，但在一个国家内则不一定。由该结果可以看到，估计的各个变量的系数与之前的模型相同，但是标准误更大(Robust Std. Err.)，准确度也更高。例如，变量 law 的标准误为 2 394.946，远大于之前的模型 (822.884 8)。同时，部分变量的显著性也发生了变化(如 voice 和 stability)。

```
. reg pgdp law saving articles labor voice stability regulatory,vce(cluster country)

Linear regression                               Number of obs     =      1,988
                                                F(7, 141)         =      61.40
                                                Prob > F          =     0.0000
                                                R-squared         =     0.6671
                                                Root MSE          =      11166

                            (Std. Err. adjusted for 142 clusters in country)
```

pgdp	Coef.	Robust Std. Err.	t	P>|t|	[95% Conf.	Interval]
law	14486.81	2394.946	6.05	0.000	9752.166	19221.45
saving	185.0307	73.74441	2.51	0.013	39.24305	330.8183
articles	.0651929	.0173852	3.75	0.000	.0308235	.0995623
labor	-.0000391	6.36e-06	-6.14	0.000	-.0000516	-.0000265
voice	-1180.943	1615.48	-0.73	0.466	-4374.637	2012.751
stability	-1196.949	933.5103	-1.28	0.202	-3042.435	648.5371
regulatory	689.0781	2075.313	0.33	0.740	-3413.674	4791.831
_cons	9758.105	1630.366	5.99	0.000	6534.984	12981.23

图 10.5　聚类稳健标准误的回归结果

第二节　固定效应模型

不同国家之间的异质性应当如何表示和控制？一个简单的方法是让每个国家都有自己的常数项（截距项）[如模型（10.2）所示]。注意，该模型与式（10.1）所示的模型的区别是，我们在常数项上加了下标 i，表明各个国家之间的常数项不同，这种不同之处可能在于国家的政治体制、司法系统或经济结构等。

$$\text{pgdp}_{it} = \beta_{1i} + \beta_2\text{law}_{it} + \beta_3\text{saving}_{it} + \beta_4\text{articles}_{it} + \beta_5\text{labor}_{it} + \beta_6\text{voice}_{it} + \beta_7\text{stability}_{it} + \beta_8\text{regulatory}_{it} + u_{it} \quad (10.2)$$

如果将模型（10.2）做一个普适化的推广，那么该模型被称为固定效应模型（fixed effects model）。固定效应的意义在于，尽管常数项在不同研究对象之间（此处为不同国家）可能存在区别，但每个研究对象的常数项在研究的时期内不会随着时间的改变而改变。也就是说，在拟开展的时期内，所有待研究对象的常数项不会随着时间的改变而改变。例如，一个国家的政治体制、司法系统或经济结构，在短时间内往往保持稳定。

一、固定效应模型：最小二乘虚拟变量模型（least square dummy variable，LSDV）

通过虚拟变量，我们可以做到让不同国家之间的常数项不一致。现在把模型（10.2）写成如下形式：

$$\text{pgdp}_{it} = \alpha_1 + \alpha_2 D_{2i} + \alpha_3 D_{3i} + \alpha_4 D_{4i} + \cdots + \alpha_{142} D_{142i} + \beta_2\text{law}_{it} + \beta_3\text{saving}_{it} + \beta_4\text{articles}_{it} + \beta_5\text{labor}_{it} + \beta_6\text{voice}_{it} + \beta_7\text{stability}_{it} + \beta_8\text{regulatory}_{it} + u_{it} \quad (10.3)$$

其中，D 为虚拟变量，D_{2i} 表示对第二个国家取值为 1（其他国家取值为 0），D_{3i} 表示对第三个国家取值为 1（其他国家取值为 0）。模型中不包括 D_{1i}，是因为其为参照组，若将其放入模型会产生完全的多重共线性。

输入命令：reg pgdp law saving articles labor voice stability regulatory i.country，vce（cluster country）。其中，“i.”表示因子变量操作符，“i.country”即产生了各个国家的虚拟变量。得到图 10.6 所示结果。因国家较多（142 个），未全部展示。由图可知，不同国家的虚拟变量在 1%（Australia）或 5%（Argentina）的水平上显著，也有一些国家的虚拟变量未能通过显著性检验（Albania）。总体结果可以表明，不同国家之间的异质性是显著存在的，也就是存在个体固定效应，因而不应使用混合回归。另外，我们也可发现，不同变量的系数和显著性也亦发生了变化，尤其是我们关注的变量 law，系数由 14 486.81 降至 3 182.019，更趋合理。

Linear regression

Number of obs	=	1,988
F(6, 141)	=	.
Prob > F	=	.
R-squared	=	0.9564
Root MSE	=	4193

(Std. Err. adjusted for **142** clusters in country)

pgdp	Coef.	Robust Std. Err.	t	P>|t|	[95% Conf.	Interval]
law	3182.019	1499.125	2.12	0.036	218.3525	6145.686
saving	58.18992	29.84779	1.95	0.053	-.8171179	117.197
articles	.0607619	.045778	1.33	0.187	-.029738	.1512618
labor	.0000731	.0000892	0.82	0.414	-.0001032	.0002494
voice	-2778.434	1440.659	-1.93	0.056	-5626.518	69.65114
stability	-2.072666	452.7776	-0.00	0.996	-897.1829	893.0376
regulatory	2569.143	1197.843	2.14	0.034	201.0895	4937.198
country						
Albania	-1703.076	2102.66	-0.81	0.419	-5859.892	2453.74
Algeria	-3911.057	2484.673	-1.57	0.118	-8823.086	1000.972
Angola	-2716.156	2134.329	-1.27	0.205	-6935.578	1503.267
Argentina	4810.667	1999.141	2.41	0.017	858.501	8762.832
Armenia	-5430.57	2417.288	-2.25	0.026	-10209.38	-651.7579
Australia	30684.37	4907.778	6.25	0.000	20982.03	40386.71
Austria	30138.54	4500.607	6.70	0.000	21241.15	39035.93
Azerbaijan	-4802.565	2772.884	-1.73	0.085	-10284.37	679.2359
Sierra Leone	-1493.173	1259.87	-1.19	0.238	-3983.85	997.5043
Singapore	22621.16	5633.832	4.02	0.000	11483.46	33758.86
Slovak Republic	5424.539	3356.878	1.62	0.108	-1211.777	12060.86
Slovenia	11348.4	3527.923	3.22	0.002	4373.941	18322.87
Spain	13239.17	4144.926	3.19	0.002	5044.932	21433.4
Sri Lanka	-6548.27	2461.752	-2.66	0.009	-11414.98	-1681.555
St. Lucia	-682.565	3170.9	-0.22	0.830	-6951.217	5586.087
Sudan	-3941.567	1739.579	-2.27	0.025	-7380.595	-502.539
Sweden	35201.88	4751.534	7.41	0.000	25808.42	44595.33
Switzerland	55647.46	4747.716	11.72	0.000	46261.55	65033.37
Tajikistan	-2741.607	1179.681	-2.32	0.022	-5073.756	-409.4589
Tanzania	-6848.37	2110.432	-3.25	0.001	-11020.55	-2676.191
Thailand	-8676.322	3715.775	-2.33	0.021	-16022.15	-1330.49
Timor-Leste	120.7501	2548.795	0.05	0.962	-4918.043	5159.543
Tunisia	-5709.206	2610.787	-2.19	0.030	-10870.55	-547.859
Turkey	-2884.237	2972.841	-0.97	0.334	-8761.34	2992.867
Uganda	-7503.518	2008.628	-3.74	0.000	-11474.44	-3532.598
Ukraine	-3505.742	1853.873	-1.89	0.061	-7170.723	159.2386
United Arab Emirates	24259.88	4170.437	5.82	0.000	16015.21	32504.54
United Kingdom	20656.72	5767.555	3.58	0.000	9254.656	32058.78
United States	241.2406	16278.81	0.01	0.988	-31940.85	32423.33
Uruguay	2816.248	3003.595	0.94	0.350	-3121.654	8754.15
Uzbekistan	-5248.91	2398.934	-2.19	0.030	-9991.438	-506.382
Vietnam	-11717.58	4836.444	-2.42	0.017	-21278.9	-2156.257
_cons	6560.849	2193.906	2.99	0.003	2223.647	10898.05

图 10.6　不同国家的回归结果

模型（10.3）考虑了不同国家之间的异质性，此种异质性不会随着时间的改变而改变，所以模型（10.3）也被称为单向固定效应模型（one way fixed effects）。但是，适度观望现实也可能发觉，不同国家的经济水平也可能因为技术进步、政府管制等因素，而在不同时期发生变化，也就是可能出现时间固定效应。如果我们引入时间的虚拟变量（2003—2016 年），那么就很容易解释这种时间效应。此时，我们以模型（10.3）为基础，加入时间固定效应，就可以同时观察国家之间的异质性和时间效应，这样的模型也被称为双向固定效应模型（two-way fixed effects）。

双向固定效应模型的估计命令比较简单。

输入命令：xtreg pgdp law saving articles labor voice stability regulatory i.year,fe r。其中，xtreg 为面板数据的回归估计命令；“i.year” 即产生了各个年份的虚拟变量；fe 表示固定效应估计量（fixed effect）；r 表示使用聚类稳健标准误。得到图 10.7 所示的结果。由图可知，所有的年度虚拟变量均在 1%的水平上显著，说明模型中应当包括时间固定效应。

```
. xtreg pgdp law saving articles labor voice stability regulatory i.year,fe r

Fixed-effects (within) regression               Number of obs     =      1,988
Group variable: country                         Number of groups  =        142

R-sq:                                           Obs per group:
     within  = 0.3291                                         min =         14
     between = 0.0637                                         avg =       14.0
     overall = 0.0681                                         max =         14

                                                F(20,141)         =       8.45
corr(u_i, Xb)  = -0.5762                        Prob > F          =     0.0000

                             (Std. Err. adjusted for 142 clusters in country)
------------------------------------------------------------------------------
             |               Robust
        pgdp |      Coef.   Std. Err.      t    P>|t|     [95% Conf. Interval]
-------------+----------------------------------------------------------------
         law |   2880.759   1297.858     2.22   0.028     314.9839    5446.535
      saving |   43.64264   26.42205     1.65   0.101    -8.591932    95.87722
    articles |    .052714   .0271074     1.94   0.054    -.0008755    .1063035
       labor |   -.000242   .0000825    -2.93   0.004    -.0004052   -.0000788
       voice |  -2098.824   1055.306    -1.99   0.049    -4185.092   -12.55515
   stability |   79.92643   350.3316     0.23   0.820    -612.6551     772.508
  regulatory |   1970.572   1040.964     1.89   0.060    -87.34197    4028.485
             |
        year |
        2004 |   1491.013   212.2873     7.02   0.000     1071.336    1910.691
        2005 |   2486.973   334.9906     7.42   0.000      1824.72    3149.227
        2006 |   3414.793    422.206     8.09   0.000     2580.121    4249.466
        2007 |   5135.731   607.4309     8.45   0.000     3934.882    6336.581
        2008 |   6537.222    756.298     8.64   0.000     5042.072    8032.371
        2009 |   4725.062   540.7732     8.74   0.000      3655.99    5794.133
        2010 |   5474.443   616.7794     8.88   0.000     4255.113    6693.774
        2011 |   7185.582   831.4338     8.64   0.000     5541.894    8829.269
        2012 |   7014.398   820.5784     8.55   0.000      5392.17    8636.625
        2013 |   7483.449   864.3782     8.66   0.000     5774.632    9192.265
        2014 |    7490.35   847.0864     8.84   0.000     5815.718    9164.982
        2015 |   5764.223   641.5191     8.99   0.000     4495.983    7032.462
        2016 |   5830.874   628.2547     9.28   0.000     4588.858    7072.891
             |
       _cons |   12240.72   1507.139     8.12   0.000     9261.211    15220.23
-------------+----------------------------------------------------------------
     sigma_u |  22503.636
     sigma_e |  3584.5734
         rho |  .97525498   (fraction of variance due to u_i)
------------------------------------------------------------------------------
```

图 10.7　双向固定效应模型的回归结果

最小二乘虚拟变量模型（LSDV）的一个突出问题在于，因所有的个体都要产生相应的虚拟变量，如果个体较多，产生的虚拟变量也较多，就可能遭遇到自由度的问题。在本案例中，一共有 142 个国家，产生了上百个虚拟变量，再加上十几个时间虚拟变量，可能导致缺少足够的观测值来做更有意义的统计分析。如果研究的个体数量非常多，甚至可能超过 Stata 允许的变量个数。

二、固定效应模型：组内估计（within group，WG）

估计面板数据的另一种方法，就是通过模型变换，消除个体固定效应。对于模型 10.1 而言，我们可以通过把每个国家因变量和自变量的取值表示成它们与其各自均值的离差，从而达到消除个体固定效应的目的。具体的操作方式为：对于第一个国家，先求出各个变量 pgdp、law、saving、articles、labor、voice、stability、regulatory 的样本均值，也就是 2003—2016 年期间的均值（例如第一个国家 Afghanistan，pgdp 在 2003—2016 年的均值为 451.533 2）；然后将各个变量的取值都减去对应的均值，由此得到的变量值被称为除均值或经均值修正后的变量值；对每个国家都这样处理后，最后把所有的 1 988 个观测值混合在一起做 OLS 回归。通过此种方式估计出来的结果成为固定效应估计量（fixed effects estimator），或组内估计量（within estimator）。

固定效应模型的组内估计命令如下：

```
encode countryname, gen (country)
xtset country year
xtreg pgdp law saving articles labor voice stability regulatory, fe r
```

同理，xtreg 为面板数据的估计命令，后缀 fe 表示固定效应估计量（如果不输入，默认为 re，即后文要介绍的随机效应估计量），r 表示使用聚类稳健标准误。得到图 10.8 所示的结果。其中，常数项（_cons）是所有国家个体效应的平均值；sigma_u 是组内残差的标准差；sigma_e 是总体残差的标准差；rho 被称为组内相关系数，值为 0.945 546 37。由图可知，law 的系数为 3 182.019，且在 5%的水平上显著。

```
. xtreg pgdp law saving articles labor voice stability regulatory,fe r

Fixed-effects (within) regression               Number of obs     =      1,988
Group variable: country                         Number of groups  =        142

R-sq:                                           Obs per group:
     within  = 0.0755                                         min =         14
     between = 0.1554                                         avg =       14.0
     overall = 0.1515                                         max =         14

                                                F(7,141)          =       2.87
corr(u_i, Xb)  = -0.0971                        Prob > F          =     0.0078

                              (Std. Err. adjusted for 142 clusters in country)
------------------------------------------------------------------------------
             |               Robust
        pgdp |      Coef.   Std. Err.      t    P>|t|     [95% Conf. Interval]
-------------+----------------------------------------------------------------
         law |   3182.019   1444.761     2.20   0.029     325.8257    6038.213
      saving |   58.18992    28.7654     2.02   0.045     1.322689    115.0571
    articles |   .0607619   .0441179     1.38   0.171    -.0264562    .1479799
       labor |   .0000731   .0000859     0.85   0.396    -.0000968     .000243
       voice |  -2778.434   1388.416    -2.00   0.047    -5523.237   -33.63063
   stability |  -2.072666   436.3583    -0.00   0.996     -864.723    860.5777
  regulatory |   2569.143   1154.405     2.23   0.028     286.9636    4851.323
       _cons |   10163.59   1674.788     6.07   0.000     6852.648    13474.53
-------------+----------------------------------------------------------------
     sigma_u |  17472.313
     sigma_e |  4192.976
         rho |  .94554637   (fraction of variance due to u_i)
------------------------------------------------------------------------------
```

图 10.8　固定效应模型的组内估计

如果想判断究竟是该使用固定效应模型还是混合回归，那么，在使用命令“xtreg pgdp law saving articles labor voice stability regulatory，fe r”时，就去掉“r”，也就是不使用聚类稳健标准误。相应的输出结果还包含一个 F 检验。

输入命令：xtreg pgdp law saving articles labor voice stability regulatory，fe r。得到图 10.9 所示的结果。由图可知，F 检验的原假设为，H0：所有的 $u_i=0$，即认为不存在个体异质性，也就是认为混合回归是可以接受的。F 检验相应的 p 值为 0. 000 0，拒绝原假设，表示个体之间存在异质性，每个个体应当拥有自己的常数项，固定效应模型应当优于混合回归。

```
. xtreg pgdp law saving articles labor voice stability regulatory,fe

Fixed-effects (within) regression               Number of obs      =      1,988
Group variable: country                         Number of groups   =        142

R-sq:                                           Obs per group:
     within  = 0.0755                                         min =         14
     between = 0.1554                                         avg =       14.0
     overall = 0.1515                                         max =         14

                                                F(7,1839)          =      21.47
corr(u_i, Xb)  = -0.0971                        Prob > F           =     0.0000

------------------------------------------------------------------------------
        pgdp |      Coef.   Std. Err.      t    P>|t|     [95% Conf. Interval]
-------------+----------------------------------------------------------------
         law |   3182.019   848.2873     3.75   0.000     1518.312    4845.727
      saving |   58.18992   14.14696     4.11   0.000     30.44413    85.93571
    articles |   .0607619   .0114235     5.32   0.000     .0383575    .0831663
       labor |   .0000731   .0000502     1.45   0.146    -.0000254    .0001716
       voice |  -2778.434   673.1758    -4.13   0.000    -4098.703   -1458.164
   stability |  -2.072666   371.1725    -0.01   0.996    -730.0365    725.8912
  regulatory |   2569.143   686.9863     3.74   0.000     1221.788    3916.499
       _cons |   10163.59   1023.667     9.93   0.000     8155.916    12171.26
-------------+----------------------------------------------------------------
     sigma_u |  17472.313
     sigma_e |   4192.976
         rho |  .94554637   (fraction of variance due to u_i)
------------------------------------------------------------------------------
F test that all u_i=0: F(141, 1839) = 86.54                  Prob > F = 0.0000
```

图 10.9　包含 F 检验的回归结果

此外，通过对模型（10.1）进行一阶差分，也可以起到消除个体效应（u_i）的目的。此种方式获得的估计量被称为一阶差分估计量（first differencing estimator）。一阶差分法是对每个观测对象都取这些变量相邻的两个观测值之差。具体的操作方式为：对于第一个国家，用各个变量的第二次观测值减去其第一次观测值（也就是用各个变量 2004 年的观测值减去 2003 年的观测值），紧接着用各个变量的第三次观测值减去其第二次观测值（也就是用各个变量 2005 年的观测值减去 2004 年的观测值）。如此重复，我们会发现，对于第一个国家而言，观测值会减少一个，因为第一次观测值（2003 年）无法差分。所以，一阶差分结束后，第一个国家的观测值为 13 个（14-1），一共 142 个国家，会损失 142 个观测值。最终，纳入回归分析的观测值将是 1 846 个（1 988-142）。

通过命令 xtserial 检验模型的自相关情况时，后缀加上 output，可附带提供一阶差分法的估计结果。

输入命令：xtserial pgdp law saving articles labor voice stability regulatory, output。得到图 10.10 所示结果，通过与上文固定效应估计量（见图 10.8）相比，我们发现一阶差分法的估计系数大小和显著性水平都有一定差别，尤其是我们主要关注的变量 law，系数降至 691.875 1，且仅在 10%的水平上显著。一般认为，固定效应获得的估计量比一阶差分法更有效率，因此，实践中较少使用一阶差分法。

```
Linear regression                               Number of obs     =      1,846
                                                F(7, 141)         =       2.77
                                                Prob > F          =     0.0099
                                                R-squared         =     0.0303
                                                Root MSE          =     2614.9

                                (Std. Err. adjusted for 142 clusters in country)
```

D.pgdp	Coef.	Robust Std. Err.	t	P>|t|	[95% Conf.	Interval]
law						
D1.	691.8751	392.8169	1.76	0.080	-84.6971	1468.447
saving						
D1.	59.30874	33.14631	1.79	0.076	-6.219244	124.8367
articles						
D1.	.0688874	.0407579	1.69	0.093	-.0116881	.149463
labor						
D1.	8.96e-06	.0000463	0.19	0.847	-.0000826	.0001005
voice						
D1.	-424.1536	353.2405	-1.20	0.232	-1122.486	274.1786
stability						
D1.	282.7319	235.9031	1.20	0.233	-183.6324	749.0962
regulatory						
D1.	1141.571	509.7004	2.24	0.027	133.928	2149.213

```
Wooldridge test for autocorrelation in panel data
H0: no first-order autocorrelation
    F(  1,      141) =    783.860
           Prob > F =      0.0000
```

图 10.10　一阶差分法的估计结果

第三节　随机效应模型

我们通过模型（10.4）来简要的阐明随机效应模型。该模型的外观形式与模型（10.2）完全一样。

$$\text{pgdp}_{it} = \beta_{1i} + \beta_2\text{law}_{it} + \beta_3\text{saving}_{it} + \beta_4\text{articles}_{it} + \beta_5\text{labor}_{it} + \beta_6\text{voice}_{it} + \beta_7\text{stability}_{it} + \beta_8\text{regulatory}_{it} + u_{it} \tag{10.4}$$

假设 β_{1i} 是一个均值为 β_1 的随机变量，那么可表示为

$$\beta_{1i} = \beta_1 + \varepsilon_i \tag{10.5}$$

其中，β_1为常数，ε_i是均值为0、方差为σ^2的随机误差项。该式想要表明的意义是，面板数据的142个国家是从更大的总体中抽出来的，所有这些国家的常数项都有一个相同的值β_1，而每个国家常数项的差异则通过误差项ε_i来反映。将β_{1i}代入模型10.4，可得

$$\begin{aligned} \text{pgdp}_{it} = {} & \beta_1 + \beta_2\text{law}_{it} + \beta_3\text{saving}_{it} + \beta_4\text{articles}_{it} + \beta_5\text{labor}_{it} + \beta_6\text{voice}_{it} + \\ & \beta_7\text{stability}_{it} + \beta_8\text{regulatory}_{it} + \varepsilon_i + u_{it} \end{aligned} \tag{10.6}$$

这样，现在的误差项就包括两个部分：ε_i和u_{it}。不难发现，ε_i的下标不包括t，意味着是截面个体（也就是国家）的误差成分；u_{it}既随着截面个体的变化而变化，也随着时间的变化而变化，意味着是时间序列误差成分和截面误差成分的综合。

模型（10.6）即为随机效应模型（random effects model），通常使用广义最小二乘法来估计（generalized least squares，GLS）。具体的估计方法较为复杂，此处不予详细讨论，直接通过Stata命令展示估计结果。

随机效应的Stata命令为：xtreg Y X1 X2 X3，re r theta。re表示随机效应（如果不输入re，系统默认为re），r表示适用聚类稳健标准误，theta表示使用广义离差的估计方法。也可使用最大似然估计法，将theta替换为MLE。

通过Stata软件打开数据集“面板数据（2003—2016）”后，输入命令：

```
encode countryname, gen (country)
xtset country year
xtreg pgdp law saving articles labor voice stability regulatory, re r theta
```

得到图10.11所示结果。

作为对照，使用随机效应模型进行最大似然估计。

输入命令：

xtreg pgdp law saving articles labor voice stability regulatory，mle。得到图10.12所示结果。可以发现，不同的估计方法，得到的估计结果也不一样，例如，核心解释变量law的系数值就不一样。MLE估计的最下面一排文字：LR test of sigma_u=0，即原假设H0：$\sigma_u=0$，意指不存在个体随机效应，p值为0.000 0，拒绝原假设，即认为存在个体随机效应，不应该进行混合回归。

```
. xtreg pgdp law saving articles labor voice stability regulatory,re r theta

Random-effects GLS regression                   Number of obs      =      1,988
Group variable: country                         Number of groups   =        142

R-sq:                                           Obs per group:
     within  = 0.0657                                         min =         14
     between = 0.6790                                         avg =       14.0
     overall = 0.6456                                         max =         14

                                                Wald chi2(7)       =      76.61
corr(u_i, X)      = 0 (assumed)                 Prob > chi2        =     0.0000
theta             = .8937596

                              (Std. Err. adjusted for 142 clusters in country)
------------------------------------------------------------------------------
             |               Robust
        pgdp |      Coef.   Std. Err.      z    P>|z|     [95% Conf. Interval]
-------------+----------------------------------------------------------------
         law |   5961.089   1357.017     4.39   0.000     3301.384    8620.794
      saving |   76.51139   32.84864     2.33   0.020     12.12924    140.8935
    articles |   .0795941   .0429459     1.85   0.064    -.0045784    .1637665
       labor |  -.0000375   .0000145    -2.58   0.010    -.0000659   -9.04e-06
       voice |  -1318.573   1359.339    -0.97   0.332    -3982.829    1345.683
   stability |  -125.1795   444.2854    -0.28   0.778    -995.9628    745.6038
  regulatory |   3461.771   1131.043     3.06   0.002     1244.967    5678.575
       _cons |   11697.08   1045.197    11.19   0.000     9648.536    13745.63
-------------+----------------------------------------------------------------
     sigma_u |  10488.269
     sigma_e |   4192.976
         rho |   .8622011   (fraction of variance due to u_i)
------------------------------------------------------------------------------
```

图 10.11　广义离差的估计结果

```
Random-effects ML regression                    Number of obs      =      1,988
Group variable: country                         Number of groups   =        142

Random effects u_i ~ Gaussian                   Obs per group:
                                                              min =         14
                                                              avg =       14.0
                                                              max =         14

                                                LR chi2(7)         =     232.15
Log likelihood  = -19756.848                    Prob > chi2        =     0.0000

------------------------------------------------------------------------------
        pgdp |      Coef.   Std. Err.      z    P>|z|     [95% Conf. Interval]
-------------+----------------------------------------------------------------
         law |   5402.783    832.202     6.49   0.000     3771.697    7033.869
      saving |   72.29318   13.99116     5.17   0.000     44.87102    99.71535
    articles |   .0786799   .0095331     8.25   0.000     .0599954    .0973644
       labor |  -.0000357    .000014    -2.54   0.011    -.0000632   -8.16e-06
       voice |  -1531.043     627.91    -2.44   0.015    -2761.724   -300.3618
   stability |  -100.2929   366.0626    -0.27   0.784    -817.7624    617.1766
  regulatory |   3339.177   671.1954     4.97   0.000     2023.658    4654.695
       _cons |    11783.9   1126.509    10.46   0.000     9575.987    13991.82
-------------+----------------------------------------------------------------
    /sigma_u |   12523.87   844.7917                      10972.89    14294.07
    /sigma_e |   4216.743   70.11808                       4081.53    4356.436
         rho |   .8981784   .0129066                      .8705477    .9212451
------------------------------------------------------------------------------
LR test of sigma_u=0: chibar2(01) = 3178.82            Prob >= chibar2 = 0.000
```

图 10.12　最大似然法的估计结果

第四节 固定效应模型与随机效应模型的选择

面板数据的建模方式包括两种：固定效应模型和随机效应模型。前文已经展示，不同的模型会产生不同的估计结果。那么，究竟应该采纳哪种建模方式，是一个无法忽视的关键性问题。我们通过豪斯曼检验来确认。

我们假定存在一个原假设，H0：u_i与解释变量不相关，也就是认为随机效应为正确模型。豪斯曼检验的基本原理为：鉴于固定效应模型的估计量是一致的，如果原假设成立，那么随机效应模型的估计量将一致且比固定效应模型更有效率；如果原假设不成立，那么随机效应模型的估计量将不一致。所以，具体到操作层面来说，如果原假设成立，那么随机效应模型和固定效应模型的估计量将共同趋近于真实的值，在样本足够大的前提下，二者的差距将会消失；如果二者的差距过大，那么就倾向于拒绝原假设。

为了演示方便，在开始豪斯曼检验前，我们先生成另一个交乘项变量。

输入命令：gen stabcorruption =stability * corruption。

豪斯曼检验的操作命令为：

```
xtreg pgdp law saving articles labor voice stability regulatory corruption stab-corruption, re
estimates store RE
xtreg pgdp law saving articles labor voice stability regulatory corruption stab-corruption, fe
estimates store FE
hausman FE RE, constant sigmamore
```

前四行命令分别为固定效应模型和随机效应模型的估计，并将结果分别存储为 FE 和 RE。最后一行为豪斯曼检验的命令，constant 表示在比较系数估计值时，也要比较常数项（如果没有 constant，表示不比较常数项），sigmamore 表示统一使用更有效率的那个估计量（也就是随机效应估计量）的方差估计。得到图 10.13 所示结果。其中，（b）列为固定效应模型的估计值，（B）列为随机效应模型的估计值，（b-B）列为二者的差值。原假设为，H0：系数不存在系统性差异（也就是 u_i 与解释变量不相关），p 值为 0.000 0，意味着拒绝原假设，认为应当使用固定效应模型。

```
              ---- Coefficients ----
             |      (b)          (B)            (b-B)     sqrt(diag(V_b-V_B))
             |       FE           RE         Difference          S.E.
-------------+----------------------------------------------------------------
         law |   3441.189     5426.321       -1985.132         293.223
      saving |   55.40056     74.03425       -18.63369        4.045527
    articles |   .0574716     .0758819       -.0184102        .0070781
       labor |   .0000844    -.0000316         .000116        .0000501
       voice |  -2495.742    -1482.972       -1012.771        347.1382
   stability |   977.4637     1561.909       -584.4458        134.8147
  regulatory |   2688.146      3132.59       -444.4444        233.0767
  corruption |  -603.3184     1153.499       -1756.817        270.2118
stabcorrup~n |   1881.436     3181.952       -1300.516        179.2946
       _cons |   8697.946     9449.339       -751.3936        639.1204
------------------------------------------------------------------------------
                           b = consistent under Ho and Ha; obtained from xtreg
            B = inconsistent under Ha, efficient under Ho; obtained from xtreg

    Test:  Ho:  difference in coefficients not systematic

                  chi2(8) = (b-B)'[(V_b-V_B)^(-1)](b-B)
                          =      111.13
                Prob>chi2 =      0.0000
                (V_b-V_B is not positive definite)
```

图 10.13 豪斯曼检验

最后，我们可以将不同的模型集合起来，进行直观对比，以此作为一个简要的总结。

输入命令：

encode countryname，gen（country）

xtset country year

reg pgdp law saving articles labor voice stability regulatory，vce（cluster country）

estimates store OLS

xtreg pgdp law saving articles labor voice stability regulatory，fe r

estimates store FE_robust

xtreg pgdp law saving articles labor voice stability regulatory，re r theta

estimates store RE_robust

xtreg pgdp law saving articles labor voice stability regulatory，re

estimates store RE

xtreg pgdp law saving articles labor voice stability regulatory，fe

estimates store FE

hausman FE RE，constant sigmamore

esttab OLS FE_robust RE_robust FE RE，se r2 mtitle star（* 0.1 ** 0.05 *** 0.01）

可得到图 10.14 所示结果。其中，（1）到（5）列分别使用混合 OLS、固定效应（聚类稳健标准误）、随机效应（聚类稳健标准误）、固定效应和随机效应进行建模回归。无论以哪个模型来解读，law 的系数都为正且是高度显著的，表明了法治对于经济的正向推动作用。

	(1) OLS	(2) FE_robust	(3) RE_robust	(4) FE	(5) RE
law	14486.8***	3182.0**	5961.1***	3182.0***	5961.1***
	(2394.9)	(1444.8)	(1357.0)	(848.3)	(802.4)
saving	185.0**	58.19**	76.51**	58.19***	76.51***
	(73.74)	(28.77)	(32.85)	(14.15)	(14.00)
articles	0.0652***	0.0608	0.0796*	0.0608***	0.0796***
	(0.0174)	(0.0441)	(0.0429)	(0.0114)	(0.00948)
labor	-0.0000391***	0.0000731	-0.0000375***	0.0000731	-0.0000375***
	(0.00000636)	(0.0000859)	(0.0000145)	(0.0000502)	(0.0000122)
voice	-1180.9	-2778.4**	-1318.6	-2778.4***	-1318.6**
	(1615.5)	(1388.4)	(1359.3)	(673.2)	(615.1)
stability	-1196.9	-2.073	-125.2	-2.073	-125.2
	(933.5)	(436.4)	(444.3)	(371.2)	(369.0)
regulatory	689.1	2569.1**	3461.8***	2569.1***	3461.8***
	(2075.3)	(1154.4)	(1131.0)	(687.0)	(673.2)
_cons	9758.1***	10163.6***	11697.1***	10163.6***	11697.1***
	(1630.4)	(1674.8)	(1045.2)	(1023.7)	(977.6)
N	1988	1988	1988	1988	1988
R-sq	0.667	0.076		0.076	

Standard errors in parentheses
* p<0.1, ** p<0.05, *** p<0.01

图 10.14 完整的回归结果

第五节 门槛模型

在线性回归分析中，我们关注的重点是，系数的估计值是否和理论相符，系数的显著性是否能够通过检验。在虚拟变量的分析中，我们曾通过设置虚拟变量来判断回归模型的结构是否稳定，也就是判断模型的系数在不同阶段是否保持不变。理论和实践都告诉我们，时移世易，量变可能引起质变。对于计量分析而言，除了探寻变量之间的线性关系之外，我们还会自然而然地提出这样的疑问：变量之间是否只存在划一的线性关系？这种线性关系是否存在拐点？在不同的时段是否会以不同的展现形式？对于不同的样本是否也会有不一样的影响？例如，对于法治建设与经济发展的关系而言，法治在起步时期对经济的推动可能不是非常明显，但法治给予人们稳定的期待，随着法治的完善，其对经济发展的推动作用将会越来越显著。我们可以合理地推断，在法治推动经济快速发展之前，是否可能存在一个拐点，在这个拐点前后，法治的作用可能有所区别。门槛模型即可有效测度此类问题。

参照 Hansen（1999）发展的面板门槛模型，以及连玉君等（2006）的成果，单门槛的基本理论推导简介如下。

门槛效应的基本模型设定为

$$y_{it} = u_i + x_{it}'\beta_1 I(q_{it} \leqslant \gamma) + x_{it}'\beta_2 I(q_{it} > \gamma) + \varepsilon_{it} \tag{10.7}$$

其中，y_{it} 和 x_{it} 分别是因变量和自变量，i 表示不同的个体，t 表示时间。q_{it} 为门槛变量，γ 为门槛变量的某个特定取值，q_{it} 的取值在 γ 前后会对其他变量产生不同的影响。$I(\cdot)$ 为指标函数，括号内的条件成立时取值为 1，反之取值为 0。

令 $\beta = (\beta_1', \beta_2')'$，于是上式等价于

$$y_{it} = u_i + x_{it}'(\gamma)\beta + \varepsilon_{it} \tag{10.8}$$

随后通过去除组内平均值的方法去除个体效应，对该式取组内平均得到

$$\bar{y}_i = u_i + \bar{x}_i'(\gamma)\beta + \bar{\varepsilon}_i \tag{10.9}$$

其中，$\bar{y}_i = \frac{1}{T}\sum_{t=1}^{T} y_{it}$，$\bar{\varepsilon}_i = \frac{1}{T}\sum_{t=1}^{T} \varepsilon_{it}$，$\bar{x}_i = \frac{1}{T}\sum_{t=1}^{T} x_{it}(\gamma)$，再用式（10.8）减去式（10.9），可得

$$y_{it}^* = x_{it}^*(\gamma)\beta + \varepsilon_{it}^* \tag{10.10}$$

式中，$y_{it}^* = y_{it} - \bar{y}_i$，$x_{it}^* = x_{it} - x_i$，$\varepsilon_{it}^* = \varepsilon_{it} - \bar{\varepsilon}_i$。

对所有观察值进行累叠，采用矩阵形式将上式表示为

$$Y^* = X^*(\gamma)\beta + \varepsilon^* \tag{10.11}$$

对于 γ 值，可采用 OLS 估计得到参数 β 的一致估计量，即

$$\hat{\beta}(\gamma) = [X^*(\gamma)'X^*(\gamma)]^{-1}X^*(\gamma)'Y^* \tag{10.12}$$

相应的残差向量为

$$\hat{e}^*(\gamma) = Y^* - X^*(\gamma)\beta^*(\gamma) \tag{10.13}$$

残差平方和为

$$S_1(\gamma)=\hat{e}^*(\gamma)'\hat{e}^*(\gamma) \tag{10.14}$$

通过求取 S_1（γ）的最小化可以获得 γ 的估计值，即

$$\hat{\gamma}=\arg\min_{\gamma} S_1(\gamma) \tag{10.15}$$

获得 γ 的估计值后，我们可以获得 β 的估计值、残差向量以及残差方差：

$$\hat{\sigma}=\hat{\sigma}^2(\hat{\gamma})=\frac{1}{n(T-1)}S_1(\hat{\sigma}) \tag{10.16}$$

在获得参数的估计值后，需要检验门槛是否具有统计上的显著性，检验的原假设与备择假设分别为 $\beta_1=\beta_2$、$\beta_1\neq\beta_2$，相应的似然比检验（LR test）基于如下统计量：

$$F_1=\frac{S_0-S_1(\hat{\gamma})}{S_1(\hat{\gamma})/n(T-1)} \tag{10.17}$$

如果得到的 p 值小于设定的临界值（如 10%），那么拒绝原假设，认为存在门槛效应。紧接着估计门槛值的估计值是否等于真实值，对应的原假设为 $\gamma=\gamma_0$，相应的似然比统计量为

$$\mathrm{LR}_1(\gamma)=\frac{S_1(\gamma)-S_1(\hat{\gamma})}{\hat{\sigma}^2} \tag{10.18}$$

当 $\mathrm{LR}_1(\gamma)\leqslant c(a)$ 时，接受原假设，即门槛值的估计值等于真实值，其中

$$c(\alpha)=-2\ln(1-\sqrt{1-\alpha}) \tag{10.19}$$

α 表示显著性水平。

以上为存在单个门槛时的模型推导，双重门槛或多重门槛模型的推导可以类推，不再赘述。

门槛模型的命令有多个，例如在 Stata 15.0 版本中，进行门槛回归的命令为 threshold。此外，还有南开大学王群勇老师开发的 xthreg 命令，以及中山大学连玉君老师开发的 xtthres 命令。在后文的门槛模型中，我们以连玉君老师开发的 xtthres 命令作为模型设定标准。

例 10.1 以数据集“面板数据（2003—2016）”为例，试通过门槛模型，判断法治水平对于经济增长是否存在门槛效应。

解：使用 Stata 软件打开数据集后，我们可以先观察数据的一些基本特征。

输入命令：

encode countryname，gen （country）

xtset country year

gen stabcorruption =stability ＊corruption

xtdes

得到图 10. 15 所示的结果。该结果反映了面板数据的结构：一共有 142 个国家，时间跨越了 14 年（2003—2016 年），为平衡的面板数据。

```
. xtdes

country:  1, 2, ..., 142                                   n =        142
   year:  2003, 2004, ..., 2016                            T =         14
          Delta(year) = 1 unit
          Span(year)  = 14 periods
          (country*year uniquely identifies each observation)

Distribution of T_i:   min      5%      25%       50%       75%     95%     max
                        14      14       14        14        14      14      14

     Freq.  Percent    Cum. |  Pattern
 ---------------------------+----------------
      142    100.00  100.00 |  11111111111111
 ---------------------------+----------------
      142    100.00         |  XXXXXXXXXXXXXX
```

图 10. 15　面板数据的结构

可以观察一下我们所关心的变量的统计特征。

输入命令：

xtsum pgdp law saving articles labor voice stability regulatory corruption stabcorruption，得到图 10. 16 所示的结果。

可以通过更为直观的绘图来观察核心解释变量 law 的时间趋势。由于国家较多，为了演示方便，我们只呈现部分国家的时间趋势图。

输入命令：

drop in 127/1988

xtline law

得到图 10. 17 所示的结果。不难发现，国家之间的法治水平存在较大差距，左下角的 Australia 法治水平较高，远超左上角的 Afghanistan。同时，也能看出国家法治水平的变化趋势，例如，Albania 的法治水平就呈上升趋势。

Variable		Mean	Std. Dev.	Min	Max	Observations	
pgdp	overall	14004.18	19319.88	112.8494	119225.4	N =	1988
	between		18920.85	212.6762	99801.03	n =	142
	within		4195.366	-20350.96	35184.02	T =	14
law	overall	.0157948	1.005226	-1.9	2.1	N =	1988
	between		.9990774	-1.696429	1.977143	n =	142
	within		.1373097	-.6656338	.6143662	T =	14
saving	overall	20.5953	18.25328	-141.9739	75.54961	N =	1988
	between		17.0389	-71.52431	68.41638	n =	142
	within		6.690104	-96.09305	116.1124	T =	14
articles	overall	12756.4	44879.79	0	440229.7	N =	1988
	between		43878.13	2.1	399527.2	n =	142
	within		10074.77	-178786.3	160757.6	T =	14
labor	overall	2.09e+07	7.77e+07	73551	7.87e+08	N =	1988
	between		7.79e+07	87091.21	7.77e+08	n =	142
	within		2286482	-1.33e+07	5.85e+07	T =	14
voice	overall	.0036419	.9627375	-2.12	1.8	N =	1988
	between		.9543901	-1.987857	1.627857	n =	142
	within		.148197	-1.047787	.9779276	T =	14
stabil~y	overall	-.0981036	.9538434	-2.81	1.69	N =	1988
	between		.916514	-2.447857	1.409286	n =	142
	within		.2744358	-1.556675	.9490392	T =	14
regula~y	overall	.1152515	.9427733	-1.86	2.26	N =	1988
	between		.9320076	-1.554286	1.91	n =	142
	within		.1608303	-.8626056	.9323944	T =	14

图 10.16　变量的统计特征

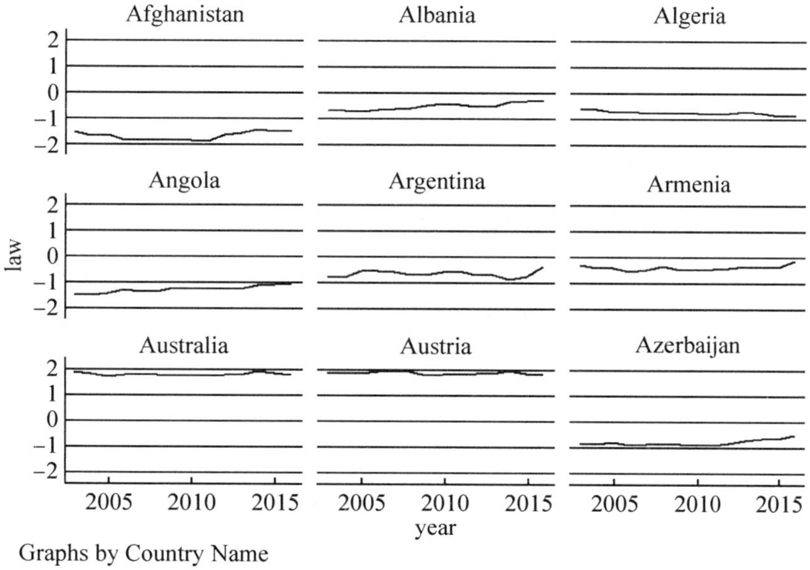

图 10.17　不同国家的法治水平

需要注意的是，Stata 软件使用 drop 命令删除数据后，无法恢复。因此我们重新将数据集“面板数据（2003—2016）”的内容导入 Stata 软件，并重新执行上述命令。

可以通过某一年的数据来粗略观察经济水平与法治水平之间的关系。

输入命令：scatter pgdp law if year = = 2016。得到图 10. 18 所示的结果。粗略观察似乎发现，pgdp 和 law 大致呈正相关关系，但在不同阶段曲线似乎有所区别。例如，在 law 小于 0 时，法治对于经济的推动似乎较为乏力，但 law 大于 1 时，法治对于经济的推动就较为强劲。

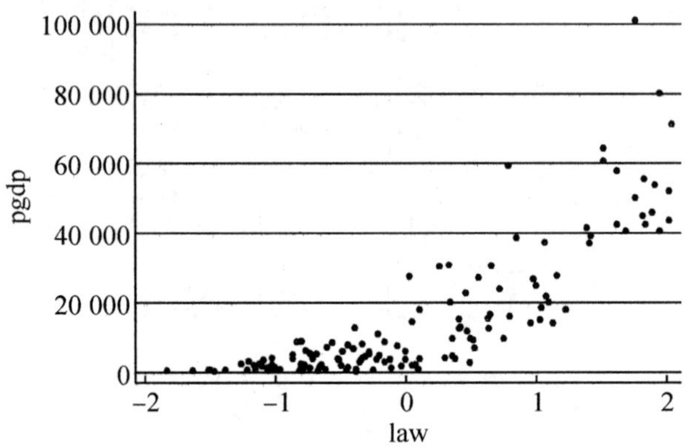

图 10. 18　pgdp 和 law 的散点图

处于不同经济水平的国家，法治的作用是否存在区别？我们可以考虑一个分组回归，将 142 个国家大致分为富裕国家和贫穷国家，然后分别进行回归分析。此处操作略为烦琐，因此笔者直接汇报分组回归的结果（见图 10. 19）。由图可知，对于富裕国家和贫穷国家，法治对于经济的作用确实存在显著的区别（law 的系数不同）。

	(1) rich	(2) poor
law	6735.0***	-440.0***
	(1841.2)	(170.0)
saving	553.1***	21.48***
	(37.19)	(1.922)
articles	0.0803***	0.0314***
	(0.00894)	(0.00905)
labor	-0.0000437***	-0.00000611***
	(0.00000578)	(0.00000138)
voice	2447.4***	196.0**
	(812.3)	(79.28)
stability	-2232.5***	24.07
	(680.5)	(103.6)
regulatory	-296.1	942.4***
	(1200.4)	(117.8)
corruption	4864.2***	184.2
	(1268.9)	(144.4)
stabcorrup~n	5769.5***	-83.70
	(584.1)	(96.37)
_cons	-3936.8***	1907.0***
	(1084.6)	(77.02)
N	1106	854
R-sq	0.707	0.282

图 10.19　不同经济水平国家的回归结果

通过分组回归的方式可能难以完全避免主观性所致的偏误。因此我们采用面板门槛模型，根据数据自身的特征来做客观判断，进而探究法治水平与经济发展之间的关系。

输入命令：xtthres pgdp saving articles labor voice stability regulatory corruption stabcorruption，th（law）d（law）bs1（30）bs2（30）bs3（20）。其中，xtthres 是该面板门槛模型的命令；th（law）和 d（law）分别对应门槛模型 10.7 所示的变量 q_{it} 和 x_{it}，也就是门槛变量和解释变量（此处为同一个变量，即 law）；bs1（30）bs2（30）bs3（20）均为自抽样的次数（此处限于演示，仅用了较少的抽样次数）。

可以得到诸多结果，我们逐一来分析。

首先，我们对模型是否存在门槛效应进行存在性检验，并使用自抽样法（bootstrap）进行反复抽样以计算相应的 F 值、p 值及临界值。门槛估计值和置信区间、门槛效果自抽样检验结果见图 10.20。由图可知，单一门槛、双重门槛以及三重门槛分别通过了 1%、5%、5%的显著性检验，对应的门槛值分别为 1.725、1.85、0.63。

---门槛估计值和置信区间---

	门槛估计值	95% 置信区间
单一门槛模型：	1.725	[1.710 , 1.740]
双重门槛模型：		
Ito1	1.850	[1.850 , 1.860]
Ito2	1.725	[1.710 , 1.740]
三重门槛模型：	0.630	[-0.470 , 1.950]

---门槛效果自抽样检验---

模型	F值	P值	BS次数	临界值 1%	临界值 5%	临界值 10%
单一门槛	27.919***	0.000	30	13.132	9.368	7.260
双重门槛	17.455**	0.033	30	17.940	12.349	11.218
三重门槛	18.391**	0.050	20	22.057	16.662	11.160

图 10.20　门槛估计值

其次，我们对门槛值的真实性进行检验，即检验门槛值之间的临界值是否存在显著差异。参考 Hansen（1999）提出的极大似然估计量（LR）用以检验门槛值，即通过 5%显著性水平下的极大似然估计量所对应门槛值的置信区间来判断门槛值的可信性，倘若 95%置信水平所对应的置信区间有一个较为宽泛的取值范围，那么对应的门槛估计值可能是无效的，反之，对应的门槛值相对有效。在门槛回归检验中，我们发现，单一门槛模型和双重门槛模型的门槛估计值分别为 1.725 和 1.85，相应的 95%置信区间分别为［1.710，1.740］和［1.850，1.860］，较为合理；然而，三重门槛模型中的门槛估计值为 0.63，相应的 95%置信区间却具有较大的取值范围［-0.470，1.950］，甚至已经包含了前两个门槛的置信区间，因而第三个门槛值并非有效门槛值。同时，为了对各个门槛值的真实性和准确性有一个直观的判断，我们根据门槛回归结果分别将各门槛值对应的似然比图形绘制如图 10.21 所示。综上，选取双重门槛模型进行分析是较为合理的选择。

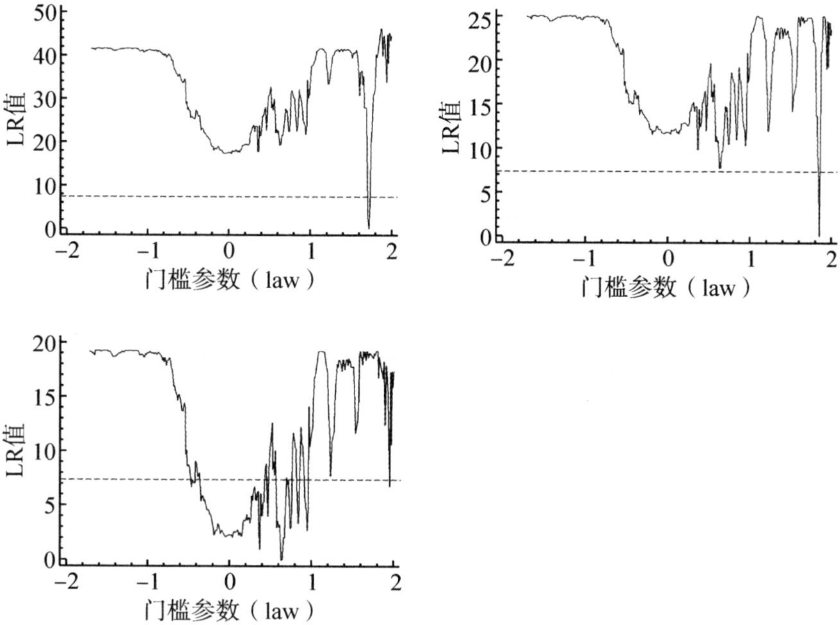

图 10.21　各门槛值对应的似然比图形

门槛值和门槛数量确定后，面板门槛模型的参数得以确定。图 10.22 汇报了面板门槛模型的参数估计结果。法治水平的两个门槛值将模型划分为三个区间，从中可以看出，法治水平对经济发展的影响呈现出非线性特征。具体而言，当法治水平小于 1.725 时，法治水平的回归系数为 3 238.356，并通过了 1%水平上的显著性检验；当法治水平进一步上升，跨过 1.725 的门槛值并介于 1.725 和 1.85 之间时，法治水平的回归系数上升大约一倍，为 6 511.967，且通过了 1%水平上的显著性检验，表明法治水平对经济发展有了更大的推动作用；当法治水平跨过 1.85 的门槛值时，法治水平的回归系数下降至 4 612.771，也通过了 1%水平上的显著性检验，此时，法治水平对经济发展的推动作用有所减弱（但仍处于显著的正向推动水平）（阳李 等，2019）。

```
Fixed-effects (within) regression               Number of obs      =      1988
Group variable: idnew                           Number of groups   =       142

R-sq:  within  = 0.1073                         Obs per group: min =        14
       between = 0.2599                                        avg =      14.0
       overall = 0.2527                                        max =        14

                                                F(11,1835)         =     20.05
corr(u_i, Xb)  = -0.0411                        Prob > F           =    0.0000

------------------------------------------------------------------------------
        pgdp |      Coef.   Std. Err.      t    P>|t|     [95% Conf. Interval]
-------------+----------------------------------------------------------------
      saving |   56.36412   13.93745     4.04   0.000      29.0292    83.69904
    articles |   .0566743   .0112618     5.03   0.000      .034587    .0787616
       labor |   .0000834   .0000495     1.68   0.092    -.0000137    .0001805
       voice |  -2375.996   683.3792    -3.48   0.001    -3716.278   -1035.713
   stability |   851.8879   421.3743     2.02   0.043     25.46441    1678.311
  regulatory |   2585.197   700.4944     3.69   0.000     1211.348    3959.047
  corruption |  -583.9221   734.2431    -0.80   0.427    -2023.962    856.1177
stabcorruption |   1666.926   400.3415     4.16   0.000     881.7532    2452.099
       law_1 |   3238.356    870.334     3.72   0.000     1531.407    4945.305
       law_2 |   6511.967   991.4122     6.57   0.000     4567.552    8456.382
       law_3 |   4612.771   1004.238     4.59   0.000       2643.2    6582.341
       _cons |   8512.042   1055.803     8.06   0.000     6441.341    10582.74
-------------+----------------------------------------------------------------
     sigma_u |   16291.58
     sigma_e |  4124.7679
         rho |   .9397594   (fraction of variance due to u_i)
------------------------------------------------------------------------------
F test that all u_i=0: F(141, 1835) = 57.45              Prob > F = 0.0000
```

图 10.22　不同法治水平的回归结果

第十一章　断点回归

是否就读重点大学，对于大学生的未来收入是否有显著影响？一般而言，较之于普通大学，重点大学拥有充足的拨款、强大的师资、完善的硬件设备、良好的学习风气，并能够提供令人心动而广泛的就业机会。所以，人们通常会认为，如果能够就读重点大学，未来的收入可能也会更高。但是，能够考取重点大学，一定程度上也表明该考生具有较强的个人能力。如果重点大学的毕业生获得了较高的收入，可能有两种原因：一是因为重点大学为他们的未来打下了坚实基础，这种基础是普通大学不能提供的；二是重点大学毕业生的高收入系立基于个人能力，即使没有就读重点大学，这种个人能力也会赋予他们高收入。此时，如果我们要判断重点大学毕业生的收入是哪个原因所致，是重点大学本身，还是个人能力，就可以通过断点回归的方式予以衡量。

断点回归的大致思路为：寻找到和就读重点大学的学生高考分数相近或者相同的一群人［这一群人因为某种原因，虽然能够达到重点大学的录取分数线，但是最终却就读了普通大学（例如填报志愿失误）；或者这一群人虽然没有达到重点大学的录取分数线，但差距非常微小（例如就差1~2分），最终只能被普通大学录取］。从相对狭义的角度来说，虽然没有就读重点大学，但是高考分数却相差无几，表明该人群的个人能力和重点大学的学生相比，大致处于同一水平（至少从重点大学录取新生的衡量标准来看，不存在显著差异）。如果该人群毕业后的薪资水平和重点大学的学生相比，存在显著的差别，那么，就可以初步形成这样的结论：在排除掉个人能力的影响后，就读重点大学，对于大学生的未来收入确实有显著影响。

第一节 断点回归初探

断点回归（regression discontinuity design，RDD），最早是在研究奖学金对学生未来成绩的影响时提出的（Donald et al.，1960）。和其他方法相比，断点回归更接近于准自然实验，能够解决参数估计的内生性问题，学界普遍认为运用断点回归估计出的结果更加准确。近年来，断点回归被广泛运用于政策效应有效性的评估方面，并在诸多领域得到越来越多的应用。

我们通过具体案例，对断点回归的具体思路做进一步了解。

先看第一个案例。

2015 年以前，我国法院案件受理制度为立案审查制，当事人向法院提起诉讼时，法院要对诉讼要件进行实质审查，以决定是否受理。审查的具体内容主要包括主体资格、法律关系、诉讼请求以及管辖权等。然而，在行政诉讼领域，尤其是涉及地方政府的行政诉讼领域，例如与群体性事件、土地征收和房屋补偿、集体利益分配和限制人身自由相关的纠纷，往往较难获得立案，当事人的权利难以获得有效救济。

2015 年 4 月 1 日，中央全面深化改革领导小组第十一次会议审议通过《关于人民法院推行立案登记制改革的意见》，并自 2015 年 5 月 1 日起施行。该意见明确登记立案的程序如下。①实行当场登记立案。对符合法律规定的起诉、自诉和申请，一律接收诉状，当场登记立案。对当场不能判定是否符合法律规定的，应当在法律规定的期限内决定是否立案。②实行一次性全面告知和补正。起诉、自诉和申请材料不符合形式要件的，应当及时释明，以书面形式一次性全面告知应当补正的材料和期限。③对不符合法律规定的起诉、自诉和申请，也应当依法裁决不予受理或者不予立案，并载明理由。禁止不收材料、不予答复、不出具法律文书。④严格执行立案标准。禁止在法律规定之外设定受理条件，全面清理和废止不符合法律规定的立案“土政策”。

至此，我国法院案件受理制度由立案审查制变为立案登记制。简言之，立案登记制意味着法院对当事人的起诉不进行实质审查，仅仅对形式要件进行核对。除了意见规定不予登记立案的情形外，当事人提交的诉状一律接收，并出具书面凭证。起诉状和相关证据材料符合诉讼法规定条件的，当场登记立案。根据澎湃网的统计，立案审查制改为立案登记制后，大大降低了立案门槛。全国法院受理的案件数已经由 2012 年的 1 300 万余件增长到 2021 年的 3 300 万余件。全国法院目前能够做到超过 95.7%的案件当场立案（澎湃网，2022）。

那么，立案登记制改革是否有助于行政纠纷的司法化解决呢？单纯从案件立案的数量来看，似乎有所助力。但是，从学术的角度来看，这些证据还不够，还需要进一步的分析。立案审查制变为立案登记制的起算时间，可算作二者的时间分隔点，可通过断点回归的方式予以分析。时间断点回归将同一时点实施的公共政策视为自然实验，按政策实施前后将全部样本分为不受改革影响的控制组和受改革影响的实验组。以此来看，2015 年 5 月起，全国范围实施立案登记制的改革符合时间断点回归的基本要求，即以 2015 年 5 月为断点，将 2015 年 5 月及其后的所有样本作为实验组，而以 2015 年 5 月前的所有样本为控制组，通过比较实验组与控制组就能发现立案登记制改革对行政纠纷解决司法化水平的影响。

孟天广等（2022）对断点回归的方式进行研究。他们以管辖区的行政诉讼率为因变量，即将管辖区每月一审行政诉讼立案数量除以人口（万人）的结果，作为行政纠纷解决司法化水平的代理变量。具体而言，包括 2015 年 5 月及其前后各 16 个月（2014 年 1 月至 2016 年 9 月）各月总体行政诉讼率和各类纠纷行政诉讼率作为时间断点回归分析的数据。在控制变量方面，他们以各管辖区的人均 GDP、城镇化率、互联网渗透率、FDI 占 GDP 比重、财政开支占 GDP 比重、党政机关在职人员占就业人口比重作为经济增长、城镇化、信息化、全球化、政府规模的代理变量；以行政案件原告代理率，即各管辖区每月行政一审立案中原告有律师作为诉讼代理人的比例，作为测量地市法律职业发展的代理变量。相应的断点回归分析结果表明，立案登记制改革显著提高了行政诉讼率（孟天广 等，2022）。

再看第二个案例。

2019 年 4 月 9 日，教育部决定启动一流本科专业建设“双万计划”。所谓“双万计划”，是指教育部以建设面向未来、适应需求、引领发展、理念先进、保障有力的一流专业为目标，建设一万个国家级一流本科专业点和一万个省级一流本科专业点。“双万计划”的实施时间是从 2019 年至 2021 年。

那么，“双万计划”是否能够有效提升高校的人才培养质量呢？

“双万计划”的实施，可以看作是检验高校人才培养质量的一个准自然实验。若未实施“双万计划”，高校人才培养质量在年度间应为平滑变动的（也就是不存在显著的变化）；若“双万计划”实施后，高校人才培养质量一旦显著改变，则可认为这一变动主要由“双万计划”所致。因此，可通过断点回归的方法来衡量：在“双万计划”实施后，如果断点回归方法能够识别出高校人才培养质量发生突变，而其他影响因素是持续变动的，就有理由认为人才培养质量的突变是“双万计划”这一干预引发的，即“双万计划”有效；若未观测到高校人才培养质量发生突变，则“双万计划”无效。

刘晓凤（2022）以2017—2020年的数据作为分析样本展开断点回归分析。她设定的驱动变量为“双万计划”的起始年（2019年），因为2019年是“双万计划”施行的时间分割点；断点回归模型的因变量是人才培养质量，用在校生的代表性成果和学位论文质量、毕业生的就业与职业发展质量、用人单位评价表示；其他控制变量包括省份哑变量、样本年哑变量、教育经费投入、科研经费投入、社会服务收入、教师工资水平、毕业生工资水平等。实证发现，“双万计划”显著增加了高校专业进行一流建设的机会，提高了高校专业的产出，推动了人才培养质量水平、师资队伍与资源水平、社会声誉水平的提高；但因“双万计划”而进行一流建设的高校专业身份流转不明显，造成这类高校专业的总人才培养质量水平的下滑。

通过上面两个案例，我们可以对断点回归的思想做初步归纳：一个原因变量或干预变量（立案审查制变为立案登记制，或“双万计划”）的出现形成了断点，可能对结果变量产生影响（有助于行政纠纷的司法化解决，或有效提升了高校的人才培养质量），如果其他可能影响结果变量的因素在断点处是连续的（也就是不存在显著变化），那么，结果变量在断点处的变化就可以解释为原因变量或干预变量的影响。

断点回归包括精确断点回归（sharp regression discontinuity，SRD）和模糊断点回归（fuzzy regression discontinuity，FRD）。

精确断点回归的特征是：断点处的干预规则是清晰的，超过断点，则个体必定被干预，没有超过断点，则必定不被干预。例如，上文中的立案登记制和“双万计划”的时间节点，就属于精确断点回归。从数学的角度来看，在断点 $x=c$ 处，个体的处理概率从0跳跃到1，不存在其他处理概率。

模糊断点回归的特征是：断点处的干预规则不是完全清晰的，还受到其他看不到的因素的影响，断点左右个体接受干预的可能性不一定完全相同。例如，60 岁是法定退休年龄，但归因于政府部门的办事规则，或者劳动者自身因素的影响，可能并不是所有的劳动者都是在年满 60 岁当天办理法定退休手续，在年满 60 岁和正式办理退休手续之间，存在一个时间差。不过总体来看，超过 60 岁的劳动者办理退休手续的可能性将大于不到 60 岁的劳动者。从数学的角度来看，断点 $x=c$ 处，个体的处理概率从 a 跳跃到 b，其中 $0<a<b<1$。

在后续的分析中，我们以精确断点回归作为分析对象。

第二节　断点回归的应用步骤

首先需要明确断点回归的一些基本概念。断点回归的基本思想是：一个原因变量（D）完全由某参考变量（X）是否超过某断点所决定。如果此时该参考变量（X）会对结果变量（Y）产生影响，则假设二者之间的关系是连续的，且其他可能影响结果的协变量（Z）在断点处也是连续的，那么结果变量在断点处的跳跃就可解释为是由原因变量（D）造成的（谢琳 等，2022）。应当强调的是，即使参考变量（X）不会对结果变量（Y）产生影响，上述分析仍然成立。从中，我们可以提炼出断点回归的几个基本概念。

结果变量（outcome variable）：研究者关注的变量，从某种程度上讲，也就是其他线性回归分析中的因变量。

参考变量（running variable，forcing variable，或 assignment variable）：之所以叫这个名字，是因为原因变量或干预变量的分配完全参考这一变量是否超过某一个临界值。参考变量可在一定程度上等同于自变量，也称驱动变量。

原因变量（cause variable）：断点回归中的干预变量，也可在一定程度上等同于自变量。

协变量（covariate）：独立变量，是对结果变量产生影响但不可控的变量，类似于自变量或控制变量。

我们以 Donald 等（1960）在研究奖学金对于学生未来成绩的影响的案例为基础，来看看各基本概念的具体运用。其中，学生的未来成绩为结果变量（Y），学生以前的学习成绩就是参考变量（X）。因为奖学金的评比依据是以前的学习成绩，当成绩达到某一个特定的门槛时，学生能够获得奖学金，反之则不能获得奖学金，所以，这个特定的门槛值就决定了原因变量（D），原因变量的取值由参考变量是否超过某门槛值而决定。同时，学生的未来成绩还取决于某些不易度量的因素，例如学生的智商，即可视为协变量（Z）。

断点回归的应用步骤如下（赵西亮，2017）。

第一步，图形分析。

首先，画出结果变量与参考变量之间的关系图，呈现结果变量在断点处的变化，为研究设计提供直观的依据。例如，2015 年 5 月 1 日立案审查制变为立案登记制后，可绘制 2015 年 5 月 1 日前后管辖区的行政诉讼率的散点图，观察是否出现显著变化。

第二步，因果效应估计。

分别利用断点左右的数据估计线性回归模型或多项式模型（可使用矩形核函数加权或三角核函数加权）。也可以结合前面章节中的虚拟变量，通过将原因变量设置为虚拟变量，产生与参考变量的交乘项，再进行对比分析。

第三步，稳健性检验。

首先是协变量连续性检验，可以画出协变量与参考变量的关系图，检验在断点处是否连续。其次，参考变量分布函数连续性检验，可以画出参考变量的分布图。再次，伪断点检验，看看在其他位置，断点回归估计量是否显著。复次，甜甜圈检验，也就是删除断点附近一定比例的样本后，再做断点回归，看结果是否有所改变。最后，可以选择不同的带宽，检验断点回归估计结果是否稳健。

第三节　断点回归的实例

通过上面的讲解，我们已经对断点回归有了初步了解，现在通过一份模拟数据来进行实证分析。

首先生成一份模拟数据，输入如下命令：

```
set obs 4000
gen x=7.5+runiform()
sum x
```

```
gen xc=x-8
sum x xc
gen e=rnormal()
gen z1=rnormal(3,4)
gen z2=runiform()/3
gen T=0
replace T=2 if x>8
gen y=T+2*log(x)+0.6*z1+0.5*z2+e
```

其中，“set obs 4000”表示设置 4 000 个观测值；runiform 为随机数，取值范围是 0 至 1，均值大约为 0.5，“gen x=7.5+runiform()”表示产生一个变量 x，均值大约为 8，取值范围是 7.5 至 8.5；在断点回归中，通常还会对于预变量进行去中心化处理，也就是生成一个新的变量 xc，令 $xc=x-8$，这样 xc 大于 0 时即为实验组，反之为对照组；rnormal()为服从 N（0，1）分布的正态分布随机数，e 为残差项；$z1$ 和 $z2$ 为两个协变量；T 为虚拟变量，当 $x>8$ 时取值为 2，反之为 0；y 为结果变量。

从结果变量 y 的取值来看，因为当 $x<8$ 时，$T=0$，当 $x>8$ 时，$T=2$，所以，当 x 的取值跨越 8 的时候，y 的取值会有明显的增加（增幅大约是 2）。也就是说，$x=8$ 时存在一个断点（也就是 xc=0 处）。

我们通过绘制 y 与 x 的散点图，得到直观的视觉体会，输入命令：scatter y x。得到图 11.2 所示的结果。由图可知，在 x 取值为 8 的断点处，左右两侧的 y 的取值存在一个跳跃。

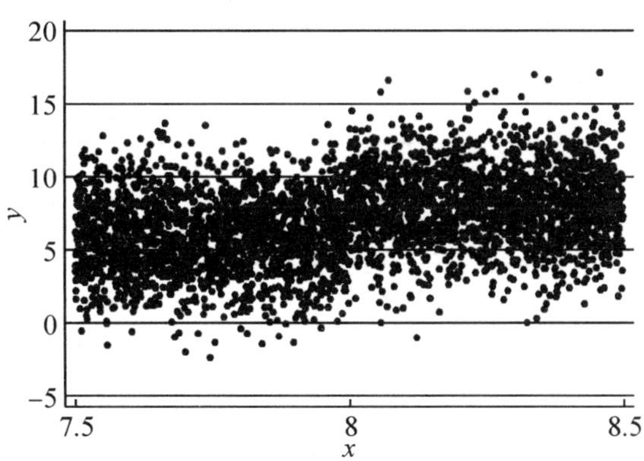

图 11.1　y 与 x 的散点图

为了得到更为直观的视觉体会，输入命令：rdplot y x，c（8）p（1）。其中，rdplot 是绘制断点回归的图形；y 和 x 分别代表结果变量和参考变量；c（8）用于设定断点位置，此处为 8，也就是 $x=8$ 处，如果不设定，默认为 0；p（1）表示设定的多项式阶数为一阶线性，如果不设定，默认为 4。得到图 11.2 所示的结果。

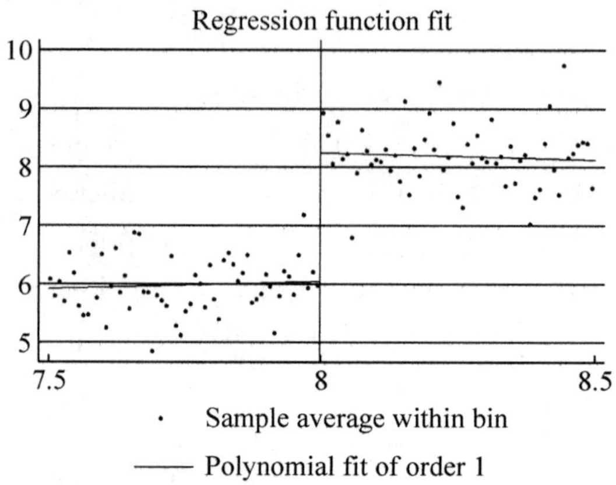

图 11.2　断点回归的图形

我们知道，xc 是去中心化处理的变量。输入命令：rdplot y xc，c（0）p（1）。得到的结果（见图 11.3）与图 11.2 完全一致。为便于直观理解和操作，后面笔者以 xc 作为参考变量进行分析。

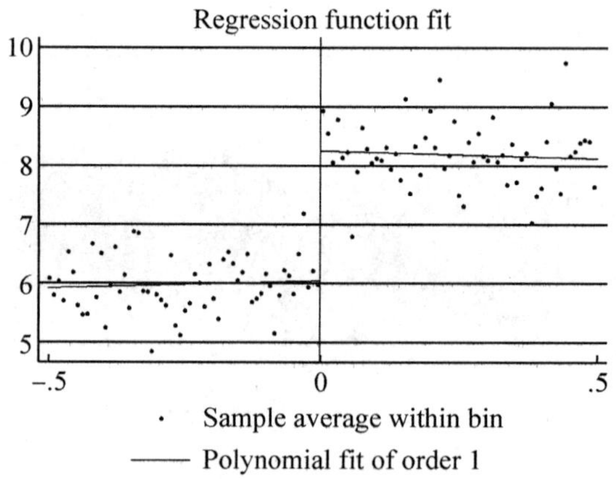

图 11.3　去中心化处理

下面看看断点回归的结果。输入命令：rd y xc，得到图 11.4 所示的结果。由回归结果可以看到："treatment is assumed to jump from zero to one at Z=0." 表示 0 为断点，xc 为参考变量，y 为结果变量；估计的带宽为 0.49（Estimating for bandwidth .494 573 380 827 409）；局部沃尔德估计值 lwald（local Wald estimate）为 2.154 491，且在 1%的水平上显著，和我们的预设值 2 非常接近，因为 xc 的取值跨越 0 时，y 的取值大约增加 2。lwald50 和 lwald200 分别表示在 0.5 倍带宽（0.25）和 2 倍带宽（0.99）下的局部沃尔德估计值，分别为 2.091 263 和 2.190 032，和预设值也非常接近。

```
. rd y xc
Two variables specified; treatment is
assumed to jump from zero to one at Z=0.

 Assignment variable Z is xc
 Treatment variable X_T unspecified
 Outcome variable y is y

Estimating for bandwidth .494573380827409
Estimating for bandwidth .2472866904137045
Estimating for bandwidth .989146761654818
```

y	Coef.	Std. Err.	z	P>|z|	[95% Conf.	Interval]
lwald	2.154491	.1763686	12.22	0.000	1.808815	2.500167
lwald50	2.091263	.2421876	8.63	0.000	1.616585	2.565942
lwald200	2.190032	.1620485	13.51	0.000	1.872423	2.507642

图 11.4 断点回归的结果

也可以通过 rdrobust 来做断点回归，输入命令：rdrobust y xc，得到图 11.5 所示的结果。该结果包含了更多的信息。其中，"Sharp RD estimates using local polynomial regression" 表示精确断点回归，估计方法为局部多项式回归；"Cutoff c = 0" 表示断点为 0，断点左侧的观测值为 1 989 个，右侧的观测值为 2 011 个；"Order est.（p）" 是指定用于构造点估计器的局部多项式回归的阶数，$p=1$ 表示一阶（本地线性回归）；"Order bias（q）" 是指定用于构造偏差校正的局部多项式的顺序，默认值是 q=2（局部二次回归）；"BW est.（h）" 表示指定用于构造 RD 点估计器的主带宽，也就是系统选择的最优带宽（0.125）；"BW bias（b）" 是指定用于构造偏差校正估计器的偏差带宽。最优带宽内断点左右两侧的有效样本数分别为 515 和 515。BW type 表示最优带宽的估计方法，mserd 表示断点两侧选择使均方误差（MSE）最小的共同带宽。Kernel 是设定多项式拟合时的核函数，Triangular 为三角核函数。

断点回归的估计值 Conventional 为 2.223 2，且高度显著，表明 y 在 xc=0 处存在一个显著的跳跃，与我们的设定高度吻合。

```
. rdrobust y xc

Sharp RD estimates using local polynomial regression.

     Cutoff c = 0 | Left of c  Right of c            Number of obs =       4000
------------------+----------------------            BW type       =      mserd
    Number of obs |      1989        2011            Kernel        = Triangular
Eff. Number of obs |       515         515            VCE method    =         NN
    Order est. (p) |         1           1
    Order bias (q) |         2           2
       BW est. (h) |     0.125       0.125
      BW bias (b) |     0.197       0.197
        rho (h/b) |     0.635       0.635

Outcome: y. Running variable: xc.
--------------------------------------------------------------------------------
           Method |   Coef.    Std. Err.    z     P>|z|    [95% Conf. Interval]
------------------+-------------------------------------------------------------
     Conventional |  2.2232     .3363    6.6109   0.000    1.56409      2.88235
           Robust |     -         -      5.6664   0.000    1.49008      3.06599
--------------------------------------------------------------------------------
```

图 11.5　rdrobust 命令的断点回归

接下来我们进行稳健性检验。

第一是局部平滑性的检验，也就是协变量的连续性检验，是指除了结果变量（y），其他变量（$z1$，$z2$）在断点附近都不应该存在跳跃现象。在检验方法上，我们可以利用图形直接观察，也可以将每一个协变量作为结果变量，使用断点回归方法进行检验。

以变量 $z1$ 为例通过绘图进行直接观察，输入命令：rdplot z1 xc，得到图 11.6 所示的结果。从图来看，似乎存在微小的断点，但是否显著，还要通过回归结果来判断。

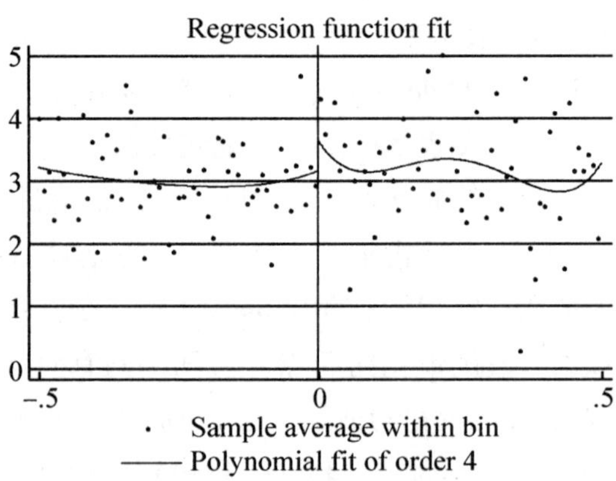

图 11.6　图示的稳健性检验

将 $z1$ 作为结果变量，使用断点回归方法进行检验。输入命令：rdrobust z1 xc，得到图 11.7 所示的结果。得到的估计值 Conventional 为 0.501 94，p 值为 0.335，没有通过显著性检验，表明变量 $z1$ 在断点处不存在跳跃现象，通过了局部平滑线检验。

```
. rdrobust z1 xc

Sharp RD estimates using local polynomial regression.

     Cutoff c = 0 | Left of c  Right of c            Number of obs =       4000
------------------+----------------------            BW type       =      mserd
    Number of obs |      1989        2011            Kernel        = Triangular
Eff. Number of obs|       509         509            VCE method    =         NN
   Order est. (p) |         1           1
   Order bias (q) |         2           2
      BW est. (h) |     0.123       0.123
     BW bias (b)  |     0.196       0.196
       rho (h/b)  |     0.631       0.631

Outcome: z1. Running variable: xc.
--------------------------------------------------------------------------------
          Method |   Coef.    Std. Err.    z     P>|z|     [95% Conf. Interval]
-----------------+--------------------------------------------------------------
    Conventional |   .50194     .5208   0.9638   0.335    -.51882       1.5227
          Robust |     -          -     0.9776   0.328    -.608537      1.81983
--------------------------------------------------------------------------------
```

图 11.7　断点回归法的稳健性检验

第二是反事实检验，也称安慰剂检验，即变换断点位置。思路是：选择多个不同于断点（0）的位置作为伪断点，如果伪断点处的回归结果变得不显著，则表明断点的真实性。

我们选择真实断点两侧的多个点作为伪断点，输入命令：

rdrobust y xc，c（0）

estimate store rdd1

rdrobust y xc，c（0.2）

estimate store rdd2

rdrobust y xc，c（0.3）

estimate store rdd3

rdrobust y xc，c（0.4）

estimate store rdd4

rdrobust y xc，c（−0.2）

estimate store rdd5

rdrobust y xc，c（−0.3）

estimate store rdd6

rdrobust y xc，c（−0.4）

estimate store rdd7

coefplot rdd7 rdd6 rdd5 rdd1 rdd2 rdd3 rdd4, yline (0) drop (_cons) vertical

其中，rdd1 为真实的断点，也就是 xc=0 处，rdd2、rdd3、rdd4 设置的断点分别为 0.2、0.3、0.4，rdd5、rdd6、rdd7 设置的断点分别为-0.2、-0.3、-0.4。得到图 11.8 所示的结果。

由图可知，除了 rdd1 之外，其他设置的断点的回归系数都不显著，而且离真实值差距也很大。

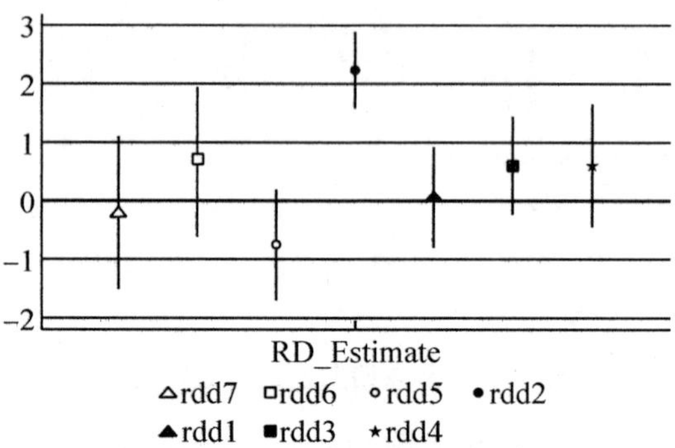

图 11.8 安慰剂检验结果

第三是选择不同的带宽，以检验断点回归的估计结果是否稳健。不同的带宽长度会显著影响断点回归结果，一个稳健的结果要求对带宽长度不那么敏感。

输入命令：

```
rdrobust y xc
local hrd1=0.125*0.25
rdrobust y xc, h ('hrd1')
estimate store rddh1
local hrd2=0.125*0.5
rdrobust y xc, h ('hrd2')
estimate store rddh2
local hrd3=0.125*1
rdrobust y xc, h ('hrd3')
estimate store rddh3
local hrd4=0.125*1.5
```

```
rdrobust y xc, h ('hrd4 ')
estimate store rddh4
local hrd5=0.125 * 2
rdrobust y xc, h ('hrd5 ')
estimate store rddh5
local hrd7=0.125 * 4
rdrobust y xc, h ('hrd6 ')
estimate store rddh6
coefplot rddh1 rddh2 rddh3 rddh4 rddh5 rddh6, yline(0) drop(_cons) vertical
```

其中，从断点回归“rdrobust y xc”中，提取出最优带宽为 0.125，“local hrd1=0.125 * 0.25”表示最优带宽的 25%，h（'hrd1 '）设定断点左右用于拟合的带宽（也就是最优带宽的 25%）。从 rddh1 到 rddh6，分别手动设置了最优带宽的 25%~400%。得到图 11.9 所示的结果。

由图可知估计回归系数和 95%的置信区间。可知，在最优带宽 25%~400%的范围内，回归结果保持显著，说明结论较为可靠。

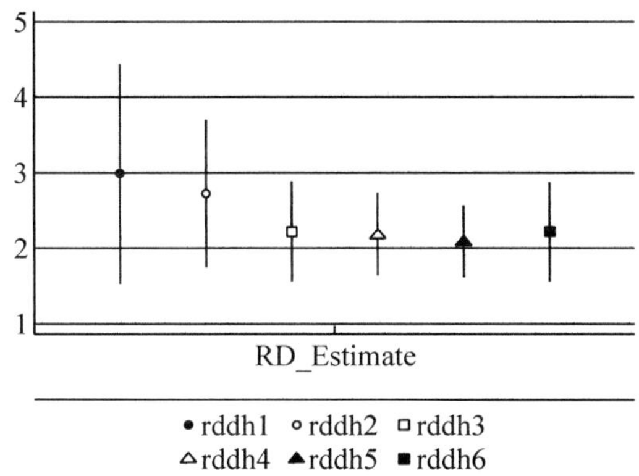

图 11.9　不同带宽的稳健性检验

第四是样本选择的敏感性检验，俗称甜甜圈检验。思路是：越接近断点的样本，越有人为操控的动机。因此，删除最接近断点的部分样本来观察断点回归是否显著，如果仍旧显著，说明不存在人为操控，断点效应仍旧存在。

输入命令：

```
local opt1=0.5*0.05
rdrobust y xc if abs (xc) >'opt1'
estimate store ropt1
local opt2=0.5*0.06
rdrobust y xc if abs (xc) >'opt2'
estimate store ropt2
local opt3=0.5*0.08
rdrobust y xc if abs (xc) >'opt3'
estimate store ropt3
local opt4=0.5*0.1
rdrobust y xc if abs (xc) >'opt4'
estimate store ropt4
coefplot ropt1 ropt2 ropt3 ropt4, yline (0) drop (_cons) vertical
```

其中，abs（x）表示绝对值，xc 是断点为 0，abs（xc）>opt1 就是删除 0 附近的-0.025 到 0.025 的样本数据（也就是删去 5%的数据）。所以，上述命令分别删除了断点附近 5%、6%、8%和 10%的样本，进行了 4 组稳健性检验。得到图 11.10 所示的结果。

由图可知回归系数和 95%的置信区间。除了删除 10%的样本不显著外，其他结果都保持稳健。

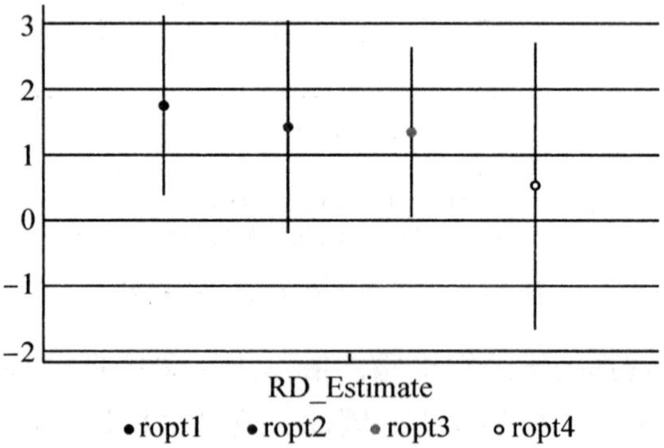

图 11.10 甜甜圈检验

最后，笔者通过设置虚拟变量的方法，来对比断点回归与虚拟变量。输入命令：

```
gen D=0
replace D=1 if xc>0
gen jiaocheng=D * xc
reg y xc
estimates store reg
reg y xc D jiaocheng
estimates store rdd
esttab reg rdd,se r2 mtitle star( * 0.1 ** 0.05 *** 0.01)
```

得到图 11.11 所示的结果。其中，第（1）列 reg 表示直接用 y 对 xc 做回归，虽然高度显著，但系数为 3.255，远远超过了我们设定的值，估计并不准确；第（2）列 rdd 表示设置虚拟变量后的回归结果，虚拟变量 D 的系数为 2.205，高度显著，与我们的设定较为符合。

	(1) reg	(2) rdd
xc	3.255***	0.250
	(0.144)	(0.394)
D		2.205***
		(0.162)
jiaocheng		-0.506
		(0.556)
_cons	7.074***	6.043***
	(0.0420)	(0.114)
N	4000	4000
R-sq	0.113	0.153

Standard errors in parentheses
* p<0.1, ** p<0.05, *** p<0.01

图 11.11　虚拟变量的检验

第十二章　倾向得分匹配

在法律经济学领域，立法者或执法者常常希望评估新法律实施后的效果。理想的方法是类似于自然实验的方法，即设定两个不同的组别：一个是实验组，即受新法约束的组；另一个是控制组，即不受新法约束的组。待新法实施一段时间后，收集实验组和控制组的相关数据，对新法的实施效果做出准确评估。

然而，理想的类似于自然实验的方法可能会遇到某些操作上的实际问题。首先，运用该方法得到有效评估结果的前提在于，实验组和控制组的特征基本一致，如果实验组和控制组的各方面特征存在显著差别（在现实生活中，几乎不太可能找到和实验组特征完全一致的控制组），可能会导致评估结果的偏差。例如，要评估某项惠农政策的有效性，可以考虑一个比较极端的情况，即将东部发达地区的某个村作为实验组，西部贫困地区的某个村作为控制组，基于两个组存在的显著差别，可能无法得到客观的评估结果。其次，在制定某些新法律时，可能无法通过这种方法进行评估，原因在于法律上的风险或者事实上的不可能。例如，制定公共场合的控烟制度，要找到两个规格相同的公共场合并不难，要让其中实验组的人不吸二手烟也不难，难的是要让控制组的人大量吸收二手烟以获取相关受害人的数据，这可能就存在一定的法律或道德风险。最后，人与人之间的体质也存在一定差别，还有难以排除的其他影响因素，这些都增大了上述理想的类似于自然实验方法的实施难度。

在实际的应用中，我们可以通过倾向得分匹配解决或缓解上述难题。

第一节　倾向得分匹配初探

完美地、无可挑剔地衡量新法律实施效果的方法是什么？我们可以做一个思想实验。假设新法律实施两年后，我们要评估其实施效果。首先，我们在已经实施新法律的A地区，收集相应的数据。然后，坐上时光机，回到两年前的A地区，通过种种方式，使得A地区不实施新法律，而依然实施以前的旧法律，两年后，再行收集相应的数据。通过此种方式，就可以获得A地区实施新法律和不实施新法律的两套数据，通过数据的对比和分析，就能够获得完美的、无可挑剔的衡量新法律实施效果的评估结果。然而，如前所述，这种程序只能通过思想实验的方式进行。理由也很简单，如果A地区实施了新法律，就可以观测到新法律产生的效果，如果要观测A地区不实施新法律的效果，除非穿越到过去，改写历史。总而言之，A地区只可能处于一种状态（要么实施新法律，要么不实施新法律）。

实践中，我们可以类比自然科学的对照实验，对新法律的实施效果做出尽可能客观的评估。考虑一种最简单的情况，即寻找一个跟A地区条件类似的B地区。地区的比对指标在于两个地区的面积和人口（应当说，要找到符合这两个条件的B地区并不是太难，即使不能圆满契合，但高度雷同也是可以的）。此时，让A地区实施新法律，B地区不实施新法律，两年后，通过收集两地区的数据，就可以大致评估新法律的实施效果。然而，粗略思考即可发现，我们要求的两个比对指标似乎过于简单，而法律的规定通常是复杂的，简单的指标并不能完全达到法律的要求。此时，我们可以增添一个指标——三次产业的情况。也就是说，要找到一个跟A地区面积、人口和三次产业基本匹配的C地区，再通过类似的方法来评估。应当说，和B地区相比，通过收集A地区和C地区的相关数据，能够更为准确地评估出新法律的实施效果。更进一步地，我们还可以继续增添考察地区匹配度的指标，例如地理位置、基础设施状况。也就是说，要寻找到一个与A地区在面积、人口、三次产业、地理位置以及基础设施状况都高度契合的D地区。通过收集A地区和D地区的相应数据，显然可以进一步提高新法律实施效果的评估精确度，因为较之于B地区和C地区，D地区与A地区的匹配度更高。

从上述分析可以看出，当需要匹配的指标较少时，匹配的难度也较小，例如A地区与B地区。然而，社会生活往往是复杂的，需要匹配的指标往往并非单一，而是多元的。此时，传统的匹配方式就存在一定局限性。那么，是否可以通过某种方式，将多个匹配指标转化为一个指标，从而实现从多维到一维的匹配呢？

第二节 倾向得分匹配的应用步骤

假设现在需要评估某项政策的实施效果，通过虚拟变量 D_i 来表示个体 i 是否参与了该政策，如果个体 i 参与了该政策，取值为 1，反之为 0。同时，将参与了该政策后的个体状态记为 y_{1i}，没有参与该政策的个体状态记为 y_{0i}，可得到如下表达式：

$$y_i = \begin{cases} y_{1i}; & D_i = 1 \\ y_{0i}; & D_i = 0 \end{cases} \tag{12.1}$$

D_i 通常被称为处理变量（treatment variable），即反映个体 i 是否得到处理，也就是是否参与了某项政策。

不难看出，政策的实施效果可以通过实施前后的个体状态获得，也就是（$y_{1i}-y_{0i}$）。

进一步地，式（12.1）可以通过分段函数的形式得到表达：

$$y_i = (1 - D_i)\, y_{0i} + D_i\, y_{1i} = y_{0i} + (y_{1i} - y_{0i})\, D_i \tag{12.2}$$

其中，（$y_{1i}-y_{0i}$）被称为个体 i 参与政策的因果效应或处理效应。当然，个体状态 y_{1i} 和 y_{0i} 表征着多维的处理效应，例如参与政策后获得的收益，以及为匹配政策要求而投入的成本等。相应地，当存在很多个不同的个体 i 时，我们就关心期望值，也就是“平均处理效应”（average treatment effect, ATE），记为

$$\text{ATE} = E(y_{i1} - y_{0i}) \tag{12.3}$$

与之相关的另一个概念为“参与者平均处理效应”（average treatment effect on the treated，ATT），也就是政策的实际参加者的平均处理效应，记为

$$\text{ATT} = E(y_{i1} - y_{0i} \mid D_i = 1) \tag{12.4}$$

类似地，是没有参与政策的“非参与者平均处理效应”（average treatment effect on the untreated，ATU），记为

$$\text{ATU} = E(y_{i1} - y_{0i} \mid D_i = 0) \tag{12.5}$$

我们已经知道，匹配估计的重点是找到控制组（未参与政策）的某个个体，使得该个体与处理组（参与政策）的某个个体取值尽可能匹配。不过，在查阅资料时我们发现，不同专著在匹配方式和结果上存在微小差别。此处，我们参照《高级计量经济学及 Stata 应用》（第二版）第 28 章

“处理效应”的相应内容，来说明匹配的过程（陈强，2014）。

表 12.1 中，样本容量为 7（$i=1, 2, 3, \cdots, 7$），D_i表示处理变量，0 表示控制组，1 表示处理组。从中可以看到，一共包括 3 个控制组个体（$i=1, 2, 3$）与 4 个处理组个体（$i=4, 5, 6, 7$），x_i为个体特征，y_{1i}表示处理组的个体状态，y_{0i}表示控制组的个体状态。匹配原则是处理组和控制组内个体特征值 x_i要一样，匹配的具体方式是有放回的一对一匹配，并允许并列。

表 12.1　匹配的过程

i	D_i	x_i	y_{1i}	y_{0i}	匹配	匹配 y_{1i}	匹配 y_{0i}
1	0	2	—	7	5	8	7
2	0	4	—	8	4，6	7.5	8
3	0	5	—	6	4，6	7.5	6
4	1	3	9	—	1，2	9	7.5
5	1	2	8	—	1	8	7
6	1	3	6	—	1，2	6	7.5
7	1	1	5	—	1	5	7

个体 1 的匹配：个体 1 属于控制组，应到处理组寻找匹配，个体 5 的个体特征与个体 1 一致（均为 2），所以个体 1 的匹配为个体 5，对应的匹配 y_{1i}和匹配 y_{0i}分别为 8 和 7。

个体 2 的匹配：个体 2 同属于控制组，也应到处理组寻找匹配，但是没有找到与个体 2 完全匹配的个体（特征值为 4），最近匹配的特征值为 3，也就是个体 4 和个体 6。需要注意的是，个体 4 和个体 6 的个体状态分别是 9 和 6，因此在匹配 y_{1i}处取其平均值，也就是 7.5。

个体 3 的匹配：没有找到与个体 3 完全匹配的个体（特征值为 5），最近匹配的特征值为 3，所以匹配的也是个体 4 和个体 6。

类似地，可以得到其他个体的匹配结果。

接下来，可以计算相应的处理效应。

全样本平均处理效应为（考虑整个样本的匹配结果）

$\text{ATE}=[(8-7)+(7.5-8)+(7.5-6)+(9-7.5)+(8-7)+(6-7.5)+(5-7)]/7=0.14285714$

参与者平均处理效应为（只考虑参与者的匹配结果）

$\text{ATT}=[(9-7.5)+(8-7)+(6-7.5)+(5-7)]/4=-0.25$

非参与者平均处理效应为（只考虑非参与者的匹配结果）

ATU = [(8-7)+(7.5-8)+(7.5-6)]/3 = 0.666 666 67

该例中，个体特征值 x_i 是一维的，匹配起来非常清晰简单。在实际生活或理论研究中，个体特征值 x_i 通常是多维的，如果直接通过 x_i 进行匹配，意味着要在高维度空间进行匹配，难度较大。此时，可通过某个特定的函数，将多维向量 x_i 的信息压缩至一维，进而进行匹配，例如可通过马氏匹配（Mahalanobis matching）的方式，但马氏匹配存在诸多缺点，并未得到较为广泛的应用。

1983 年，Rosenbaum 和 Rubin 提出倾向得分（propensity score）的匹配方式，该方式迅速得到了广泛的应用。

所谓倾向得分，是指一个个体进入处理组的条件概率。例如，对于某个特定的个体 i，其倾向得分为：在给定个体特征 x_i 的前提下，个体 i 进入处理组的条件概率。在通过样本数据计算条件概率时，通常可使用 probit 模型或者 logit 模型。使用倾向得分来度量个体之间距离的好处在于，因为最终获得的条件概率是介于 0 到 1 的数字，所以即使两个个体的特征变量差别很大，但仍有可能得到一定程度的匹配。

倾向得分匹配的具体数学推理较为复杂，此处不予一一展现，仅将通过倾向得分匹配计算平均处理效应的步骤归纳如下（陈强，2014）。

一是选择协变量 x_i。此处的协变量实际就是个体特征，也可以类比理解为多元线性回归中的自变量或控制变量。应当尽量将可能影响结果变量（y_{1i} 和 y_{0i}）和处理变量（D_i）的相关变量囊括进来，如果协变量过少，可能会导致解释力不足，或者引起偏差。

二是估计倾向得分。Rosenbaum 和 Rubin 建议使用形式灵活的 logit 模型来估计。

三是进行倾向得分匹配。如果倾向得分估计得比较准确，则应使 x_i 在匹配后的处理组与控制组之间分布较均匀。比如，匹配后的 x_i 在处理组的均值与控制组的均值比较接近。

四是根据匹配后的样本计算平均处理效应。

通常是计算 ATT。

倾向得分匹配的具体方法有多个。

第一，k 近邻匹配（k-nearest neighbor matching，KNN），即寻找倾向得分最近的 k 个不同组个体，$k=1$ 时为“一对一匹配”。

第二，卡尺匹配（caliper matching）或半径匹配（radius matching），

即限制倾向得分的距离，也就是将匹配个体的倾向得分之差的绝对值限制在某个特定的范围之内。

第三，卡尺内最近邻匹配（nearest neighbor matching within caliper），此方法是上述两个方法的综合，即在给定的卡尺范围内寻找最近邻匹配。

上述三种方法本质上都是近邻匹配法，也就是个体匹配。另一类匹配方法是整体匹配法，每个个体的匹配结果为不同组的全部个体，只是根据个体距离不同给予不同的权重，距离近者权重大，距离远者权重小。

第四，核匹配（kernel matching），即通过核函数来计算相应的权重。

第五，局部线性回归匹配（local linear regression matching），即通过局部线性回归来计算相应的权重。

第六，样条匹配（spline matching），即使用更为光滑的三次样条估计权重。

第三节　倾向得分匹配的实例

我们构造一个数据集“倾向得分匹配”来了解具体的操作，并在操作中对命令做相应的解读。该数据集中：y 为结果变量，体现为某种效应；D 为处理变量，$D=0$ 表示未参加某项政策，$D=1$ 表示参加了该项政策；$x1$，$x2$，…，$x10$ 为协变量。

首先进行最简单的一元线性回归。输入命令：reg y D，得到图 12.1 所示结果。由图可知，处理变量 D 的系数为 2.436 631（也就是平均处理效应），且在 1%的水平上显著。表明该项政策的实施能够显著提高效应。

```
. reg y D

      Source |       SS           df       MS      Number of obs   =     8,534
-------------+----------------------------------   F(1, 8532)      =     35.82
       Model |  10635.0096         1  10635.0096   Prob > F        =    0.0000
    Residual |  2533161.16     8,532  296.901215   R-squared       =    0.0042
-------------+----------------------------------   Adj R-squared   =    0.0041
       Total |  2543796.17     8,533  298.112759   Root MSE        =    17.231

------------------------------------------------------------------------------
           y |      Coef.   Std. Err.      t    P>|t|     [95% Conf. Interval]
-------------+----------------------------------------------------------------
           D |   2.436631    .407124     5.98   0.000     1.638569    3.234692
       _cons |   8.868925   .3406871    26.03   0.000     8.201096    9.536754
------------------------------------------------------------------------------
```

图 12.1　一元线性回归结果

然后，加入协变量，进行多元线性回归。输入命令：reg y D x1 x2 x3 x4 x5 x6 x7 x8 x9 x10，得到图 12.2 所示结果。由图可知，*D* 的系数下降为 1.538 351，仍然在 1%的水平上显著。表明在控制其他变量不变的条件下，与没有实施该项政策的地区相比，实施该项政策的地区将增加 1.538 351 的效应。

```
. reg y D x1 x2 x3 x4 x5 x6 x7 x8 x9 x10

      Source |       SS           df       MS      Number of obs   =     8,534
-------------+----------------------------------   F(11, 8522)     =    419.92
       Model |    894140.9        11  81285.5364   Prob > F        =    0.0000
    Residual |  1649655.27     8,522  193.576071   R-squared       =    0.3515
-------------+----------------------------------   Adj R-squared   =    0.3507
       Total |  2543796.17     8,533  298.112759   Root MSE        =    13.913

------------------------------------------------------------------------------
           y |      Coef.   Std. Err.      t    P>|t|     [95% Conf. Interval]
-------------+----------------------------------------------------------------
           D |   1.538351   .3514083     4.38   0.000     .8495059    2.227197
          x1 |   .0175799   .0138922     1.27   0.206    -.0096522    .0448119
          x2 |  -2.650468    .674661    -3.93   0.000    -3.972967   -1.327969
          x3 |   1.667909   .8827011     1.89   0.059    -.0623992    3.398217
          x4 |   8.693642   .7655738    11.36   0.000     7.192932    10.19435
          x5 |  -2.423301   .3091151    -7.84   0.000    -3.029242   -1.817361
          x6 |    2.50034   1.034502     2.42   0.016     .4724652    4.528215
          x7 |  -2.470533   1.061194    -2.33   0.020    -4.550731   -.3903353
          x8 |   11.16648   .6457809    17.29   0.000     9.900588    12.43236
          x9 |  -7.397204   .3092358   -23.92   0.000    -8.003381   -6.791027
         x10 |   28.69964   .5186218    55.34   0.000     27.68302    29.71627
       _cons |  -19.47203   .9320978   -20.89   0.000    -21.29916   -17.64489
------------------------------------------------------------------------------
```

图 12.2　多元线性回归结果

接下来，我们进行倾向匹配得分的操作。为了确保结果的可重复性，首先设定种子，并生成随机数进行排序，输入命令：

set seed 1234

gen neworder=runiform（）

sort neworder

其中，runiform（）表示取值介于 0 和 1 的随机数，均值大约为 0.5。

紧接着，进行一对一匹配，输入命令：psmatch2 D x1 x2 x3 x4 x5 x6 x7 x8 x9 x10，outcome（y）n（1）ate ties logit common。其中，psmatch2 为倾向匹配得分的操作命令，*D* 为处理变量（取值为 0 或 1），*D* 后面的各个变量为协变量，outcome 表示结果变量为 *y*。*n*（1）的全称为 neighbor（1），表示一对一近邻匹配。ate 表示同时汇报 ATE、ATU 和 ATT，如果不输入 ate，则仅汇报 ATT。ties 表示包括所有倾向得分相同的并列个体，默认按照数据排序选择其中一位个体。logit 表示使用 logit 模型来估计倾向得分，若不输入，则默认使用 probit 模型。common 表示只对共同取值范围内的个体进行匹配，若不输入，则默认对所有个体进行匹配。得到图 12.3 所示结果。

图 12.3 的上部分是 logit 模型的回归结果，D 为因变量，$x1$ 至 $x10$ 为自变量。我们重点关注的是图的中下部分。没有匹配前（unmatched），处理组（treated）和控制组（controls）的 y 的均值分别为 11.305 555 5 和 8.868 924 91，存在较大差距（2.436 630 62）。匹配后（matched），平均处理效应 ATT 估计值为 1.997 520 64，对应的 t 值为 3.94，大于 1.96 的临界值，所以显著。和上文的多元线性回归结果（1.538 351）相比，匹配后的 ATT 值（1.997 520 64）更为准确，表明通过倾向得分匹配后，与没有实施该项政策的地区相比，实施该项政策的地区将增加 1.997 520 64 的效应，该项政策具有显著的正效应。

图 12.3 的下部反映了观测值的情况。在 8 534 个观测值中，控制组（untreated）共有 6 个观测值不在共同取值范围（off suppo）内，处理组（treated）共有 14 个观测值不在共同取值范围内，一共有 20 个观测值不在共同取值范围内。其他 8 514 个观测值都在共同取值范围内（on suppor）。

```
Logistic regression                             Number of obs     =      8,534
                                                LR chi2(10)       =    1074.95
                                                Prob > chi2       =     0.0000
Log likelihood = -4673.7761                     Pseudo R2         =     0.1031

------------------------------------------------------------------------------
           D |      Coef.   Std. Err.      z    P>|z|     [95% Conf. Interval]
-------------+----------------------------------------------------------------
          x1 |  -.0679188   .0022763   -29.84   0.000    -.0723802   -.0634574
          x2 |   .0855877    .110949     0.77   0.440    -.1318683    .3030436
          x3 |  -.1834938   .1430083    -1.28   0.199    -.4637848    .0967972
          x4 |  -.0643944   .1305808    -0.49   0.622     -.320328    .1915393
          x5 |   -.156758   .0516761    -3.03   0.002    -.2580413   -.0554748
          x6 |   .4116362     .19277     2.14   0.033     .0338139    .7894585
          x7 |  -.3549959    .196909    -1.80   0.071    -.7409305    .0309387
          x8 |   .3009589   .1195657     2.52   0.012     .0666144    .5353035
          x9 |  -.0765961   .0520106    -1.47   0.141     -.178535    .0253428
         x10 |   .1930519   .0912768     2.12   0.034     .0141527     .371951
       _cons |   3.446707   .1472794    23.40   0.000     3.158044    3.735369
------------------------------------------------------------------------------

----------------------------------------------------------------------------------------
        Variable     Sample |    Treated     Controls   Difference         S.E.   T-stat
----------------------------+-----------------------------------------------------------
               y  Unmatched | 11.3055555   8.86892491   2.43663062   .407124035     5.98
                        ATT | 11.2741949   9.27667424   1.99752064   .506749422     3.94
                        ATU | 8.87575624   9.95385219   1.07809595            .        .
                        ATE |                           1.72193081            .        .
----------------------------+-----------------------------------------------------------
Note: S.E. does not take into account that the propensity score is estimated.

 psmatch2: | psmatch2: Common
 Treatment |        support
assignment | Off suppo  On suppor |     Total
-----------+----------------------+----------
 Untreated |         6      2,552 |     2,558 
   Treated |        14      5,962 |     5,976 
-----------+----------------------+----------
     Total |        20      8,514 |     8,534 
```

图 12.3 倾向匹配得分结果

另外，在图 12.3 中还有一个 Note "Note: S. E. does not take into account that the propensity score is estimated"，意为标准误没有考虑到所获得的倾向得分是估计所获的事实。因此，该标准误有可能不成立，可通过自助法来获得标准误。输入命令：

set seed 1234

bootstrap r (att) r (atu) r (ate), reps (500): psmatch2 D x1 x2 x3 x4 x5 x6 x7 x8 x9 x10, outcome (y) n (1) ate ties logit common

得到图 12.4 所示结果。由图可知，ATT 的自助标准误为 3.60，且在 1%的水平上显著，与上图反映的结果基本一致。

```
Bootstrap results                               Number of obs     =      8,534
                                                Replications      =        500

      command:  psmatch2 D x1 x2 x3 x4 x5 x6 x7 x8 x9 x10, outcome( y ) n(1) ate ties logit common
        _bs_1:  r(att)
        _bs_2:  r(atu)
        _bs_3:  r(ate)
```

	Observed Coef.	Bootstrap Std. Err.	z	P>|z|	Normal-based [95% Conf.	Interval]
_bs_1	1.997521	.5547913	3.60	0.000	.9101496	3.084892
_bs_2	1.078096	.5350358	2.01	0.044	.0294451	2.126747
_bs_3	1.721931	.4478799	3.84	0.000	.8441024	2.599759

图 12.4　自助法获得标准误

我们通过多种形式来观察匹配结果是否较好地平衡了数据。输入命令：

psmatch2 D x1 x2 x3 x4 x5 x6 x7 x8 x9 x10, outcome (y) n (1) ate ties logit common

pstest x1 x2 x3 x4 x5 x6 x7 x8 x9 x10, both graph

得到图 12.5 和图 12.6 所示的结果。首先需要明确，如果匹配后的标准化偏差（%bias）在 10%以内，那么说明匹配效果良好。我们来看图 12.5，对于变量 $x1$ 而言，未匹配前（U）的处理组和对照组的均值分别为 36.247 和 45.131，存在较大差异，标准化偏差（%bias）为-77.2%，t 检验的 p 值为 0.000，表示拒绝处理组和对照组的均值不存在显著差异的原假设；匹配后（M）的处理组和对照组的均值分别为 36.285 和 36.162，差异较小，标准化偏差为 1.1%（低于 10%），说明匹配效果较好，而且对应 t 检验的 p 值为 0.506，表明接受原假设，也就是处理组和对照组的均值不存在显著差异。对于其他变量而言，从匹配的效果来看，匹配结果较好的有 x5、x6、x8、x9，匹配结果较差的有 x2、x3、x4、x7。因为本数据集系演示所用，所以总体的匹配效果并不是特别理想。

Variable	Unmatched Matched	Mean Treated	Mean Control	%bias	%reduct |bias|	t-test t	t-test p>|t|
x1	U	36.247	45.131	-77.2		-34.38	0.000
	M	36.285	36.162	1.1	98.6	0.67	0.506
x2	U	.05279	.06177	-3.9		-1.69	0.091
	M	.05292	.03422	8.2	-108.4	5.13	0.000
x3	U	.02761	.03636	-5.0		-2.16	0.031
	M	.02768	.01476	7.3	-47.7	4.90	0.000
x4	U	.04301	.03557	3.8		1.59	0.112
	M	.04311	.02801	7.8	-103.2	4.45	0.000
x5	U	.40763	.44058	-6.7		-2.83	0.005
	M	.40842	.4111	-0.5	91.9	-0.30	0.766
x6	U	.29334	.28186	2.5		1.07	0.284
	M	.29252	.29772	-1.1	54.7	-0.62	0.534
x7	U	.26824	.26661	0.4		0.16	0.877
	M	.26853	.28531	-3.8	-932.1	-2.05	0.041
x8	U	.0661	.04027	11.5		4.67	0.000
	M	.06525	.06323	0.9	92.2	0.45	0.654
x9	U	.41834	.40813	2.1		0.88	0.381
	M	.41865	.41848	0.0	98.4	0.02	0.985
x10	U	1.1009	1.0778	8.1		3.35	0.001
	M	1.0998	1.0725	9.6	-18.3	5.33	0.000

* if variance ratio outside [0.95; 1.05] for U and [0.95; 1.05] for M

Sample	Ps R2	LR chi2	p>chi2	MeanBias	MedBias	B	R	%Var
Unmatched	0.103	1069.19	0.000	12.1	4.5	78.6*	0.64	100
Matched	0.007	122.02	0.000	4.0	2.5	20.2	1.43	67

* if B>25%, R outside [0.5; 2]

图 12.5　总体的匹配效果

通过图 12.6 所示的结果，我们可以更为直观地看到匹配效果。其中纵坐标为各个协变量，横坐标为标准化偏差，黑点“·”表示匹配前（unmatched）处理组和对照组的标准化偏差，叉“×”表示匹配后（matched）的处理组和对照组的标准化偏差。

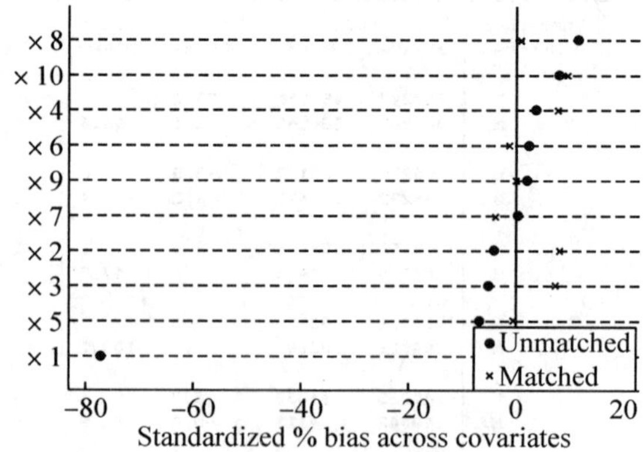

图 12.6　直观的匹配效果

还可以通过绘制条形图来显示倾向得分的共同取值范围。输入命令：psgraph，得到图 12.7 所示结果。

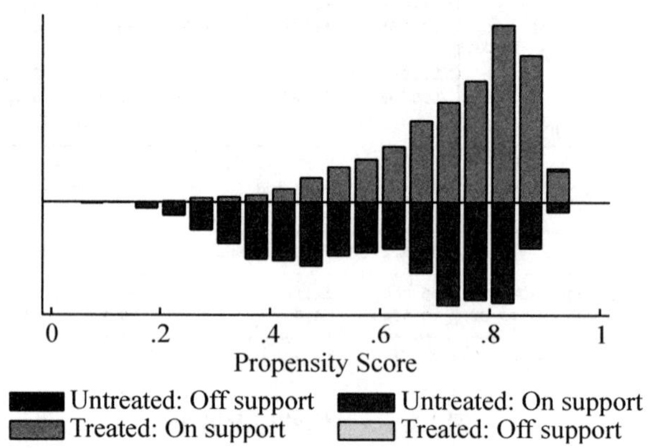

图 12.7　倾向得分的共同取值范围

上一节曾介绍了倾向得分的六种匹配方法，现在我们逐一演示。

第一，k 近邻匹配。令 k=3，输入命令：psmatch2 D x1 x2 x3 x4 x5 x6 x7 x8 x9 x10，outcome（y）n（3）ate ties logit common，得到图 12.8 所示结果。由图可知，一对三匹配的估计结果与一对一匹配的估计结果基本类似，ATT 的估计值为 2.404 620 97，稍大，显著性不变。

Logistic regression	Number of obs	=	8,534
	LR chi2(10)	=	1074.95
	Prob > chi2	=	0.0000
Log likelihood = -4673.7761	Pseudo R2	=	0.1031

D	Coef.	Std. Err.	z	P>|z|	[95% Conf. Interval]	
x1	-.0679188	.0022763	-29.84	0.000	-.0723802	-.0634574
x2	.0855877	.110949	0.77	0.440	-.1318683	.3030436
x3	-.1834938	.1430083	-1.28	0.199	-.4637848	.0967972
x4	-.0643944	.1305808	-0.49	0.622	-.320328	.1915393
x5	-.156758	.0516761	-3.03	0.002	-.2580413	-.0554748
x6	.4116362	.19277	2.14	0.033	.0338139	.7894585
x7	-.3549959	.196909	-1.80	0.071	-.7409305	.0309387
x8	.3009589	.1195657	2.52	0.012	.0666144	.5353035
x9	-.0765961	.0520106	-1.47	0.141	-.178535	.0253428
x10	.1930519	.0912768	2.12	0.034	.0141527	.371951
_cons	3.446707	.1472794	23.40	0.000	3.158044	3.735369

Variable	Sample	Treated	Controls	Difference	S.E.	T-stat
y	Unmatched	11.3055555	8.86892491	2.43663062	.407124035	5.98
	ATT	11.2741949	8.86957391	2.40462097	.500762212	4.80
	ATU	8.87575624	9.42726661	.551510375	.	.
	ATE			1.84916663	.	.

Note: S.E. does not take into account that the propensity score is estimated.

psmatch2: Treatment assignment	psmatch2: Common support Off suppo	On suppor	Total
Untreated	6	2,552	2,558
Treated	14	5,962	5,976
Total	20	8,514	8,534

图 12.8　k 近邻匹配

第二，卡尺内最近邻匹配。由于卡尺内最近邻匹配是卡尺匹配和 k 近邻匹配的结合，因此笔者进行卡尺内一对三匹配。将卡尺范围设定为 0.02，也就是对倾向得分相差 2%的观测值进行一对三匹配。输入命令：psmatch2 D x1 x2 x3 x4 x5 x6 x7 x8 x9 x10，outcome（y）n（3）cal（0.02）ate ties logit common，得到图 12.9 所示结果。与图 12.8 相比，图 12.9 几乎没有变化，说明绝大多数一对三匹配均发生在卡尺 0.02 的范围内。如果将卡尺范围设定为 0.01，可以发现 ATT 的估计结果仍然几乎没有变化。

```
                                                  LR chi2(10)      =    1074.95
                                                  Prob > chi2      =     0.0000
Log likelihood = -4673.7761                       Pseudo R2        =     0.1031
```

D	Coef.	Std. Err.	z	P>|z|	[95% Conf. Interval]	
x1	-.0679188	.0022763	-29.84	0.000	-.0723802	-.0634574
x2	.0855877	.110949	0.77	0.440	-.1318683	.3030436
x3	-.1834938	.1430083	-1.28	0.199	-.4637848	.0967972
x4	-.0643944	.1305808	-0.49	0.622	-.320328	.1915393
x5	-.156758	.0516761	-3.03	0.002	-.2580413	-.0554748
x6	.4116362	.19277	2.14	0.033	.0338139	.7894585
x7	-.3549959	.196909	-1.80	0.071	-.7409305	.0309387
x8	.3009589	.1195657	2.52	0.012	.0666144	.5353035
x9	-.0765961	.0520106	-1.47	0.141	-.178535	.0253428
x10	.1930519	.0912768	2.12	0.034	.0141527	.371951
_cons	3.446707	.1472794	23.40	0.000	3.158044	3.735369

Variable	Sample	Treated	Controls	Difference	S.E.	T-stat
y	Unmatched	11.3055555	8.86892491	2.43663062	.407124035	5.98
	ATT	11.2741949	8.86957391	2.40462097	.500762212	4.80
	ATU	8.87575624	9.45807252	.582316278	.	.
	ATE			1.85840044	.	.

Note: S.E. does not take into account that the propensity score is estimated.

psmatch2: Treatment assignment	psmatch2: Common support Off suppo	On suppor	Total
Untreated	6	2,552	2,558
Treated	14	5,962	5,976
Total	20	8,514	8,534

图 12.9　卡尺内最近邻匹配

第三，半径匹配。输入命令：psmatch2 D x1 x2 x3 x4 x5 x6 x7 x8 x9 x10，outcome（y）n（3）radius cal（0.01）ate ties logit common，得到图 12.10 所示结果。此时我们发现，ATT 的估计值显著性不变，但估计值的大小发生了较大变化（1.400 894 68）。

Logistic regression		Number of obs	=	8,534
		LR chi2(10)	=	1074.95
		Prob > chi2	=	0.0000
Log likelihood = -4673.7761		Pseudo R2	=	0.1031

D	Coef.	Std. Err.	z	P>|z|	[95% Conf.	Interval]
x1	-.0679188	.0022763	-29.84	0.000	-.0723802	-.0634574
x2	.0855877	.110949	0.77	0.440	-.1318683	.3030436
x3	-.1834938	.1430083	-1.28	0.199	-.4637848	.0967972
x4	-.0643944	.1305808	-0.49	0.622	-.320328	.1915393
x5	-.156758	.0516761	-3.03	0.002	-.2580413	-.0554748
x6	.4116362	.19277	2.14	0.033	.0338139	.7894585
x7	-.3549959	.196909	-1.80	0.071	-.7409305	.0309387
x8	.3009589	.1195657	2.52	0.012	.0666144	.5353035
x9	-.0765961	.0520106	-1.47	0.141	-.178535	.0253428
x10	.1930519	.0912768	2.12	0.034	.0141527	.371951
_cons	3.446707	.1472794	23.40	0.000	3.158044	3.735369

Variable	Sample	Treated	Controls	Difference	S.E.	T-stat
y	Unmatched	11.3055555	8.86892491	2.43663062	.407124035	5.98
	ATT	11.2741949	9.8733002	1.40089468	.445391684	3.15
	ATU	8.8771984	10.2188958	1.34169742	.	.
	ATE			1.38318491	.	.

Note: S.E. does not take into account that the propensity score is estimated.

psmatch2: Treatment assignment	psmatch2: Common support Off suppo	On suppor	Total
Untreated	13	2,545	2,558
Treated	14	5,962	5,976
Total	27	8,507	8,534

图 12.10 半径匹配

第四，核匹配。使用默认的核函数和带宽进行核匹配。输入命令：psmatch2 D x1 x2 x3 x4 x5 x6 x7 x8 x9 x10，outcome（y）kernel ate ties logit common，得到图 12.11 所示结果。ATT 估计值亦发生了微小变化（1.559 040 79）。

```
Logistic regression                             Number of obs     =      8,534
                                                LR chi2(10)       =    1074.95
                                                Prob > chi2       =     0.0000
Log likelihood = -4673.7761                     Pseudo R2         =     0.1031
```

D	Coef.	Std. Err.	z	P>|z|	[95% Conf. Interval]	
x1	-.0679188	.0022763	-29.84	0.000	-.0723802	-.0634574
x2	.0855877	.110949	0.77	0.440	-.1318683	.3030436
x3	-.1834938	.1430083	-1.28	0.199	-.4637848	.0967972
x4	-.0643944	.1305808	-0.49	0.622	-.320328	.1915393
x5	-.156758	.0516761	-3.03	0.002	-.2580413	-.0554748
x6	.4116362	.19277	2.14	0.033	.0338139	.7894585
x7	-.3549959	.196909	-1.80	0.071	-.7409305	.0309387
x8	.3009589	.1195657	2.52	0.012	.0666144	.5353035
x9	-.0765961	.0520106	-1.47	0.141	-.178535	.0253428
x10	.1930519	.0912768	2.12	0.034	.0141527	.371951
_cons	3.446707	.1472794	23.40	0.000	3.158044	3.735369

Variable	Sample	Treated	Controls	Difference	S.E.	T-stat
y	Unmatched	11.3055555	8.86892491	2.43663062	.407124035	5.98
	ATT	11.2741949	9.71515409	1.55904079	.433398053	3.60
	ATU	8.87575624	10.2941218	1.4183656	.	.
	ATE			1.51687458	.	.

Note: S.E. does not take into account that the propensity score is estimated.

psmatch2: Treatment assignment	psmatch2: Common support Off suppo	On suppor	Total
Untreated	6	2,552	2,558
Treated	14	5,962	5,976
Total	20	8,514	8,534

图 12.11　核匹配

第五，局部线性回归匹配。输入命令：psmatch2 D x1 x2 x3 x4 x5 x6 x7 x8 x9 x10，outcome（y）llr ate ties logit common，得到图 12.12 所示结果。

Logistic regression　　Number of obs = 8,534
LR chi2(10) = 1074.95
Prob > chi2 = 0.0000
Log likelihood = -4673.7761　　Pseudo R2 = 0.1031

D	Coef.	Std. Err.	z	P>|z|	[95% Conf.	Interval]
x1	-.0679188	.0022763	-29.84	0.000	-.0723802	-.0634574
x2	.0855877	.110949	0.77	0.440	-.1318683	.3030436
x3	-.1834938	.1430083	-1.28	0.199	-.4637848	.0967972
x4	-.0643944	.1305808	-0.49	0.622	-.320328	.1915393
x5	-.156758	.0516761	-3.03	0.002	-.2580413	-.0554748
x6	.4116362	.19277	2.14	0.033	.0338139	.7894585
x7	-.3549959	.196909	-1.80	0.071	-.7409305	.0309387
x8	.3009589	.1195657	2.52	0.012	.0666144	.5353035
x9	-.0765961	.0520106	-1.47	0.141	-.178535	.0253428
x10	.1930519	.0912768	2.12	0.034	.0141527	.371951
_cons	3.446707	.1472794	23.40	0.000	3.158044	3.735369

Variable	Sample	Treated	Controls	Difference	S.E.	T-stat
y	Unmatched	11.3055555	8.86892491	2.43663062	.407124035	5.98
	ATT	11.2741949	9.99907647	1.27511842	.506749422	2.52
	ATU	8.87575624	10.610586	1.73482974	.	.
	ATE			1.41291302	.	.

Note: S.E. does not take into account that the propensity score is estimated.

psmatch2: Treatment assignment	psmatch2: Common support Off suppo	On suppor	Total
Untreated	6	2,552	2,558
Treated	14	5,962	5,976
Total	20	8,514	8,534

图 12.12　局部线性回归匹配

第六，样条匹配。需要首先下载安装 spline 命令，通过“findit snp7_1”寻找并安装。输入命令：

set seed 1234

bootstrap r (att) r (atu) r (ate), reps (500): psmatch2 D x1 x2 x3 x4 x5 x6 x7 x8 x9 x10, outcome (y) spline ate ties logit common

得到图 12.13 所示结果。ATT 估计值为 1.436 974。

Bootstrap results　　Number of obs = 8,534
Replications = 500

command: psmatch2 D x1 x2 x3 x4 x5 x6 x7 x8 x9 x10, outcome(y) spline ate ties logit common
_bs_1: r(att)
_bs_2: r(atu)
_bs_3: r(ate)

	Observed Coef.	Bootstrap Std. Err.	z	P>|z|	Normal-based [95% Conf.	Interval]
_bs_1	1.436974	.3973868	3.62	0.000	.6581107	2.215838
_bs_2	1.578317	.4047917	3.90	0.000	.7849396	2.371694
_bs_3	1.479341	.3543747	4.17	0.000	.784779	2.173902

图 12.13　样条匹配

第七，马氏匹配。注意，马氏匹配的命令与上述各个命令的形式有所差别。输入命令：psmatch2 D，outcome（y）mahal（x1 x2 x3 x4 x5 x6 x7 x8 x9 x10）n（4）ai（4）ate，得到图 12.14 所示结果。

Variable	Sample	Treated	Controls	Difference	S.E.	T-stat
y	Unmatched	11.3055555	8.86892491	2.43663062	.407124035	5.98
	ATT	11.3055555	9.00002717	2.30552837	.36308929	6.35
	ATU	8.86892491	10.0338252	1.16490033	.375851066	3.10
	ATE			1.963634	.326926312	6.01

Note: Sample S.E.

psmatch2: Treatment assignment	psmatch2: Common support On suppor	Total
Untreated	2,558	2,558
Treated	5,976	5,976
Total	8,534	8,534

图 12.14　马氏匹配

综合上述多种方法的估计结果，不难发现，虽然平均处理效应的估计值 ATT 在具体取值方面存在差别，但均通过了显著性检验，说明了估计结果的稳健性。

第十三章 双重差分法

近年来，社会科学领域越来越热衷于使用“自然实验”获得的数据来开展研究。所谓自然实验（natural experiment），也称准自然实验（quasi experiment），系指由于某些并非为了实验目的而发生的外部突发事件，使得当事人仿佛被随机地分在了实验组或控制组。比如，在美国，涉及各州州内的事务通常由该州自行立法做出决定；可能出现的一个客观现实情况是，一个州通过了某一法律，但相邻的另一个州没有通过该法律。两个州的民众事先并不知道哪个州会通过这个法律，因此无法选择住在哪个州。这样，从考察这个法律的效果的角度，可以近似地认为民众是随机选择住在哪个州的，或者随机被分在了哪个组，即实验组（通过法律）与控制组（没通过法律）。

1992 年，美国新泽西州通过法律，将最低工资从每小时 4.25 美元提高到 5.05 美元；但在相邻的宾夕法尼亚州，最低工资却保持不变。在这种情况下，这两个州的雇主仿佛被随机地分配到实验组（新泽西州）与控制组（宾夕法尼亚州）。Card and Krueger（1994）收集了两个州的快餐店在实施新法前后雇佣人数的数据，并使用双重差分法进行估计。结果发现，提高最低工资对低技能工人的就业几乎没有影响。也就是说，对低技能工人的需求是没有弹性的，并不会因工资的上升而显著地减少雇佣人数。该例就是一个典型的自然实验，个体分组完全由自然实验所决定（陈强，2014）。

类似的准自然实验还有很多。例如，近年来，我国多地陆续开通高铁，但是，并非所有的地区都开通了高铁。因此，可以进行自然实验，分别将已经开通高铁和没有开通高铁的地区视为实验组和控制组。那么，高铁开通能否缩小城乡收入差距呢？余泳泽等（2019）基于 2008—2016 年中国 287 个地级市层面的数据，采用双重差分法（DID）和倾向得分匹配—双重差分法（PSM-DID），评估了高铁开通对城乡收入的影响。他们发现，高铁开通显著地缩小了城乡收入差距，但这一影响在地区之间表现出一定的异质性，而且对城乡收入差距的影响具有一定的时滞效应。又如，近年来，我国多地陆续试行行政公益诉讼制度，但是实际效果如何，并非一个不言自明的问题。陈天昊等（2020）对试点期间检察行政公益诉讼对环境污染的治理效果进行实证检验。他们梳理了试行检察行政公益诉讼制度和没有试行检察行政公益诉讼制度的地区，通过双重差分法研究发现，在试点期间检察行政公益诉讼制度显著降低了工业废水的排放量，发挥了治理实效。

第一节　双重差分法的原理

双重差分法（difference-in-difference，DID）的大致原理为：假设存有某项随机试行的政策，实验组试行政策，控制组不试行政策，通过收集实验组与控制组在试行政策前后的观测数据，比较这两个组在政策试行前后的变化（当然，实验组与控制组在试行政策前没有显著差异），从而估计这个政策的效应。双重差分法的原理看起来似乎很简单，但是，当我们深入了解具体的工作原理，就会发现它比我们想象的要复杂一些。

为了方便理解，暂不考虑其他解释变量（即使放入其他解释变量，亦不影响双重差分估计量），而考虑一个相对简单的两期面板模型：

$$y_{it} = \beta_0 + \beta_1 G_i \cdot D_t + \beta_2 G_i + \gamma D_t + \varepsilon_{it} \tag{13.1}$$

其中，y 为被解释变量。G_i 为实验组虚拟变量，$G_i=0$ 时，表示个体 i 属于控制组，$G_i=1$ 时，表示个体 i 属于实验组。D_t 为实验期虚拟变量，$t=1$ 时，$D_t=0$，表示第一期面板数据，可理解为政策试行前；$t=2$ 时，$D_t=1$，表示第二期面板数据，可理解为政策试行后。

实际上，结合前文虚拟变量的内容，可以看出，β_2 实际上描绘的是实验组与控制组之间的差异，γ 实际上描绘的是实验前后两期本身的差异，而 β_1 才能真正衡量实验组的政策净效应。

为了加强理解，我们考虑不同时期的期望值。

在政策实施前，也就是 $t=1$ 时，$D_t=0$：

对于控制组（$G_i=0$），$E(y)=\beta_0$；对于实验组（$G_i=1$），$E(y)=\beta_0+\beta_2$；

在政策实施后，也就是 $t=2$ 时，$D_t=1$；

对于控制组（$G_i=0$），$E(y)=\beta_0+\gamma$；对于实验组（$G_i=1$），$E(y)=\beta_0+\beta_1+\beta_2+\gamma$；

相应的期望值可通过表 13.1 予以展示。

表 13.1　实验组与控制组之间的差异

	政策实施前	政策实施后	Difference
控制组	β_0	$\beta_0+\gamma$	γ
实验组	$\beta_0+\beta_2$	$\beta_0+\beta_1+\beta_2+\gamma$	$\beta_1+\gamma$
Difference	β_2	$\beta_1+\beta_2$	β_1

现在，我们对式（13.1）进行双重差分的计算。

当 $t=1$ 时：

$$y_{i1}=\beta_0+\beta_2 G_i+\varepsilon_{i1} \tag{13.2}$$

当 $t=2$ 时：

$$y_{i2}=\beta_0+\beta_1 G_i\cdot D_2+\beta_2 G_i+\gamma+\varepsilon_{i2} \tag{13.3}$$

将式（13.3）减去式（13.2），即第二期数据减去第一期数据，可得

$$\Delta y_i=y_{i2}-y_{i1}=\gamma+\beta_1 G_i\cdot D_2+\Delta\varepsilon_i \tag{13.4}$$

对式（13.4）进行最小二乘估计，得到关于β_1的估计量，即为双重差分估计量，即实验组的平均变化与控制组的平均变化之差。同时结合上面的期望值分析，可以看到，双重差分估计量已经剔除了实验组与控制组的实验前差异，能够有效衡量政策净效应。

细心的读者可能会发现，在前文“交互效应”部分，笔者曾提及回归模型中有交互项时，应当将交互的两个变量同时放入回归模型。此处需要强调的是，对于双重差分法而言，是否单独将交乘的两个变量放入回归模型，并不影响双重差分估计量的估计。同时，还可将双重差分回归模型放入地区固定效应和时间固定效应。也就是说，式（13.1）还可改造成为

$$y_{it}=\beta_0+\beta_1 G_i\cdot D_t+\lambda_i+\upsilon_t+\varepsilon_{it} \tag{13.5}$$

该式同样可通过双重差分法进行估计。其中，λ_i和ν_t分别是地区固定效应和时间固定效应（注意看下标区分）。

第二节　双重差分法的应用步骤

通过最小二乘法得到双重差分估计量的结果后，还应当进行稳健性检

验，这也是运用双重差分法的必经步骤。稳健性检验可以从如下几个角度进行。

第一是平行趋势检验。所谓平行趋势检验，也就是检验控制组和实验组在政策实施前的变化是否具有相同的趋势。如果不满足平行趋势，那么就不具备运用双重差分法的基本前提。只有满足了控制组和实验组的平行趋势假定，交互项的系数（β_1）才是双重差分法的估计量。平行趋势检验有两种思路。一种是绘图，绘制出控制组和实验组的时间趋势图，如果走势基本一致，说明平行趋势检验获得通过。另一种是回归分析，通过设置年份虚拟变量然后做回归分析，并观察年份虚拟变量的系数及显著性。如果政策实施前的年份虚拟变量的系数不显著（同时，政策实施后的年份虚拟变量的系数应当显著），那么平行趋势假定得到满足。

第二是安慰剂检验。安慰剂检验的思路即虚构处理组进行回归，也包括两种思路。一种是构建虚假的政策实施时间。例如，假设政策于 2010 年开始实施，那么可以将实施时间分别设定为 2007 年、2008 年和 2009 年，以及 2011 年、2012 年和 2013 年，分别进行回归分析。通过构建假想的政策实施时间对样本进行检验，确保没有其他随机性干扰因素对控制组和实验组的结果产生影响。如果通过假想的时间所获得的 DID 估计量的回归结果依然显著，说明原来的估计结果很有可能存在某种偏误。另一种是构建虚假的控制组和实验组。例如，选取已知的并不受政策实施影响的组作为实验组进行回归，如果能够获得显著的 DID 估计量的回归结果，那么原来的估计结果也很有可能存在某种偏误。

另外，还有一些通行的稳健性检验方式，例如更换样本范围（如剔除可疑样本）、在可能的情况下更换被解释变量等。

第三节　双重差分法的实例

例 13.1　通过构造数据集“双重差分法”来探讨 2010 年试行的某项政策对于经济发展的影响。先将各个变量的含义列出。

pgdp（GDP per capita）：人均国内生产总值，即人均 GDP，代表一个国家的经济水平。

law（rule of law）：法治水平。

saving [gross domestic savings（% of GDP）]：国内总储蓄（占 GDP

的百分比）。

articles（scientific and technical journal articles）：科技期刊论文，用于衡量科技水平。

labor（labor force，total）：劳动力总量。

voice（voice and accountability）：人民的话语权和问责权。

stability（political stability and absence of violence/terrorism）：政治稳定性与非暴乱。

regulatory（regulatory quality）：政府管制质量。

treated：实验组虚拟变量，用以区分控制组和实验组，表示某个国家是否参与该项政策的试行（Treated=1，表示要参与，为实验组；Treated=0，表示不参与，为控制组）。

time：2010 年为该项政策的试行时间，在 2010 年之前，time 取值为 0，在 2010 年之后（含 2010 年），time 取值为 1。

解：首先可以通过虚拟变量来构造交乘项，以探讨政策对于经济发展的影响。输入命令：

gen jiaocheng=time * treated

reg pgdp jiaocheng time treated law saving articles labor voice stability regulatory，r

得到图 13.1 所示结果。由图可知，jiaocheng 的系数为-787.742 9，且没有通过显著性检验，表明该项政策没有获得预期结果。

```
Linear regression                               Number of obs     =      1,988
                                                F(10, 1977)       =     522.83
                                                Prob > F          =     0.0000
                                                R-squared         =     0.6726
                                                Root MSE          =      11082
```

pgdp	Coef.	Robust Std. Err.	t	P>|t|	[95% Conf.	Interval]
jiaocheng	-787.7429	984.0789	-0.80	0.424	-2717.684	1142.198
time	2999.806	824.3059	3.64	0.000	1383.206	4616.405
treated	1523.759	676.6334	2.25	0.024	196.7692	2850.748
law	14618.13	752.4505	19.43	0.000	13142.46	16093.81
saving	183.09	25.6422	7.14	0.000	132.8014	233.3786
articles	.0636222	.0050288	12.65	0.000	.0537598	.0734845
labor	-.0000395	2.71e-06	-14.59	0.000	-.0000448	-.0000342
voice	-1307.029	527.1947	-2.48	0.013	-2340.944	-273.113
stability	-1246.627	298.3774	-4.18	0.000	-1831.794	-661.46
regulatory	746.3225	693.4309	1.08	0.282	-613.6097	2106.255
_cons	7756.893	746.1687	10.40	0.000	6293.534	9220.253

图 13.1　基本回归结果

我们知道，数据集“双重差分法”是面板数据，因而可以通过面板数据的命令进行回归。输入命令：

xtset country year

xtreg pgdp jiaocheng time treated law saving articles labor voice stability regulatory，fe r

得到图 13.2 所示结果。由图可知，jiaocheng 的系数为-1 032.362，同样没有通过显著性检验。

```
Fixed-effects (within) regression               Number of obs      =     1,988
Group variable: country                         Number of groups   =       142

R-sq:                                           Obs per group:
     within  = 0.1936                                         min =         14
     between = 0.1369                                         avg =       14.0
     overall = 0.1384                                         max =         14

                                                F(9,141)           =     10.07
corr(u_i, Xb)  = -0.2102                        Prob > F           =    0.0000

                              (Std. Err. adjusted for 142 clusters in country)
------------------------------------------------------------------------------
             |               Robust
        pgdp |      Coef.   Std. Err.      t    P>|t|     [95% Conf. Interval]
-------------+----------------------------------------------------------------
   jiaocheng |  -1032.362   712.7587    -1.45   0.150    -2441.437    376.7135
        time |   3543.298   594.4943     5.96   0.000     2368.024    4718.573
     treated |          0  (omitted)
         law |   2451.216   1267.623     1.93   0.055    -54.7878     4957.22
      saving |   57.11274   31.78002     1.80   0.074    -5.714183    119.9397
    articles |   .0589865   .0330571     1.78   0.077    -.0063651    .1243381
       labor |   -.000149   .0000544    -2.74   0.007    -.0002567   -.0000414
       voice |  -2379.194   1080.735    -2.20   0.029    -4515.733    -242.655
   stability |   112.3554   379.5358     0.30   0.768    -637.9609    862.6718
  regulatory |   2257.294   981.9428     2.30   0.023       316.06    4198.527
       _cons |   13399.57   962.6064    13.92   0.000     11496.56    15302.57
-------------+----------------------------------------------------------------
     sigma_u |  17992.348
     sigma_e |  3918.2274
         rho |  .95472267   (fraction of variance due to u_i)
------------------------------------------------------------------------------
```

图 13.2　面板回归结果

接下来通过双重差分法的命令来估计政策效应。输入命令：diff pgdp，t（treated）p（time）cov（law saving articles labor voice stability regulatory）robust。其中，diff 为双重差分法的命令；pgdp 为被解释变量；t（treated）用来指定处理变量；p（time）用来指定实验期虚拟变量；cov 用来指定其他解释变量，也就是协变量或控制变量。得到图 13.3 所示结果。Outcome var. 表示结果变量，也就是 pgdp。Before 和 After 分别表示政策试行前（time=0）和政策试行后（time=1）。Control 和 Treated 分别表示控制组

（treated=0）和实验组（treated=1）。Diff（T-C）表示实验组与控制组的差分估计量。Diff-in-Diff 是双重差分估计量，也就是我们最为关心的政策净效应。获得的估计值为-787.743，p 值为0.424，同样表明该项政策未能发挥作用，与前文的多元线性回归结果相同。

DIFFERENCE-IN-DIFFERENCES WITH COVARIATES

DIFFERENCE-IN-DIFFERENCES ESTIMATION RESULTS

Number of observations in the DIFF-IN-DIFF: **1988**

	Before	After	
Control:	**504**	**504**	1008
Treated:	**490**	**490**	980
	994	994	

Outcome var.	**pgdp**	S. Err.	|t|	P>|t|
Before				
Control	**7756.893**			
Treated	**9280.652**			
Diff (T-C)	**1523.759**	**676.633**	**2.25**	**0.024****
After				
Control	**1.1e+04**			
Treated	**1.1e+04**			
Diff (T-C)	**736.016**	**727.231**	**1.01**	**0.312**
Diff-in-Diff	**-787.743**	**984.079**	**0.80**	**0.424**

R-square: **0.67**

* Means and Standard Errors are estimated by linear regression

**Robust Std. Errors

**Inference: *** p<0.01; ** p<0.05; * p<0.1

图 13.3　**双重差分法结果**

还可以使用 diff 命令来检验各变量在实验组与控制组的均值是否相等。输入命令：diff pgdp，t（treated）p（time）cov（law saving articles labor voice stability regulatory）robust test，得到图 13.4 所示结果。t 检验结果表明，只有 law 和 labor 的均值在实验组与控制组之间存在显著差别，其他变量不存在显著差别。

```
Number of observations (baseline): 994
          Before          After
   Control: 504             -           504
   Treated: 490             -           490
            994             -

t-test at period = 0:
```

Variable(s)	Mean Control	Mean Treated	Diff.	|t|	Pr(|T|>|t|)
pgdp	1.3e+04	1.2e+04	-743.954	0.66	0.5081
law	0.064	-0.057	-0.122	1.89	0.0596*
saving	20.150	21.029	0.878	0.72	0.4729
articles	1.0e+04	1.1e+04	487.423	0.20	0.8407
labor	1.2e+07	2.8e+07	1.6e+07	3.19	0.0015***
voice	-0.018	0.031	0.049	0.79	0.4273
stability	-0.078	-0.133	-0.055	0.89	0.3714
regulatory	0.153	0.058	-0.096	1.58	0.1134

*** p<0.01; ** p<0.05; * p<0.1

图 13.4　不同组别的差别

作为演示，笔者对上述运用双重差分法后获得的结论进行稳健性检验。

先进行平行趋势检验，输入命令①：

gen period = year−2010

gen pre3 = (period = = −3&treated = = 1)

gen pre2 = (period = = −2&treated = = 1)

gen pre1 = (period = = −1&treated = = 1)

gen current = (period = = 0&treated = = 1)

gen post1 = (period = = 1&treated = = 1)

gen post2 = (period = = 2&treated = = 1)

gen post3 = (period = = 3&treated = = 1)

xtreg pgdp pre3 pre2 pre1 current post1 post2 post3 law saving articles labor voice stability regulatory i. year, fe r

其中，“gen period = year−2010”表示产生一个新的变量 period。变量 pre3 表示当 period = −3 且 treated = = 1 时，pre3 取值为 1，否则 pre3 取值为 0。也就说，pre3 反映的是 2007 年的实验组的虚拟变量（政策试行前三年），post3 反映的是 2013 年的实验组的虚拟变量（政策试行后三年）。其他变量可以此类推。得到图 13.5 所示结果。

由图可知，变量 pre3、pre2、pre1、current、post1、post2、post3 均为通过显著性检验。也就是说，政策试行前三年和后三年均没有产生显著效

① 不同学者采用的稳健性检验方式存在差别。此处笔者主要借鉴江西财经大学习明明老师，以及西南财经大学张华节老师在网络课堂中提供的检验方式。

果，这意味着没有通过平行趋势检验。换言之，如果能够通过平行趋势检验，所获得的结果应当是政策试行前后存在显著区别。也就是说，大体而言，pre3、pre2、pre1 应当不显著，current、post1、post2、post3 应当显著（考虑到政策的滞后性，并不一定政策试行当年即显著）。

```
Fixed-effects (within) regression               Number of obs     =      1,988
Group variable: country                         Number of groups  =        142

R-sq:                                           Obs per group:
     within  = 0.3316                                         min =         14
     between = 0.0627                                         avg =       14.0
     overall = 0.0671                                         max =         14

                                                F(27,141)         =       7.20
corr(u_i, Xb)  = -0.5809                        Prob > F          =     0.0000

                              (Std. Err. adjusted for 142 clusters in country)
------------------------------------------------------------------------------
             |               Robust
        pgdp |      Coef.   Std. Err.      t    P>|t|     [95% Conf. Interval]
-------------+----------------------------------------------------------------
        pre3 |   -2.11926   562.4534    -0.00   0.997    -1114.051    1109.813
        pre2 |  -391.7262   831.2749    -0.47   0.638      -2035.1    1251.647
        pre1 |   344.0739   449.5446     0.77   0.445     -544.645    1232.793
     current |  -136.1327   514.9057    -0.26   0.792    -1154.066    881.8007
       post1 |  -695.6051   907.0024    -0.77   0.444    -2488.687    1097.477
       post2 |   -907.227   885.4796    -1.02   0.307    -2657.759    843.3055
       post3 |  -1218.599   909.4454    -1.34   0.182    -3016.511    579.3119
         law |   2897.019    1305.83     2.22   0.028     315.4835    5478.555
      saving |   42.76745   26.27827     1.63   0.106    -9.182899    94.71779
    articles |   .0533405   .0270221     1.97   0.050    -.0000803    .1067612
       labor |  -.0002437   .0000836    -2.92   0.004     -.000409   -.0000785
       voice |  -2106.262   1052.204    -2.00   0.047    -4186.398   -26.12659
   stability |   110.2056   360.1472     0.31   0.760    -601.7809     822.192
  regulatory |   1912.125   1024.192     1.87   0.064     -112.632    3936.883
             |
        year |
        2004 |   1492.049     212.56     7.02   0.000     1071.833    1912.266
        2005 |   2486.613   335.4146     7.41   0.000     1823.522    3149.705
        2006 |   3417.028   424.4477     8.05   0.000     2577.924    4256.132
        2007 |   5139.044   726.2712     7.08   0.000     3703.256    6574.833
        2008 |   6733.317   1004.287     6.70   0.000     4747.911    8718.723
        2009 |   4557.123   624.2724     7.30   0.000     3322.979    5791.266
        2010 |   5544.241   741.1772     7.48   0.000     4078.985    7009.498
        2011 |   7531.356   1094.086     6.88   0.000     5368.423    9694.288
        2012 |   7464.398   1054.302     7.08   0.000     5380.115    9548.681
        2013 |   8086.264   1117.755     7.23   0.000     5876.539    10295.99
        2014 |   7490.333   848.4611     8.83   0.000     5812.984    9167.683
        2015 |   5764.539   642.5249     8.97   0.000     4494.312    7034.767
        2016 |   5831.801   629.7794     9.26   0.000      4586.77    7076.831
             |
       _cons |   12294.75   1517.897     8.10   0.000     9293.975    15295.53
-------------+----------------------------------------------------------------
     sigma_u |  22607.899
     sigma_e |  3584.8673
         rho |  .97547319   (fraction of variance due to u_i)
------------------------------------------------------------------------------
```

图 13.5 平行趋势检验

也可通过绘图的方式予以展现。接续输入命令：

xtreg pgdp pre3 pre2 pre1 current post1 post2 post3 law saving articles labor voice stability regulatory i. year, fe r

est sto result

coefplot result, keep （pre3 pre2 pre1 current post1 post2 post3） vertical recast （connect） yline （0）

得到图 13.6 所示结果。由图可知，政策试行后，有一个下行的趋势，确实表明该项政策不甚理想。

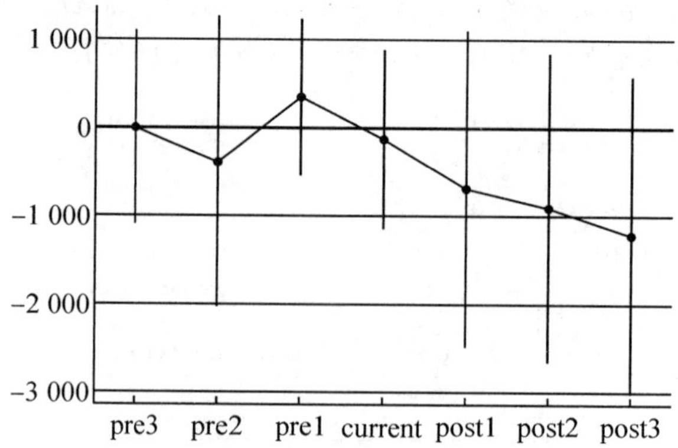

图 13.6　平行趋势检验的图示展现

上一章笔者详细分析了倾向得分匹配，该方法可以与双重差分法结合使用，也就是倾向得分匹配双重差分法（psm-did）。大体而言，包括如下步骤：

第一步，根据处理变量（treated）和协变量估计倾向得分；

第二步，确定与处理组各个个体相匹配的全部控制组个体，也就是倾向匹配得分后产生的新变量_support 取值为 1 的个体（变量_support 里显示为 on support）；

第三步，计算处理组个体结果变量的前后变化值；

第四步，计算与处理组个体相匹配的控制组个体的前后变化值；

第五步，根据第三步和第四步获得的值，再计算双重差分估计量。

笔者首先通过人工计算的方式来进行演示。

打开数据集“双重差分法”后，先进行倾向得分匹配。输入命令：

```
set seed 1234
gen neworder=runiform ( )
sort neworder
psmatch2 treated law saving articles labor voice stability regulatory, outcome (pgdp) n (1) ate ties logit common
```

即完成倾向得分匹配。随后输入命令：

```
gen common= _support
drop if common==0
```

上述命令的意思是：产生一个新变量 common，当_support 为 1 时，common

亦为1，当_support 为0时，common 亦为0，并去掉不在共同取值范围内的观测值（也就是_support 取值为0时）。

根据上面匹配好的数据，紧接着输入命令：

gen jiaocheng=time * treated

reg pgdp jiaocheng time treated law saving articles labor voice stability regulatory，r

得到图13.7所示结果。由图可知，加入回归的观测值的数量为匹配好后的1 958个。jiaocheng 的系数为-571.645 7，没有通过显著性检验，表明政策没有产生预期效应。

```
Linear regression                               Number of obs     =      1,958
                                                F(10, 1947)       =     507.40
                                                Prob > F          =     0.0000
                                                R-squared         =     0.6733
                                                Root MSE          =      11127

------------------------------------------------------------------------------
             |               Robust
        pgdp |      Coef.   Std. Err.      t    P>|t|     [95% Conf. Interval]
-------------+----------------------------------------------------------------
   jiaocheng |  -571.6457   990.7812    -0.58   0.564    -2514.749    1371.458
        time |   3010.239   824.0266     3.65   0.000     1394.172    4626.306
     treated |   1336.231   679.2085     1.97   0.049     4.179104    2668.284
         law |   14582.41   776.3144    18.78   0.000     13059.91     16104.9
      saving |   193.4282   26.35106     7.34   0.000      141.749    245.1075
    articles |   .0830711   .0058828    14.12   0.000     .0715338    .0946084
       labor |  -.0000876   8.47e-06   -10.35   0.000    -.0001043    -.000071
       voice |   -1067.59   563.5562    -1.89   0.058    -2172.826    37.64734
   stability |  -1693.037   325.4452    -5.20   0.000    -2331.294   -1054.779
  regulatory |   633.2014   724.5154     0.87   0.382     -787.706    2054.109
       _cons |   7936.913   749.9232    10.58   0.000     6466.177     9407.65
------------------------------------------------------------------------------
```

图13.7 回归结果

然后，通过psm-did的命令来直接实现上述结果。因为前面已经删除了一部分观测值，所以重新打开数据集“双重差分法”，然后输入命令：diff pgdp，t（treated）p（time）kernel id（country）cov（law saving articles labor voice stability regulatory）report support robust。其中，kernel 表示基于倾向得分的核匹配。id 用来指定个体ID，也就是国家（country）。report 表示汇报倾向得分的估计结果。support 表示仅适用共同取值范围内的观测值进行匹配。得到图13.8所示结果。

由图可知，大部分协变量均通过了显著性检验，表明基本适合进行倾向得分匹配。具体的双重差分估计量 Diff-in-Diff 为-983.760，同样没有通过显著性检验。同时我们注意到，psm-did 的命令与前述人工计算的观测值不一样，结果也存在些许区别。

```
KERNEL PROPENSITY SCORE MATCHING DIFFERENCE-IN-DIFFERENCES
    Estimation on common support
    Report - Propensity score estimation with probit command
    Atention: _pscore is estimated at baseline

Iteration 0:   log likelihood =  -688.8897
Iteration 1:   log likelihood = -666.57341
Iteration 2:   log likelihood = -666.05617
Iteration 3:   log likelihood = -666.03629
Iteration 4:   log likelihood = -666.03622

Probit regression                               Number of obs   =        994
                                                LR chi2(7)      =      45.71
                                                Prob > chi2     =     0.0000
Log likelihood = -666.03622                     Pseudo R2       =     0.0332

------------------------------------------------------------------------------
     treated |      Coef.   Std. Err.      z    P>|z|     [95% Conf. Interval]
-------------+----------------------------------------------------------------
         law |  -.3608989   .1317328    -2.74   0.006    -.6190904   -.1027073
      saving |   .0056882   .0025018     2.27   0.023     .0007847    .0105917
    articles |  -1.63e-06   1.46e-06    -1.12   0.264    -4.50e-06    1.23e-06
       labor |   3.10e-09   1.05e-09     2.94   0.003     1.04e-09    5.16e-09
       voice |   .4108465      .0833     4.93   0.000     .2475814    .5741115
   stability |   .0736445   .0687849     1.07   0.284    -.0611715    .2084604
  regulatory |  -.1145373   .1293208    -0.89   0.376    -.3680014    .1389268
       _cons |  -.1556241   .0669836    -2.32   0.020    -.2869096   -.0243387
------------------------------------------------------------------------------

    Matching iterations...
..................................................................................
> ................................................................................
> ................................................................................
> ................................................................................
DIFFERENCE-IN-DIFFERENCES ESTIMATION RESULTS
Number of observations in the DIFF-IN-DIFF: 1866
             Before         After
   Control: 473             441          914
   Treated: 476             476          952
            949             917
--------------------------------------------------------
 Outcome var.  | pgdp     | S. Err.  |   |t|  |  P>|t|
---------------+----------+----------+--------+---------
Before         |          |          |        |
   Control     |  1.2e+04 |          |        |
   Treated     |  1.2e+04 |          |        |
   Diff (T-C)  | 151.025  | 1192.128 | 0.13   | 0.899
After          |          |          |        |
   Control     |  1.6e+04 |          |        |
   Treated     |  1.5e+04 |          |        |
   Diff (T-C)  | -832.735 | 1436.383 | 0.58   | 0.562
               |          |          |        |
Diff-in-Diff   | -983.760 | 1866.645 | 0.53   | 0.598
--------------------------------------------------------
R-square:    0.01
* Means and Standard Errors are estimated by linear regression
**Robust Std. Errors
**Inference: *** p<0.01; ** p<0.05; * p<0.1
```

图 13.8　psm-did 的估计结果

下面再看看进行倾向得分匹配后，各变量在处理组与控制组的分布是否变得平衡。输入命令：

diff pgdp, t (treated) p (time) kernel id (country) cov (law saving articles labor voice stability regulatory) report support test

得到图 13.9 所示结果。由图可知，匹配后，各个变量的均值在实验组与控制组之间不存在显著差异，表明该数据集可以适用于 psm-did。

```
TWO-SAMPLE T TEST
    Test on common support

Number of observations (baseline): 994
            Before          After
   Control: 504             -           504
   Treated: 490             -           490
            994             -

t-test at period = 0:
```

Weighted Variable(s)	Mean Control	Mean Treated	Diff.	|t|	Pr(|T|>|t|)
pgdp	1.2e+04	1.2e+04	151.025	0.13	0.8968
law	0.031	-0.053	-0.084	1.26	0.2074
saving	20.792	20.484	-0.308	0.29	0.7711
articles	8130.824	7788.762	-342.062	0.19	0.8531
labor	1.3e+07	1.1e+07	-1.8e+06	1.42	0.1548
voice	0.101	0.049	-0.052	0.84	0.3990
stability	-0.063	-0.112	-0.049	0.77	0.4442
regulatory	0.138	0.068	-0.070	1.14	0.2554

```
*** p<0.01; ** p<0.05; * p<0.1
Attention: option kernel weighs variables in cov(varlist)
Means and t-test are estimated by linear regression
```

图 13.9　倾向得分匹配后的估计结果

第十四章　非线性回归

我们学习和使用的回归模型大多以线性回归居多，也就是自变量变化所引起的因变量变化在不同时段都是相同的。线性回归之所以获得极为广泛的应用，原因在于此种方式能够有效简化复杂的社会或理论现象；同时，即使部分社会或理论现象本身并非线性关系，也可以通过适当的数学方式转换为线性表现（例如为各个变量的值取对数）。尽管如此，我们并不能忽略自变量对因变量的非线性影响，部分非线性影响甚至无法通过线性回归的方式得到有效或者正确的解读。

一种较为常见的非线性关系呈倒 U 形。例如，褚红丽等（2018）发现，官员受贿金额和腐败量刑之间有着显著的倒 U 形关系，受贿金额与判刑时间呈现出明显的惩罚边际递减现象，即随着受贿金额的增加，惩罚增加的力度在减小（见图 14.1）。此时，如果使用线性模型来呈现官员受贿金额和量刑之间的关系，就可能得出错误的结论。

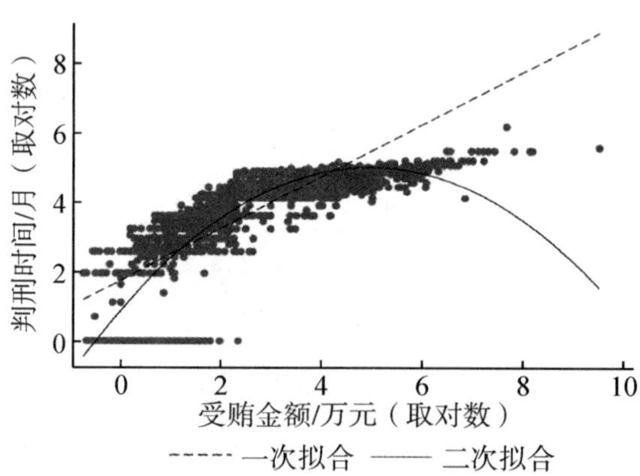

图 14.1　受贿金额和判刑时间的拟合图

第一节　非线性回归的命令

非线性回归的命令为 nl，笔者通过一个实例来予以演示、讲解。

例 14.1　以数据集“多元截面数据 2016”为例，估计下述模型的各个参数。

$$law = \beta_1 + \beta_2 * pgdp^{\beta_3} + \varepsilon_i \qquad (14.1)$$

解：参数 β_3 决定了该模型的线性或者非线性。若 β_3 等于 1，那么为线性模型；若 β_3 不等于 1，那么为非线性模型。因此，选择 β_3 等于 1 作为迭代计算的初始值。输入命令：nl（law = {beta1} + {beta2} * pgdp^{beta3 = 1}），得到图 14.2 所示结果。

由图可知，β_3 的取值为 0.378 136 6，且在 1%的水平上显著。这表明不能通过线性模型予以分析，而非线性模型的设定方式有合理性。从非线性回归的结果来看，基于 β_3 取值小于 1，故 law 随着 pgdp 的增加而递减（模型设定较为简单，暂不考虑其与理论的契合度，而仅仅聚焦于非线性方式）。

Source	SS	df	MS		
				Number of obs =	142
Model	104.9837	2	52.4918507	R-squared =	0.7823
Residual	29.212936	139	.21016501	Adj R-squared =	0.7792
				Root MSE =	.4584376
Total	134.19664	141	.951749204	Res. dev. =	178.446

law	Coef.	Std. Err.	t	P>|t|	[95% Conf.	Interval]
/beta1	-1.551996	.2796622	-5.55	0.000	-2.104938	-.9990545
/beta2	.0515461	.0413158	1.25	0.214	-.0301426	.1332348
/beta3	.3781366	.066929	5.65	0.000	.245806	.5104672

Parameter beta1 taken as constant term in model & ANOVA table

图 14.2　非线性回归结果

第二节　常用的非线性回归模型

例 14.2　以数据集“多元截面数据 2016”为例，探讨经济水平（pgdp）与法治水平（law）之间的关系。

解：首先通过绘图的方式，观察二者之间的关系。输入命令：scatter pgdp law ‖ lfit pgdp law，得到图 14.3 所示结果。由图可知，二者之间的关系似乎可以用线性关系来表达。

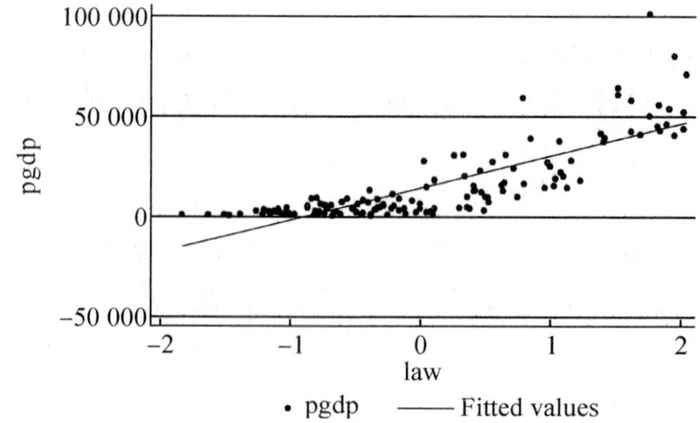

图 14.3　pgdp 和 law 散点图

建立 pgdp 与 law 的一元线性回归模型。输入命令：reg pgdp law，得到图 14.4 所示结果。由图可知，law 的系数为 16 083.45 且高度显著，模型的解释力也较高（拟合优度为 0.677 3）。大体而言，这是一个合理的模型。

Source	SS	df	MS			
				Number of obs	=	142
				F(1, 140)	=	296.96
Model	3.4714e+10	1	3.4714e+10	Prob > F	=	0.0000
Residual	1.6366e+10	140	116897401	R-squared	=	0.6796
				Adj R-squared	=	0.6773
Total	5.1079e+10	141	362264438	Root MSE	=	10812

pgdp	Coef.	Std. Err.	t	P>|t|	[95% Conf.	Interval]
law	16083.45	933.3222	17.23	0.000	14238.23	17928.68
_cons	13962.73	908.1806	15.37	0.000	12167.21	15758.25

图 14.4　一元线性回归结果

继续通过绘图的方式，观察二者之间的关系，此次运用非线性的方式。输入命令：scatter pgdp law ‖ qfit pgdp law，得到图 14.5 所示结果。由图可知，非线性关系似乎比线性关系更能准确地表达经济水平（pgdp）与法治水平（law）之间的关系。

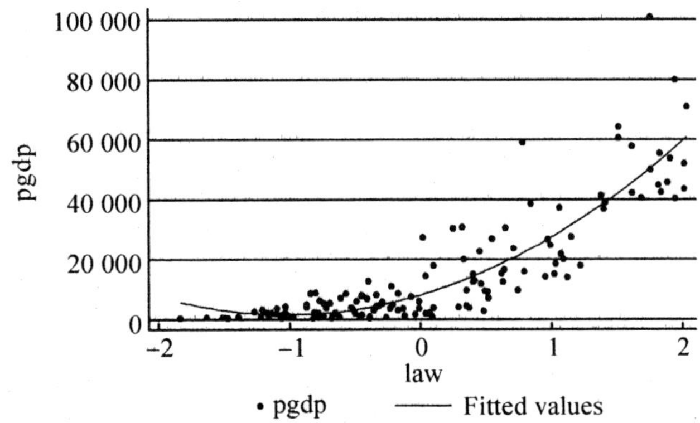

图 14.5 非线性拟合图

笔者尝试在一元线性回归模型中加入解释变量 law 的二次项。输入命令：

```
gen law2=law * law
reg pgdp law law2
```

得到图 14.6 所示结果。由图可知，law 和 law2 的系数为正且高度显著，模型的拟合优度亦得到较大程度的提高（0.780 6），这表明非线性模型较线性模型更具有合理性。

Source	SS	df	MS			
				Number of obs	=	142
				F(2, 139)	=	251.86
Model	4.0033e+10	2	2.0016e+10	Prob > F	=	0.0000
Residual	1.1047e+10	139	79472849.3	R-squared	=	0.7837
				Adj R-squared	=	0.7806
Total	5.1079e+10	141	362264438	Root MSE	=	8914.8

pgdp	Coef.	Std. Err.	t	P>|t|	[95% Conf.	Interval]
law	12874.16	863.7726	14.90	0.000	11166.33	14582
law2	6400.831	782.4101	8.18	0.000	4853.867	7947.795
_cons	8038.388	1041.707	7.72	0.000	5978.748	10098.03

图 14.6 二次项回归结果

此时，问题在于应当如何解释变量 law2 的系数。可以先对变量 law 求偏导，得到

$$\frac{\partial \text{pgdp}}{\partial \text{law}} = 12\ 874.16 + 2 * 6\ 400.831\text{law} \quad (14.2)$$

也就是说，pgdp 的变化幅度会因 law 的不同而不同。law2 的系数为正，表明 pgdp 随着 law 的增大而增大，这是一个 U 形的趋势。

为便于理解，我们可通过具体的取值来观察：

当 law=0 时，pgdp=8 038.388；

当 law=1 时，pgdp= 8 038.388+12 874.16+6 400.831=27 313.379；

当 law = 2 时，pgdp = 8 038.388 + 12 874.16 × 2 + 6 400.831 × 4 = 59 390.032；

当 law = 3 时，pgdp = 8 038.388 + 12 874.16 × 3 + 6 400.831 × 9 = 104 268.35。

可以发现，随着 law 的增加，pgdp 的变化幅度显然比一元线性回归模型（16 083.45，即一元线性回归模型中 law 的系数）更大。

可进行一般化的解读，如果 law2 的系数显著为负，那么 pgdp 的取值将会随着 law 的增加而减小，呈现出一个倒 U 形的趋势。

当然，细心的读者可能会发现，既然添加了 law 的二次项，那么能否继续添加三次项，达到进一步优化模型的目的？

继续输入命令：

```
gen law3=law * law * law
reg pgdp law law2 law3
```

得到图 14.7 所示结果。由图可知，law3 的系数并不显著，同时模型的拟合优度也未得到显著增加。

```
      Source |       SS           df       MS      Number of obs   =       142
-------------+----------------------------------   F(3, 138)       =    168.36
       Model |  4.0118e+10         3  1.3373e+10   Prob > F        =    0.0000
    Residual |  1.0961e+10       138  79428062.9   R-squared       =    0.7854
-------------+----------------------------------   Adj R-squared   =    0.7807
       Total |  5.1079e+10       141   362264438   Root MSE        =    8912.2

------------------------------------------------------------------------------
        pgdp |      Coef.   Std. Err.      t    P>|t|     [95% Conf. Interval]
-------------+----------------------------------------------------------------
         law |    11404.2   1658.143     6.88   0.000     8125.546    14682.85
        law2 |   5867.414   935.7746     6.27   0.000     4017.104    7717.725
        law3 |   810.2284   780.2292     1.04   0.301    -732.5217    2352.978
       _cons |   8189.385   1051.515     7.79   0.000      6110.22    10268.55
------------------------------------------------------------------------------
```

图 14.7　包含三次项的回归结果

第三节　其他非线性回归模型

一、泊松回归模型

在现实生活中，有些被解释变量只能取非负整数，即 0，1，2，3，…。例如，1 小时内到银行 ATM 取钱的人数、半小时内经过站台的公交车数、足球比赛中两队各自的进球数等。对于此类计数数据，常使用泊松回归（Poisson regression）。泊松回归假设被解释变量服从泊松分布，其在运用于列联表模型时，又被称作对数-线性模型。

二、负二项回归模型

泊松回归存在一个前提条件，即服从泊松分布的变量的期望和方差应当相等，但实际数据很难满足这个条件。如果说数据具有一定的聚焦性（例如，传染病人数可能会具有一些空间聚焦现象），就很可能产生离散现象，即数据期望与方差明显不相等，此时使用负二项回归更为科学。

三、柯布-道格拉斯生产函数模型

柯布-道格拉斯生产函数模型（Cobb-Douglas）是美国数学家柯布（C. W. Cobb）和经济学家保罗·道格拉斯（Paul H. Douglas）共同探讨投入和产出的关系时创造的模型，是经济学中使用极为广泛的一种生产函数模型。其简洁模型形式为

$$Y = A K^{\alpha} L^{\beta} \tag{14.4}$$

其中，Y 为工业产值，A 为综合技术水平，K 为投入的资本量，L 为投入的劳动力，α 和 β 分别是 K 和 L 的产出弹性系数。

参考文献

陈磊，石磊，2013. 身份差异与量刑歧视：流动人口犯罪缓刑适用问题研究［J］. 法律适用（1）：46–50.

陈强，2014. 高级计量经济学及 Stata 应用［M］. 北京：高等教育出版社.

陈强，2015. 计量经济学及 Stata 应用［M］. 北京：高等教育出版社.

陈天昊，邵建树，王雪纯，2020. 检察行政公益诉讼制度的效果检验与完善路径：基于双重差分法的实证分析［J］. 中外法学，32（5）：1328–1352.

程金华，2015. 当代中国的法律实证研究［J］. 中国法学（6）：60–78.

褚红丽，孙圣民，魏建，2018. 职务级别、法律制度设计与腐败惩罚扭曲［J］. 经济学（季刊），17（3）：873–896.

古扎拉蒂，波特，2011. 计量经济学基础：第五版［M］. 费剑平，译. 北京：中国人民大学出版社.

侯猛，2020. 实证“包装”法学？法律的实证研究在中国［J］. 中国法律评论（4）：61–71.

胡昌明，2011. 社会结构因素对量刑影响的实证分析：以盗窃罪为例的案件社会学研究［J］. 法律适用 3：54–59.

胡荣，2021. 定量研究方法［M］. 北京：北京大学出版社.

贾俊平，何晓群，金勇进，2018. 统计学［M］. 7 版. 北京：中国人民大学出版社.

李灿，2012. 市场调查与预测［M］. 北京：清华大学出版社.

连玉君，程建，2006. 不同成长机会下资本结构与经营绩效之关系研究［J］. 当代经济科学，2：97–103，128.

刘晓凤，2022.“双万计划”提升高校人才培养质量了吗？基于财经类高校微观证据的断点回归分析［J］. 国家教育行政学院学报，1：75–83.

罗薇，2008. 抽样框缺陷及误差控制［J］. 统计与决策，18：14–15.

梅赫梅托，雅各布森，2021. Stata 统计分析：社会科学应用指南［M］. 柏建岭，曾永艺，译. 北京：清华大学出版社.

孟天广，李熠，2022. 立案登记制改革与行政纠纷解决司法化［J］. 中国社会科学院大学学报，42（4）：62-78，138.

纽曼，2021. 社会研究方法：定性和定量的取向：第 7 版［M］. 北京：中国人民大学出版社.

澎湃网，2022. “立案难”是否得到解决？最高法：已成历史，门槛大大降低［EB/OL］.（2022-04-22）［2022-08-02］. https://www.thepaper.cn/newsDetail_forward_17743395.

阮齐林，2001. 北京市朝阳区检察院 1999 年度公诉案件量刑的分析研究［J］. 政法论坛，1：84-95.

伍德里奇，2018. 计量经济学导论：现代观点：第六版［M］. 张成思，李红，张步昙，译. 北京：中国人民大学出版社.

习明明，2022. “傻瓜”计量经济学与 Stata 应用［M］. 北京：经济科学出版社.

谢琳，杨华磊，姚怡丹，等，2022. 退休会使人变得更幸福吗［J］. 中国经济问题，1：123-137.

阳李，丁素娥，2021. “身份”“门户”和绩效：中国法学研究影响因素的实证考察［J］. 制度经济学研究（2）：265-297.

阳李，余啸，2019. 法治建设与经济发展：基于跨国面板数据的实证分析［J］. 贵州大学学报（社会科学版），37（5）：66-74.

余泳泽，潘妍，2019. 高铁开通缩小了城乡收入差距吗？基于异质性劳动力转移视角的解释［J］. 中国农村经济，1：79-95.

袁建文，李科研，2013. 关于样本量计算方法的比较研究［J］. 统计与决策（1）：22-25.

赵西亮，2017. 基本有用的计量经济学［M］. 北京：北京大学出版社.

左卫民，2017. 一场新的范式革命？解读中国法律实证研究［J］. 清华法学，11（3）：45-61.

ANGRIST D J，KRUEGER A B，1991. Does compulsory school attendance affect schooling and earnings?［J］. The quarterly journal of economics，106（4）：979-1014.

CARD D，KRUEGER A B，1994. Minimum wages and employment：A case study of the fast-food industry in New Jersey and Pennsylvania［J］. The

American economic review, 84 (4): 772-793.
DONALD L T, Donald T C, 1960. Regression-discontinuity analysis: An alternative to the expost facto experiment [J]. The journal of educational psychology, 51 (6) : 309-317.
HANSEN B E, 1999. Threshold effects in non-dynamic panels: Estimation, testing, and inference [J]. Journal of econometrics, 93 (2) : 345-368.
HOBBES T, 1962. Leviathan [M]. New York: Collier Books.
NORTH D C, 1990. Institutions, institutional change and economic performance [M]. Cambridge: Cambridge University Press.
TRUBEK D M, 1972. Toward a social theory of law: An essay on the study of law and development [J]. The Yale law journal, 82 (1): 1-50.

后记

法是由国家制定或认可，以权利义务为主要内容，由国家强制力保证实施的社会行为规范及相应的规范性文件的总称。不过，基于诸多复杂原因，实践中的法远比书本上的法复杂。这使得法律在社会生活中的真实运行状态，或者法律希望社会生活所呈现出的状态，与书本上的时常并不一致，有时甚至大相径庭。

例如，从1920年1月17日开始，美国《宪法》第18号修正案——《禁酒法案》（又称《伏尔斯泰得法案》）正式生效。根据该项法律，凡是制造、售卖乃至于运输酒精含量超过0.5%以上的饮料皆属违法。该法律还规定，自己在家里喝酒不算犯法，但与朋友共饮或举行酒宴则属违法，可获最高1 000美元罚款及监禁半年的处罚。但刚开始，《禁酒法案》的施行遇到巨大阻力。且随着《禁酒法案》的推行，美国产生了严重的社会问题——《禁酒法案》无法彻底消除人们对酒的欲望。酒在正规市场被禁的同时，却在黑市飞速发展。更为严重的是，美国的黑社会依靠私酒贸易带来的暴利，开始发展壮大。与此同时，部分警察日益腐败，犯罪率不断上升。显然，《禁酒法案》带来了立法者预料之外的消极后果。

法律对社会生活的影响是多元的。因此，对法律展开经济分析，从而全面了解法律可能的实际运用效果，尤为必要。不过，在我国的学科划分中，法学和经济学分属不同的学科门类，有着完全不同的课程设置，彼此的交流和融汇相对有限。即使是在以学术论文为载体进行交流的各类会议或论坛中，由于学科背景或研究方向的差异，法学学者和经济学学者往往也难以深入交流。

降低学术共同体尤其是法学学术共同体对于经济分析的应用门槛，是笔者撰写本书的初心和目标。笔者深知，要写好一本书非常不容易，为了便于读者理解和使用，笔者尽量做到深入浅出，并提供详细的程序代码和原始数据。由于时间和精力有限，还有一些较为常用的经济分析模型或方法未纳入本书，例如时间序列模型、DSGE 模型、基于变量协方差矩阵来分析变量之间关系的结构方程模型、博弈模型、因子分析法，等等。其他学科中一些较为常用的分析方法，也可能纳入经济分析的范畴，例如医学领域的 Meta 分析。若本书再版，笔者将纳入更多的经济分析方法，为读者提供多样化的选择。

作者

2023 年 4 月